Selected and Provincial Letters

Pensées et Provinciales choisies

BLAISE PASCAL

A Dual-Language Book

Edited and Translated by
STANLEY APPELBAUM

DOVER PUBLICATIONS, INC.
Mineola, New York

Bibliographical Note

This Dover edition, first published in 2004, contains the full French text (reprinted from standard editions) of four letters from *Les Provinciales* and a new selection of fragments from *Pensées,* together with new English translations. The translations, Introduction, and footnotes are by Stanley Appelbaum. See the Introduction for detailed information on the early publications of the French texts.

Library of Congress Cataloging-in-Publication Data

Pascal, Blaise, 1623–1662.
    [Pensées. Selections. English]
    Selected "Pensées" and Provincial letters = Pensées et Provinciales choisies : a dual-language book / Blaise Pascal ; edited and translated by Stanley Appelbaum.
        p. cm.
    ISBN 0-486-43364-1 (pbk.)
    1. Philosophy. 2. Apologetics. 3. Jansenists. 4. Jesuits—Controversial literature.
I. Title: Pensées et Provinciales choisies. II. Appelbaum, Stanley. III. Pascal, Blaise, 1623–1662. Provinciales. Selections. English. IV. Title.

B1901.P42E5 2004
230'.2—dc22
                                                                           2004045541

Manufactured in the United States of America
Dover Publications, Inc., 31 East 2nd Street, Mineola, N.Y. 11501

INTRODUCTION

Pascal's Career

BLAISE PASCAL was born in 1623 in central France, in the city of Clermont-Ferrand (at the time called Clermont-en-Auvergne). His father was a distinguished magistrate who, in 1626, became a judge of the local Board of Excise. In that same year, the mother of his three children died, and in 1631 he moved with them to Paris, where he personally oversaw their education according to his own idiosyncratic but enlightened principles. Young Blaise was not supposed to confront mathematics until after his study of languages, but the boy, though always sickly (he was to remain so for all of his brief life),[1] proved to be particularly gifted in mathematics and science, and was admitted at a very early age into the discussions his father held with prominent physicists. Numerous legends were later fostered about young Blaise's prodigious talents.[2]

In 1639, the elder Pascal, who had run afoul of Louis XIII's all-powerful minister Cardinal Richelieu after protesting a financially disastrous default on government securities, regained his favor thanks to the cultural attainments of his youngest child, Jacqueline, and was given the post of tax commissioner in Normandy. Thus, from 1640 to 1647 the family lived in Rouen, where the great poet and playwright Pierre Corneille encouraged Jacqueline's attempts at poetry. It was in 1640 that Blaise published his first work, a slim treatise on conic

---

1. His frequent headaches are thought by some to have been due to an imperfectly closed cranial suture.   2. For three hundred years his biographers blithely parroted numerous unverified statements made by his elder sister and other hero-worshippers, but in recent decades these tales have been subjected to salutary scrutiny.

sections. To help his father compute taxes, he also invented a calcu-
lating machine (begun in 1642, perfected in 1652) that eventually
made him well known.

In 1646, the elder Pascal had an accident, and was tended by two
Jansenists, members of an austere religious sect (see the section on
the *Provincial Letters* for further information). These men led the
family to adopt a more pious attitude toward life, and biographers
speak of Blaise's "first conversion" at this point. Meanwhile, he was ac-
tively pursuing scientific experiments, and publishing papers on at-
mospheric pressure, barometers, and the existence of a vacuum, as
well as on hydrodynamics. (His work on pressures in a confined liquid
resulted in "Pascal's law.")

By 1648 the family was back in Paris, where Blaise made further
contact with the Jansenists at their headquarters, the convent of Port-
Royal; here he met the scholars and spiritual leaders of the sect. In
1649 and 1650 the family was in Clermont-Ferrand, Paris being made
unsafe by the disorders of the Fronde (1648–1653), a major rebellion
of leading lawyers and noblemen against the monarchy and its minis-
ters. In Paris again, the elder Pascal died in 1651. In 1652 Blaise visited Clermont-Ferrand to claim the family estate; in the same year his
ties to Port-Royal were strengthened when Jacqueline became a nun
there.

The years 1651 to 1654 are sometimes spoken of as Pascal's
"worldly" period (its beginning is placed earlier by some); he con-
sorted frequently with agnostics, freethinkers, gamblers, and playboys
among the aristocracy, and his religious ties seemed to be slackening.
But, if he was a welcome guest at noble salons as a scholarly "lion," his
reputation was based on ongoing solid work in mathematics: the
rudiments of probability theory and tantalizing glimpses into integral
calculus.

Late in 1654, Pascal's growing distaste for the social whirl (in which
he had thoroughly studied the mentality of the sinners-through-
indifference he would later strive to bring back to God) culminated in
a blinding flash of religious insight (the "second conversion"). He was
never again to stray from the path of piety, a piety modeled on the severe tenets of Jansenism rather than the fashionable, more permissive
"devotion" formulated by the Jesuits and their allies. From 1655 on,
he spent long periods of time at Port-Royal.

In 1656, a crisis threatening the Jansenists (see the section on the
Provincial Letters) brought Pascal into a public fray. To support the
Jansenist cause, he suddenly manifested enormous gifts as a publicist,

polemicist, and prose stylist in eighteen pseudonymous, clandestinely printed letters that captivated a wide audience (even including foes) with their satirical wit, righteous indignation, and effervescent style: the *Lettres Provinciales,* so called because the first ten were addressed to a fictional friend in the provinces to whom the author was allegedly sending news from Paris. The series ran into the first part of 1657. (Meanwhile, early in 1656, Pascal's faith in God and the Jansenists was strengthened by what was officially declared to be a miracle: a niece's sore eye cleared up after it was touched with a holy relic.)

Pascal continued to publish both religious and scientific works. In these years he was planning a massive volume to help convert lukewarm intellectuals into ardent Christians. He never completed this "defense" (*Apologie*) of Christianity, which he outlined in a lecture to friends in 1658, or even got beyond the stage of grouping thematically connected notes into numbered bundles that could eventually become chapters (see the section on *Pensées*). In 1659 his always shaky health apparently broke down, and an inability to concentrate seems to have made hard, consecutive labor impossible.[3] In 1661 he quarreled with the Jansenist leadership over an issue of political expediency (he taking the harder line), and he withdrew from all controversy.

In 1662 he received letters patent for a system of low-price public coaches, the first urban transit line, but he died on August 19 of that year. Though it has been suggested that the cause was tuberculosis or "softening of the brain" (the badly closed suture?), it is now generally believed that he died of complications from a stomach ulcer that had affected his entire constitution. In his last years he had been pretty much of an ascetic, performing good works.

The *Provincial Letters*

Cornelius Jansen (in Scholastic Latin: Jansenius; 1585–1638) was a professor at the University of Louvain. His posthumous 1640 tome *Augustinus,* named for the theologian saint to whose tenets he most closely adhered, hoping to reinstate them, undiluted, in contemporary

---

3. Some scholars, pointing to actual accomplishments of the final years, refuse to believe that Pascal was too lethargic to complete his *Apologie,* and find that he intentionally abandoned the project.

religious life, unleashed a furore in France which was ostensibly purely theological, but was really never without a (perhaps more cogent) political underpinning: not only were his opponents, led by the Jesuits, in greater favor at the royal court; Jansen had once attacked the policies of the never-forgiving Richelieu, who had imprisoned a prominent French adherent ("Jansenist"). (Moreover, some years later, the Jansenists, in the eyes of Louis XIV, were implicated in the Fronde, that rebellion which had frightened him out of his wits when he had been compelled to flee from Paris.)

In the fifth century, Augustine, Jansen's mentor, when combating what he saw as a dangerous heresy, had maintained the tenets that God chooses in advance those whom he wishes to be saved or damned ("[gratuitous] predestination") and that, to allow a just man to avoid sin or perform good works, God bestows on him "efficacious grace" (also called "effectual grace"); that is, so much grace that the man's free will does not need to be brought into play.[4] These tenets were approved by St. Thomas Aquinas in the thirteenth century, but by the seventeenth century they were largely dormant in practice. The overwhelming shock of the Reformation in the sixteenth century had led to the Counter-Reformation in the Catholic Church, and to the creation of new religious orders, particularly the Jesuits, who often strove to hold onto, or increase, their flock by being more accommodating to the average layman. The major Jesuit theologian, Luis de Molina (1535–1600), stood for predestination by merit (allowing much human free will) and for "sufficient grace"—enough grace from God to inspire good works, but still needing human input (so that Pascal could quip that it was *insufficient*)—and was a proponent of making piety easier for the layman.

The severely Augustinian Jansenists looked on this Jesuit trend as reprehensible religious laxity, and were also appalled by Jesuit casuistry (their skillful opposition helped make "casuistic" and "jesuitical" pejorative words). Casuists, not blameworthy per se, were theologians who investigated the manifold specific "cases" or details of everyday modern life not covered by the Scriptures, ruling on what was permissible; their huge tomes in Scholastic Latin were intended to be guides to churchmen, especially confessors and spiritual directors, who would then apply the rulings to the layman's particular questions;

---

4. The Jansenists' insistence on efficacious grace *implied* (though it did not state in so many words) that man's free will (to choose the good) didn't count, and that man's eternal fate (in heaven or hell) was predestined for him. Thus, their opponents could readily accuse them of being Calvinists (an abomination!).

it was never expected that their logically conducted arguments would be laid bare to public view. The Jansenists were able to single out given Jesuit rulings that were apparently or truly contrary to biblical and patristic tradition, and sometimes even against the law of the land.

When, as the result of two 1655 letters (the second of book length) in which the Port-Royal leader Antoine Arnauld (1612–1694) entered into an ongoing controversy in defense of the Jansenist position, he was threatened with censure and the loss of his Sorbonne professorship, the Jansenists felt that the general educated public needed to be appealed to by a pen more supple and persuasive than any of their own. Pascal, according to different versions, either volunteered or was chosen. Given a crash course in theology, furnished with the requisite quotations from friend and foe, and bolstered by specific suggestions from Port-Royal, Pascal, using the pseudonym Louis de Montalte, wrote eighteen letters (not counting a fragment of a nineteenth) between early 1656 and early 1657, which were published clandestinely (letters 5 through 18 were probably printed by Denis Langlois in Paris; there is controversy over the first four) in the form of eight-page quarto pamphlets (only letters 16 and 18 being longer).

The letters were first published in one volume in 1657 by Louis and Daniel Elzevier in Amsterdam (though the volume gave the city as Cologne, and the publisher as Pierre de la Vallée), with the title: *Les Provinciales, ou Les Lettres écrites par Louis de Montalte à un provincial de ses amis et aux RR. PP. Jésuites sur le sujet de la morale et de la politique de ces Pères* (Provincial Letters, written by Louis de Montalte to one of his friends in the provinces and to the Jesuit Reverend Fathers on the subject of those Fathers' morality and politics). (The text used in this Dover volume is that of the second edition, also of 1657, published by Daniel Elzevier in Amsterdam with the false imprint "Nicolas Schoute, Cologne"; the text differs very slightly from that of the first edition; see, for instance, the footnote at the very end of the first letter in this Dover volume.)

Pascal's venture failed to save Arnauld, who was censured and degraded between the publication of the third letter and that of the fourth (he was reinstated in 1668 during a brief "peace of the Church" made possible by certain concessions on the part of the Jansenists which the extremely rigid Pascal refused to countenance), and failed ultimately to save Port-Royal, which fell under a cloud again when that "peace" ended in 1679, and was finally shut down in 1709, but his venture was wildly successful as a piece of literature and journalism. Both parties were amused by his irony and sarcasm and delighted by

his smooth style; sales of the Jesuit works mentioned by Pascal rose; and the story goes that when, in 1660, the city of Aix-en-Provence instituted a public burning of the work (which had been placed on the Vatican's *Index of Forbidden Books* in 1657), the city magistrates wouldn't relinquish their own copies for the ceremony. (Later in the seventeenth century, Rome actually censured a few of the Jesuit rulings to which Pascal and his friends had taken objection.)

The first four letters, which establish the fictional persona of the narrator (or, "I" figure)—a well-meaning but confused layman seeking clarification of the grounds of the Arnauld controversy—are concerned with current events, most specifically Arnauld's impeachment for having declared his inability to discover anywhere in Jansen's book the five propositions[5] that the Sorbonne had proclaimed as heretical in 1649, and Rome had officially condemned in 1653.

Beginning with letter 5, Pascal's best defense is a direct offense aimed at the Jesuits' own code of morality. Through letter 10, the narrator's chief interlocutor is a genial, though doctrinaire Jesuit Father who expounds the Jesuit casuists' rulings without realizing he is being entrapped. The form of these letters is reminiscent of Plato's Socratic dialogues. (Letter 10 is also the last one addressed to the fictional friend in the provinces.)

Letters 11 through 16, addressed to the Jesuits in general, are rebuttals to the printed objections they have raised to the first ten letters. (These six letters are at times somewhat harder to follow without a knowledge of the Jesuits' specific accusations.) The overall subject is still Jesuit casuistry. Letters 17 and 18, addressed to the king's confessor, the Jesuit Father Annat, revert to matters of dogma and bring the reader back to the atmosphere of the first four letters.

The four letters included in their entirety in this Dover volume were chosen for their special qualities. The first letter is essential; it establishes the situation, characterizes the narrator, and sets the pervasive humorous tone. Dated January 23, 1656, it was actually published four days later.

Letter 7, dated April 25, 1656, is devoted to the Jesuits' defense of murder under various sets of circumstances, and to their method of excusing apparent crimes by a deft "guidance of one's intentions" (or, "the direction of the intention"). Of special interest to students of seventeenth-century literature is Pascal's attack on the morbid sense

---

5. Examples of these propositions: God's grace to the just is virtually irresistible, only falling short of actual coercion; Christ's self-sacrifice was performed not for all mankind, but solely for the elect; etc.

of "honor" (*pundonor*) which French writers had largely imbibed from Golden Age Spanish drama (this sense of honor is the driving force in such major plays of Corneille as *Le Cid* and *Horace*). Pascal's exposition in this letter is particularly well conducted, leading imperceptibly to greater and greater surprises, and culminating in the very humorous discussion of the propriety of killing Jansenists.

Letter 9, dated July 3, 1656, is choppier, covering a greater variety of subjects, but these subjects are fascinating in themselves. They include: excessive devotion to the Virgin Mary (at least, excessive to Pascal, who, a sort of "primitive Christian," was relatively uninterested in saints and angels, and concentrated his devotion on Jesus alone); the practice of an amiable piety, agreeable to gentlemen and ladies in high society; the "mental reservations" which condone perjury; sexual permissiveness; women's fashions; and easy ways to hear Mass.

In letter 11, dated August 18, 1656 (numerous critics have called it the finest of the eighteen), Pascal (still masquerading as Louis de Montalte) drops the persona of the narrator and, indignantly but still wittily, defends his right, in the face of Jesuit counterattacks, to treat serious religious matters with the weapon of humor. His eloquence reaches great heights, and his argument is ably conducted.

Setting aside all the immediate controversy, the *Provincial Letters* have always been highly regarded from the purely literary standpoint, and Pascal has frequently been called the creator of classical (that is, seventeenth-century) French prose (which is not to say that he was its very first practitioner, or that great, or even greater, French prose hadn't existed in earlier centuries—some of the Arthurian novels, Rabelais, Montaigne, . . .). Nevertheless, a particularly captious person might point out lapses in sustaining the character of the narrator, who, usually placid and openminded, occasionally breaks out into violent indignation that is all Pascal's own; and the same severe critic might find fault with the dialogue, which, far from being as natural and seamless as most admirers claim, is constantly interrupted (to the point of being ludicrous) by the most scrupulously detailed bibliographical references to Jesuit Scholastic works, references obviously intended to allow readers to verify the accuracy of the quotations (which *were* fairly accurate), but sounding funny when purporting to be on the tip of the tongue not only of the Jesuit specialist but also of the "man-in-the-street" narrator![6]

---

6. In this Dover translation, footnotes indicate the specific chapter and verse for biblical quotations, but other literature is identified by author only; quotations from the Old and New Testaments are from the King James version.

The *Pensées* (Thoughts)

After Pascal's death in 1662, his heirs were dismayed to discover that his *Apologie* (Defense) of Christianity, intended to convert religiously indifferent or lukewarm intellectuals and aristocrats—a work which he had been mentioning for years and had outlined orally in 1658—was in no state to be published, consisting merely of inconsecutive jottings, only part of which were assembled into numbered and titled bundles obviously destined to become chapters eventually. Wisely, these heirs had two copies made, in the sequence in which they had found these notes and fragments; wisely and fortunately, because Pascal's original manuscript, though still extant (as the copies are) and still useful for establishing specific readings, was cut apart and reassembled decades after his death, and thus no longer reflects his sequence.

The material, unsuited as a formal *Apologie,* was published in a rearranged selection by Pascal's heirs and friends in the so-called Port-Royal edition of 1670 (though some copies bear the date 1669!), printed by Guillaume Duprez, Paris, with the title: *Pensées de M. Pascal sur la religion et sur quelques autres sujets qui ont été trouvées après sa mort parmi ses papiers* (Thoughts by Monsieur Pascal on religion and some other topics which were found among his papers after his death).

The *Pensées* became popular immediately and have remained so; ironically, much more so than the finished *Apologie* could ever have become, because the average reader prefers bite-size chunks of "wisdom" to serious treatises! But for over two hundred years, the numerous editions were pruned and readjusted to suit the individual editors' conceptions of Pascal, one emphasizing his traditional piety, another his skepticism, and so on. It was not until 1897 that Léon Brunschvicg published a complete version (definitive edition, 1904), though even his had an arbitrary sequence. The first of the copies made in the 1660s was recognized as the best source for sequence, as well as completeness, by Louis Lafuma in his edition of 1951, and by Michel Le Guern in his edition of 1977 (updated in 1995). Le Guern, however, has a different grouping of the fragments, including more of them within a given numbered section and indicating clearly which material originally appeared as additions in the margins; thus, his edition contains 769 fragments as opposed to Lafuma's division of the same material, in the same sequence, into roughly a thousand. This Dover selection, using complete fragments, follows Le Guern's

sequence and divisions, but supplies, at the end of the French text of each fragment, not only its Le Guern number, but also its corresponding number or numbers in the Brunschvicg and Lafuma editions (LG, B, and L numbers).[7]

Le Guern has established that the earliest material in the *Pensées* (though, like other fragments, not necessarily intended for the *Apologie*) was written by 1655 (the famous wager); the rest was probably written by 1660, after which Pascal, for whatever reason, does not seem to have proceeded with the project.

To judge by the content and the sequence of the numbered bundles of notes (some extremely brief, cryptic jottings; others, highly worked up miniature essays; most, something intermediate), Pascal intended to demonstrate that man is unhappy without God, happy with him. Man is both base and great: base because he is subject to vanity, morose or bored without constant entertainment, and living by habit and custom rather than by any universally established law or rule; great, because his mind can recognize these shortcomings, which make him unhappy, however. Only Christianity (somehow) can fulfill all his needs by reconciling his dual natures.

Once Pascal has asserted that Christianity, man's only true *bonum*, is the solution to all his troubles (a *post-mortem* solution, to be sure), he goes on to "prove" his point, but his proofs are not those of Scholastic logic, like St. Anselm's Ontological Argument, for example, for Pascal maintained that man's feelings ("heart") were as essential as his reasoning powers, if not more so, in matters of faith. His own "proofs" consist in: an examination of the nature of Christ (thus, he adds a "Christology" to his foregoing "anthropology"; as mentioned earlier, he wasn't much concerned with the rest of the heavenly host, except for those saints who had been theologians in the early Christian centuries, especially Augustine); a long review of the (alleged) prefigurations of Christ's life and teachings in the Old Testament (which thus has more value as a symbol or allegory than as anything else; for instance, Moses' striking drinking water out of a rock in the desert "prefigures" the sacrament of baptism); confutations of rival religions; and an extensive discussion of miracles, a subject dear to him because of his own niece's experience.

---

7. The Dover edition omits material that was crossed out in the original manuscript (some French editions do include it); marginal additions are inserted, within square brackets, at the end of the nearest main sentence, except for two very long additions in the wager fragment, which have been placed at the end to avoid disrupting the discourse.

The present Dover selection is in no way a statistical sampling of the entire range of the *Pensées*. It intentionally omits: fragments that are merely catchwords, the content of which was to have been supplied at some later time; fragments that are mere concatenations of quotations from the Bible and the Church Fathers; fragments that repeat the content of others with no new point of view or nuance (Pascal would eventually have chosen one version or another for final inclusion); fragments that assail Judaism and Islam (particularly obnoxious in today's multicultural atmosphere); the numerous fragments concerning the prefigurations in the Old Testament (Pascal added nothing new here; the practice of misquoting the Old Testament, or wrenching genuine phrases out of their context, began as early as the Gospels, and was elaborated *ad nauseam* in the High Middle Ages); the endless fragments concerning miracles, which are hardly of general interest today; and most of the fragments about Christ, many of which are truly heartfelt and beautifully expressed, but don't add up to much more than traditional piety, unexceptionable and unexceptional (in Pascal's day, any novel approach, if he had had one, would obviously have been pounced upon as heresy).[8]

This selection, therefore, concentrates on the most secular aspects of the *Pensées* (it should be recalled that not every fragment was definitely intended for inclusion in the *Apologie*!). Pascal's sensitive examination of human psychology (strengthened by his close reading of Montaigne and his acquaintance with the writings of philosophers of his own generation) is covered extensively, for instance, as are his statements on epistemology, law and government, honor and reputation, social relationships, and the nature of the universe, and man's place within it. A sprinkling of purely religious thoughts are included. Many of the longer, essay-like fragments will be found here, as well as a good number of the epigrams that are so well liked, and such extremely famous passages as the ones about Cleopatra's nose, "the heart has its reasons," the "thinking reed," and the notorious wager as to the existence of God (with the concomitant necessity to be totally subservient to him and sacrifice all earthly happiness for eternal bliss).

This fragment on the wager (which may possibly be the earliest item in the *Pensées*, written with no thought of an *Apologie*) seems to have arisen from Pascal's work on probability theory (itself a result of his frequentation of aristocratic gamblers), and may be seen as an

---

8. Because so much of the argumentation (as reconstructed by scholars) is omitted, it would have been pointless here to indicate the bundle (future chapter) or other subdivision in which any fragment was originally located.

undue influence of mathematics on theology. Surely, at least on the face of it, this wager about God is as tasteless a bid for conversion as any of the accommodating missionary casuistries of the Jesuits that Pascal roasted in the *Provincial Letters*! (Since the Jansenist tenet of predestination practically ruled out the possibility of conversion, not allowing enough human free will for it to take place, Pascal's wager, and indeed his entire *Apologie*, though it was apparently approved by Port-Royal, run counter to strict Jansenism—another mystery!)

The *Pensées* have always enjoyed a huge reputation, and have influenced much later thought, notably that of the post–World War II Existentialists; a major recent reference work states that it is "arguable that Pascal was one of the half-dozen greatest authors ever to have written in French." Yes, arguable; but that doesn't mean that the reasoning is always cogent; much less does it mean that the *style* of the *Pensées* is particularly admirable. Only a very few of the hundreds of fragments seem quite ready for publication as they stand, even though many of the others contain some little nuggets within them. There is a vast amount of repetition within any single given fragment of some length; words are often used in a highly specialized way because stricter terminology had not yet been developed; the word *chose* is so overworked that a self-respecting English translator is compelled to substitute an entire range of abstract nouns for it (such as "system," "procedure," and the like); it takes careful detective work, and a bit of conjecturing, to locate or identify the antecedent of most pronouns (which switch unaccountably from singular to plural, and back, accordingly as Pascal had in mind at the moment an unexpressed singular or plural subject, such as "man" or "men"); and a few fragments defy analysis altogether (none of those included here). Thus, a really good English translation often needs to be a thorough paraphrase, rethought for the modern English speaker's mentality. (Since this Dover volume is primarily a language aid, however, it wasn't appropriate to depart too far from the original French wording, making this—intentionally—a sort of intermediate version.)

Contents

LES PROVINCIALES

Première lettre

À un provincial

De Paris, ce 23 janvier 1656.

MONSIEUR,

Nous étions bien abusés. Je ne suis détrompé que d'hier; jusque-là j'ai pensé que le sujet des disputes de Sorbonne était bien important, et d'une extrême conséquence pour la religion. Tant d'assemblées d'une compagnie aussi célèbre qu'est la Faculté de théologie de Paris, et où il s'est passé tant de choses si extraordinaires et si hors d'exemple, en font concevoir une si haute idée, qu'on ne peut croire qu'il n'y en ait un sujet bien extraordinaire.

Cependant vous serez bien surpris quand vous apprendrez, par ce récit, à quoi se termine un si grand éclat; et c'est ce que je vous dirai en peu de mots, après m'en être parfaitement instruit.

On examine deux questions: l'une de fait, l'autre de droit.

Celle de fait consiste à savoir si M. Arnauld est téméraire pour avoir dit dans sa Seconde Lettre: *Qu'il a lu exactement le livre de Jansénius, et qu'il n'y a point trouvé les propositions condamnées par le feu Pape; et néanmoins que, comme il condamne ces propositions en quelque lieu qu'elles se rencontrent, il les condamne dans Jansénius, si elles y sont.*

La question sur cela est de savoir s'il a pu, sans témérité, témoigner par là qu'il doute que ces propositions soient de Jansénius, après que Messieurs les évêques ont déclaré qu'elles y sont.

On propose l'affaire en Sorbonne. Soixante et onze docteurs entreprennent sa défense et soutiennent qu'il n'a pu répondre autre chose à ceux qui, par tant d'écrits, lui demandaient s'il tenait que ces propositions fussent dans ce livre, sinon qu'il ne les y a pas vues, et que néanmoins il les y condamne, si elles y sont.

PROVINCIAL LETTERS

First Letter

To a Man in the Provinces

Paris, January 23, 1656

SIR:

We were badly misled. My eyes were opened only yesterday; until then I had thought that the subject under dispute at the Sorbonne was really a major one, with serious consequences for our religion. So many sessions of a body as famous as the Parisian faculty of theology, whose meetings have given rise to so many extraordinary and unexampled events, give you such an elevated idea of the proceedings that you can only believe that they are dealing with a truly extraordinary topic.

Nevertheless you will be quite surprised to learn, from this narrative, the end result of all this notoriety; I will relate it to you succinctly, now that I am fully informed.

Two questions are being examined: one of fact, the other of right.

The question of fact consists in determining whether Monsieur Arnauld made a doctrinally excessive statement when saying, in his Second Letter, that he had read Jansenius' book carefully, without finding in it the propositions condemned by the late Pope, but nevertheless, since he condemns those propositions wherever they may occur, the condemns them in Jansenius, if they are there.

The question in this area is to determine whether he did not make a rash statement by thus testifying as to his doubt that Jansenius uttered those propositions, after the bishops had declared that they *are* in his book.

The matter was introduced at the Sorbonne. Seventy-one doctors of divinity have undertaken his defense, maintaining that he could have made no other reply to those who were asking him, in so many writings, whether he considered that those propositions were in the book, than that he failed to find them there, but nevertheless condemns them if they are there.

Quelques-uns même, passant plus avant, ont déclaré que, quelque recherche qu'ils en aient faite, ils ne les y ont jamais trouvées, et que même ils y en ont trouvé de toutes contraires. Ils ont demandé ensuite avec instance que, s'il y avait quelque docteur qui les y eût vues, il voulût les montrer; que c'était une chose si facile qu'elle ne pouvait être refusée, puisque c'était un moyen sûr de les réduire tous, et M. Arnauld même; mais on le leur a toujours refusé. Voilà ce qui s'est passé de ce côté-là.

De l'autre part se sont trouvés quatre-vingts docteurs séculiers, et quelque quarante religieux mendiants, qui ont condamné la proposition de M. Arnauld sans vouloir examiner si ce qu'il avait dit était vrai ou faux, et ayant même déclaré qu'il ne s'agissait pas de la vérité, mais seulement de la témérité de sa proposition.

Il s'en est de plus trouvé quinze qui n'ont point été pour la censure, et qu'on appelle indifférents.

Voilà comment s'est terminée la question de fait, dont je ne me mets guère en peine; car, que M. Arnauld soit téméraire ou non, ma conscience n'y est pas intéressée. Et si la curiosité me prenait de savoir si ces propositions sont dans Jansénius, son livre n'est pas si rare ni si gros que je ne le pusse lire tout entier pour m'en éclaircir, sans en consulter la Sorbonne.

Mais, si je ne craignais aussi d'être téméraire, je crois que je suivrais l'avis de la plupart des gens que je vois, qui, ayant cru jusqu'ici, sur la foi publique, que ces propositions sont dans Jansénius, commencent à se défier du contraire, par le refus bizarre qu'on fait de les montrer, qui est tel, que je n'ai encore vu personne qui m'ait dit les y avoir vues. De sorte que je crains que cette censure ne fasse plus de mal que de bien, et qu'elle ne donne à ceux qui en sauront l'histoire une impression tout opposée à la conclusion. Car, en vérité, le monde devient méfiant et ne croit les choses que quand il les voit. Mais, comme j'ai déjà dit, ce point-là est peu important, puisqu'il ne s'y agit point de la foi.

Pour la question de droit, elle semble bien plus considérable, en ce qu'elle touche la foi. Aussi j'ai pris un soin particulier de m'en informer. Mais vous serez bien satisfait de voir que c'est une chose aussi peu importante que la première.

Il s'agit d'examiner ce que M. Arnauld a dit dans la même Lettre: *Que la grâce, sans laquelle on ne peut rien, a manqué à saint Pierre dans sa chute.* Sur quoi nous pensions, vous et moi, qu'il était question d'examiner les plus grands principes de la grâce, comme si elle n'est pas donnée à tous les hommes, ou bien si elle est efficace; mais

In fact, some of these professors have gone even further and have declared that, search as they might, they have never found them there, whereas they have found statements quite to the contrary. They then requested with urgency that any professor who had seen them there should be good enough to indicate them, because this was such an easy matter that it could not be refused, since it would be a surefire way of subduing them all, and even Monsieur Arnauld. But their request has been constantly refused. That is what has occurred on their side.

On the other side, there have been eighty doctors of the secular clergy and about forty friars of mendicant orders who have condemned Monsieur Arnauld's proposition without trying to examine whether what he had said was true or false; they have even declared that what was in question was not the truth of his proposition, merely whether it was dogmatically rash.

In addition there were fifteen men who were against censuring him; they are being called neutrals.

That is the outcome of the question of fact, about which I am scarcely grieved, because, whether Monsieur Arnauld is rash or not, my own conscience is not concerned. And, should I become curious as to whether those propositions are in Jansenius, his book is neither so rare nor so thick that I couldn't read all through it to enlighten myself, without consulting the Sorbonne on the matter.

But, if I were not afraid of being rash myself, I think I would follow the opinion of most people I see: having believed until now, because of the public statements, that those propositions are in Jansenius, they are beginning to suspect the opposite, because of the odd refusal to indicate them; this refusal is so universal that I have not yet met anybody who told me he had seen them there. Therefore I fear that this censure will do more harm than good, and will give those who know its story an impression just the opposite of the decision. Because, in truth, the world is becoming distrustful and believes things only when it sees them. But, as I have already said, that point is not very important, since religious tenets are not in question.

As for the question of right, it seems much more considerable, because it does concern our religion. And so I took particular pains to inform myself about it. But you will be very pleased to learn that it is just as unimportant a matter as the first question.

The issue is to examine Monsieur Arnauld's statement, in the same Letter, that when Saint Peter fell, he was refused grace, without which no one can act. On this subject, you and I formerly thought that it involved an examination of the loftiest teachings about grace, for exam-

nous étions bien trompés. Je suis devenu grand théologien en peu de temps, et vous en allez voir des marques.

Pour savoir la chose au vrai, je vis Monsieur N., docteur de Navarre, qui demeure près de chez moi, qui est, comme vous le savez, des plus zélés contre les Jansénistes; et comme ma curiosité me rendait presque aussi ardent que lui, je lui demandai s'ils ne décideraient pas formellement que *la grâce est donnée à tous,* afin qu'on n'agitât plus ce doute. Mais il me rebuta rudement et me dit que ce n'était pas là le point; qu'il y en avait de ceux de son côté qui tenaient que la grâce n'est pas donnée à tous, que les examinateurs mêmes avaient dit en pleine Sorbonne que cette opinion est *problématique,* et qu'il était lui-même dans ce sentiment: ce qu'il me confirma par ce passage, qu'il dit être célèbre, de saint Augustin: *Nous savons que la grâce n'est pas donnée à tous les hommes.*

Je lui fis excuse d'avoir mal pris son sentiment, et le priai de me dire s'ils ne condamneraient donc pas au moins cette autre opinion des Jansénistes qui fait tant de bruit, *que la grâce est efficace, et qu'elle détermine notre volonté à faire le bien.* Mais je ne fus pas plus heureux en cette seconde question. Vous n'y entendez rien, me dit-il, ce n'est pas là une hérésie; c'est une opinion orthodoxe: tous les Thomistes la tiennent, et moi-même je l'ai soutenue dans ma Sorbonique.

Je n'osai plus lui proposer mes doutes; et même je ne savais plus où était la difficulté, quand, pour m'en éclaircir, je le suppliai de me dire en quoi consistait donc l'hérésie de la proposition de M. Arnauld. C'est, ce me dit-il, en ce qu'il ne reconnaît pas que les justes aient le pouvoir d'accomplir les commandements de Dieu en la manière que nous l'entendons.

Je le quittai après cette instruction; et, bien glorieux de savoir le nœud de l'affaire, je fus trouver Monsieur N., qui se porte de mieux en mieux, et qui eut assez de santé pour me conduire chez son beau-frère, qui est janséniste s'il y en eut jamais, et pourtant fort bon homme. Pour en être mieux reçu, je feignis d'être fort des siens, et lui dis: Serait-il bien possible que la Sorbonne introduisît dans l'Église cette erreur, que *tous les justes ont toujours le pouvoir d'accomplir les commandements?* Comment parlez-vous? me dit mon docteur. Appelez-vous erreur un sentiment si catholique, et que les seuls Luthériens et Calvinistes combattent? Eh quoi! lui dis-je, n'est-ce pas votre opinion? Non, me dit-il; nous l'anathématisons comme héré-

ple whether it was or was not given to all men, or whether it was efficacious; but we were badly mistaken. I have become a great theologian in a brief space of time, and you are going to see the results.

In order to learn the truth of the matter, I visited Monsieur N., a doctor of divinity at the Collège de Navarre,[1] who lives near me; as you know, he is one of the most zealous opponents of the Jansenists; since my curiosity made me almost as ardent as he is, I asked him whether they would not decide formally that grace is given to all, in order to put an end to doubts on the matter. But he rebuffed me harshly, saying that that was not the point, that there were some among those on his side who maintained that grace is not given to all, that the examiners themselves had stated before the entire Sorbonne that that opinion is still a matter of controversy, and he himself shared that viewpoint; he confirmed this for me by quoting what he called a famous passage from Saint Augustine: "We know that grace is not given to all men."

I apologized to him for having misunderstood his views, and I asked him to tell me whether they would not at least condemn that other opinion of the Jansenists which is causing so much hubbub: that grace is efficacious and determines our will to do good actions. But I was just as unlucky with my second question. "You understand nothing about it," he said; "that is not a heresy; it is an orthodox opinion, which all the Thomists share, and which I myself defended in my bachelor's thesis at the Sorbonne."

I did not dare to express any more of my doubts to him; I myself no longer knew where the difficulty lay, when, in order to receive enlightenment, I implored him to tell me wherein the heresy of Monsieur Arnauld's proposition did actually consist. He said: "It is because he does not recognize that the just have the power to accomplish God's commandments in the way that we conceive that power."

I left him after that lesson, and feeling very vain because I now knew the heart of the matter, I went to see Monsieur N., whose health is improving all the time, and who was feeling well enough to take me to his brother-in-law, a Jansenist if there ever was one, and yet an extremely good man. In order to receive a better welcome, I pretended to be a staunch supporter, and I said: "It is really possible that the Sorbonne might introduce into the Church the error that all just men always have the power to accomplish the commandments?" "What are you saying?" this doctor of divinity said. "Do you call an error an opinion that is so Catholic, and which only the Lutherans and Calvinists challenge?" "What?!" I said; "isn't it *your* opinion that just men don't

1. Another important school of theology in Paris.

tique et impie. Surpris de cette réponse, je connus bien que j'avais trop fait le janséniste, comme j'avais l'autre fois été trop moliniste; mais ne pouvant m'assurer de sa réponse, je le priai de me dire confidemment s'il tenait que *les justes eussent toujours un pouvoir véritable d'observer les préceptes.* Mon homme s'échauffa là-dessus, mais d'un zèle dévot, et dit qu'il ne déguiserait jamais ses sentiments pour quoi que ce fût, que c'était sa créance et que lui et tous les siens la défendraient jusqu'à la mort, comme étant la pure doctrine de saint Thomas et de saint Augustin, leur maître.

Il m'en parla si sérieusement, que je n'en pus douter; et sur cette assurance, je retournai chez mon premier docteur, et lui dis, bien satisfait, que j'étais sûr que la paix serait bientôt en Sorbonne: que les jansénistes étaient d'accord du pouvoir qu'ont les justes d'accomplir les préceptes; que j'en étais garant, et que je le leur ferais signer de leur sang. Tout beau! me dit-il; il faut être théologien pour en voir le fin. La différence qui est entre nous est si subtile, qu'à peine pouvons-nous la marquer nous-mêmes; vous auriez trop de difficulté à l'entendre. Contentez-vous donc de savoir que les Jansénistes vous diront bien que tous les justes ont toujours le pouvoir d'accomplir les commandements: ce n'est pas de quoi nous disputons; mais ils ne vous diront pas que ce pouvoir soit *prochain;* c'est là le point.

Ce mot me fut nouveau et inconnu. Jusque-là j'avais entendu les affaires, mais ce terme me jeta dans l'obscurité, et je crois qu'il n'a été inventé que pour brouiller. Je lui en demandai donc l'explication; mais il m'en fit un mystère et me renvoya, sans autre satisfaction, pour demander aux Jansénistes s'ils admettaient ce pouvoir *prochain.* Je chargeai ma mémoire de ce terme, car mon intelligence n'y avait aucune part. Et, de peur de l'oublier, je fus promptement retrouver mon Janséniste, à qui je dis incontinent, après les premières civilités: Dites-moi, je vous prie, si vous admettez le *pouvoir prochain?* Il se mit à rire, et me dit froidement: Dites-moi vous-même en quel sens vous l'entendez, et alors je vous dirai ce que j'en crois. Comme ma connaissance n'allait pas jusque-là, je me vis en terme de ne lui pouvoir répondre; et néanmoins pour ne pas rendre ma visite inutile, je lui dis au hasard: Je l'entends au sens des Molinistes. À quoi mon homme, sans s'émouvoir: Auxquels des Molinistes, me dit-il, me renvoyez-vous? Je les lui offris tous ensemble, comme ne faisant qu'un même corps et n'agissant que par un même esprit.

Mais il me dit: Vous êtes bien peu instruit. Ils sont si peu dans les

always have that power?" "No," he said; "we anathematize it as being heretical and impious." Surprised at that answer, I realized that I had gone too far in my Jansenism, just as, on that earlier visit, I had been too Molinist; but unable to trust implicitly in his reply, I asked him to tell me in confidence whether he believed that the just always possessed a real power to observe the precepts. My interlocutor became heated at that, but with pious zeal, saying that he would never disguise his feelings for any consideration, that such was his belief and that he and his people would defend it to the death as being the unadulterated teaching of Saint Thomas and of Saint Augustine, their master.

He spoke to me so seriously that I could not doubt him; and, being so assured, I returned to my first theologian and told him very contentedly that I was sure peace would soon be established in the Sorbonne, that the Jansenists were in agreement about the power possessed by the just to accomplish the precepts, that I could vouch for it and could make them sign such a statement in their blood. "Easy now!" he said. "You've got to be a theologian to see the fine points. The difference between us is so subtle that we can barely put our finger on it ourselves; it would be too hard for you to understand it. And so, be satisfied with the knowledge that the Jansenists will surely tell you that every just man always possesses the power to accomplish the commandments—that's not what our dispute is about—but they won't tell you that that power is *proximate;* that's the point."

That word was new and unknown to me. Up to then I had understood the matters under discussion, but that term cast me into the darkness, and I believe it was invented solely to muddle people's minds. So I asked him to explain it, but he kept it a mystery to me and sent me back, with no other satisfaction, to ask the Jansenists whether they accepted that "proximate" power. I burdened my memory with that term, because my intellect had no part in it. And, afraid of forgetting it, I promptly revisited my Jansenist, to whom I said at once, after the usual polite greeting: "Tell me, I beg you, whether you accept 'proximate power.'" He started to laugh and said coldly: "Tell me yourself in what sense you understand it, and then I'll tell you what I think about it." Since my knowledge was not that extensive, I was in no position to answer him; all the same, so that my visit would not be fruitless, I said at random: "I understand it the way the Molinists do." Whereupon my interlocutor said, with no show of emotion: "Which Molinists are you referring to?" I said I meant all of them, because they constituted a single group and were all guided by the same spirit.

But he said: "You don't know much about it. Not only do they not

mêmes sentiments, qu'ils en ont de tout contraires. Étant tous unis dans le dessein de perdre M. Arnauld, ils se sont avisés de s'accorder de ce terme de *prochain*, que les uns et les autres diraient ensemble, quoiqu'ils l'entendissent diversement, afin de parler un même langage, et que par cette conformité apparente ils pussent former un corps considérable, et composer un plus grand nombre, pour l'opprimer avec assurance.

Cette réponse m'étonna; mais, sans recevoir ces impressions des méchants desseins des Molinistes, que je ne veux pas croire sur sa parole, et où je n'ai point d'intérêt, je m'attachai seulement à savoir les divers sens qu'ils donnent à ce mot mystérieux de *prochain*. Il me dit: Je vous en éclaircirais de bon cœur; mais vous y verriez une répugnance et une contradiction si grossière, que vous auriez peine à me croire. Je vous serais suspect. Vous en serez plus sûr en l'apprenant d'eux-mêmes, et je vous en donnerai les adresses. Vous n'avez qu'à voir séparément un nommé M. Le Moyne et le Père Nicolaï. Je ne connais ni l'un ni l'autre, lui dis-je. Voyez donc, me dit-il, si vous ne connaîtrez point quelqu'un de ceux que je vous vas nommer, car ils suivent les sentiments de M. Le Moyne. J'en connus en effet quelques-uns. Et ensuite il me dit: Voyez si vous ne connaissez point des Dominicains qu'on appelle nouveaux Thomistes, car ils sont tous comme le Père Nicolaï. J'en connus aussi entre ceux qu'il me nomma; et, résolu de profiter de cet avis et de sortir d'affaire, je le quittai, et allai d'abord chez un des disciples de M. Le Moyne.

Je le suppliai de me dire ce que c'était qu'*avoir le pouvoir prochain de faire quelque chose*. Cela est aisé, me dit-il: c'est avoir tout ce qui est nécessaire pour la faire, de telle sorte qu'il ne manque rien pour agir. Et ainsi, lui dis-je, avoir le *pouvoir prochain* de passer une rivière, c'est avoir un bateau, des bateliers, des rames, et le reste, en sorte que rien ne manque. Fort bien, me dit-il. Et avoir le pouvoir prochain *de voir*, lui dis-je, c'est avoir bonne vue et être en plein jour. Car qui aurait bonne vue dans l'obscurité n'aurait pas le pouvoir prochain de voir, selon vous, puisque la lumière lui manquerait, sans quoi on ne voit point. Doctement, me dit-il. Et par conséquent, continuai-je, quand vous dites que tous les justes ont toujours le pouvoir prochain d'observer les commandements, vous entendez qu'ils ont toujours toute la grâce nécessaire pour les accomplir, en sorte qu'il ne leur manque rien de la part de Dieu. Attendez, me dit-il, ils ont tou-

all share the same opinions, they have contradictory opinions. Being united in their goal of destroying Monsieur Arnauld, they have schemed to agree on this term 'proximate,' which they would all pronounce together even though they understand it in different ways, in order to speak the same language, and so that, by means of this seeming conformity, they could gather a large group and constitute a majority, in order to suppress him confidently."

That reply dumbfounded me; but, without accepting those impressions about the Molinists' evil schemes, which I do not wish to believe on his say-so, and which do not interest me, I merely persisted in learning the different senses they give to that mysterious word "proximate." He said: "I'd gladly enlighten you, but you'd find such gross contradictions in both probability and possibility that you'd hardly believe me. I'd be suspect to you. You'll be surer in your mind if you hear it from them themselves, and I'll give you their addresses. You merely need to visit separately a man named Le Moyne and Father Nicolaï."[2] "I don't know either one," I said. "Then see," he said, "whether you don't know any of those I'm going to name to you, because they share Monsieur Le Moyne's opinions." And indeed I did know a few of them. Then he said: "See whether you don't know any of the Dominicans called Neo-Thomists, because they're all like Father Nicolaï." Once again, I knew some of those he named, and, determined to take advantage of that suggestion and settle the matter, I left him and went first to one of the disciples of Monsieur Le Moyne.

I implored him to tell me the meaning of "having the proximate power to do something." "That's easy," he said; "it means having everything necessary to do it, so that nothing is lacking for taking action." I said: "So, to have the 'proximate power' to cross a stream means having a boat, boatmen, oars, and all the rest, so that nothing is lacking." "Very good!" he said. "And to have the proximate power of *seeing*," I said, "means having good eyesight and being in full daylight. Because a person with good eyesight, but in the dark, wouldn't have the proximate power to see, according to you, since he'd be lacking light, without which no one can see." "Spoken like a scholar!" he said. "And consequently," I went on, "when you say that every just man always possesses the proximate power to observe the commandments, you mean that he always has all the grace necessary to accomplish them, so that he lacks nothing of what God supplies." "Wait," he said; "the just

---

2. Alphonse Le Moyne (c. 1590–1659), a Jesuit who taught at the Sorbonne. Jean Nicolaï (1594–1673), a Dominican theologian.

jours tout ce qui est nécessaire pour les observer, ou du moins pour le demander à Dieu. J'entends bien, lui dis-je; ils ont tout ce qui est nécessaire pour prier Dieu de les assister, sans qu'il soit nécessaire qu'ils aient aucune nouvelle grâce de Dieu pour prier. Vous l'entendez, me dit-il. Mais il n'est donc pas nécessaire qu'ils aient une grâce efficace pour prier Dieu? Non, me dit-il, suivant M. Le Moyne.

Pour ne point perdre de temps, j'allai aux Jacobins, et demandai ceux que je savais être des nouveaux Thomistes. Je les priai de me dire ce que c'est que *pouvoir prochain*. N'est-ce pas celui, leur dis-je, auquel il ne manque rien pour agir? Non, me dirent-ils. Mais, quoi! mon Père, s'il manque quelque chose à ce pouvoir, l'appelez-vous *prochain*? et diriez-vous, par exemple, qu'un homme ait, la nuit et sans aucune lumière, le *pouvoir prochain de voir*? Oui-da, il l'aurait selon nous, s'il n'est pas aveugle. Je le veux bien, leur dis-je; mais M. Le Moyne l'entend d'une manière contraire. Il est vrai, me dirent-ils; mais nous l'entendons ainsi. J'y consens, leur dis-je. Car je ne dispute jamais du nom, pourvu qu'on m'avertisse du sens qu'on lui donne. Mais je vois par là que, quand vous dites que les justes ont toujours le *pouvoir prochain* pour prier Dieu, vous entendez qu'ils ont besoin d'un autre secours pour prier, sans quoi ils ne prieront jamais. Voilà qui va bien, me répondirent mes Pères en m'embrassant, voilà qui va bien: car il leur faut de plus une grâce efficace qui n'est pas donnée à tous, et qui détermine leur volonté à prier; et c'est une hérésie, de nier la nécessité de cette grâce efficace pour prier.

Voilà qui va bien, leur dis-je à mon tour; mais selon vous, les Jansénistes sont catholiques, et M. Le Moyne hérétique; car les Jansénistes disent que les justes ont le pouvoir de prier, mais qu'il faut pourtant une grâce efficace, et c'est ce que vous approuvez. Et M. Le Moyne dit que les justes prient sans grâce efficace, et c'est ce que vous condamnez. Oui, dirent-ils, mais M. Le Moyne appelle ce pouvoir *pouvoir prochain*.

Quoi! mes Pères, leur dis-je, c'est se jouer des paroles de dire que vous êtes d'accord à cause des termes communs dont vous usez, quand vous êtes contraires dans le sens. Mes Pères ne répondent rien; et sur cela mon disciple de M. Le Moyne arriva par un bonheur que je croyais extraordinaire; mais j'ai su depuis que leur rencontre n'est pas rare, et qu'ils sont continuellement mêlés les uns avec les autres.

Je dis donc à mon disciple de M. Le Moyne: Je connais un homme qui dit que tous les justes ont toujours le pouvoir de prier Dieu, mais que néanmoins ils ne prieront jamais sans une grâce efficace qui les détermine, et laquelle Dieu ne donne pas toujours à tous les justes.

always have everything necessary to observe them, or at least to ask God for that power." "I understand," I said; "they have everything necessary to ask God to assist them, without the necessity of any further grace from God in order to ask." "Now you've got it," he said. "And so, they don't need an efficacious grace to make the request of God?" "No," he said, "not according to Monsieur Le Moyne."

In order to lose no time, I went to the Dominicans and asked for those whom I knew to be Neo-Thomists. I requested them to tell me the meaning of "proximate power." I said: "Isn't it that power to which nothing is lacking in order to take action?" "No," they said. "What, Father!? If something is lacking to that power, you still call it 'proximate'? Would you say, for example, that a man has the proximate power to see at night with no light?" "Yes, according to us, he would have, if he wasn't blind." "Just as you say," I replied, "but Monsieur Le Moyne understands it differently." "That's true," they said, "but we understand it this way." "I agree to that," I said; "because I never argue over a term, as long as I'm informed of the meaning attached to it. But I see from this that when you say that the just always possess the 'proximate power' to pray to God, you mean that they need another aid in order to pray, without which they will never be able to pray." "So far, so good," the Fathers replied, embracing me; "now you're getting it: because they need in addition an efficacious grace, which is not given to all, and which determines their will to pray; and it's a heresy to deny the necessity of this efficacious grace in order to pray."

"So far, so good," I said in turn; "but according to you, the Jansenists are good Catholics, and Monsieur Le Moyne is a heretic, because the Jansenists say that the just have the power to pray, but first need an efficacious grace, and you approve this. And Monsieur Le Moyne says that the just can pray without efficacious grace, and you condemn this." "Yes," they said, "but Monsieur Le Moyne calls that power 'proximate power.'"

"What, Fathers!?" I said; "it's playing with words to say that you're in agreement because you use certain terms in common, when you mean different things." The Fathers made no reply; whereupon the disciple of Monsieur Le Moyne whom I had visited arrived with a felicitousness that I thought unusual, but I later learned that their meetings are not infrequent, and that they continually mingle with one another.

Therefore I said to the disciple of Monsieur Le Moyne: "I know a man who says that all just men always possess the power to pray to God, but still will never be able to pray without an efficacious grace to determine their action, a grace that God does not always give to all the just. Is he a

Est-il hérétique? Attendez, me dit mon docteur, vous me pourriez surprendre. Allons doucement, *distinguo;* s'il appelle ce pouvoir *pouvoir prochain,* il sera thomiste, et partant catholique; sinon, il sera janséniste, et partant hérétique. Il ne l'appelle, lui dis-je, ni prochain, ni non prochain. Il est donc hérétique, me dit-il; demandez-le à ces bons Pères. Je ne les pris pas pour juges, car ils consentaient déjà d'un mouvement de tête, mais je leur dis: Il refuse d'admettre ce mot de *prochain,* parce qu'on ne le veut pas expliquer. À cela, un de ces Pères voulut en apporter sa définition; mais il fut interrompu par le disciple de M. Le Moyne, qui lui dit: Voulez-vous donc recommencer nos brouilleries? ne sommes-nous pas demeurés d'accord de ne point expliquer ce mot de *prochain,* et de le dire de part et d'autre sans dire ce qu'il signifie? À quoi le Jacobin consentit.

Je pénétrai par là dans leur dessein, et leur dis en me levant pour les quitter: En vérité, mes Pères, j'ai grand peur que tout ceci ne soit une pure chicanerie; et quoi qu'il arrive de vos assemblées, j'ose vous prédire que, quand la censure serait faite, la paix ne serait pas établie. Car, quand on aurait décidé qu'il faut prononcer les syllabes *pro chain,* qui ne voit que, n'ayant point été expliquées, chacun de vous voudra jouir de la victoire? Les Jacobins diront que ce mot s'entend en leur sens. M. Le Moyne dira que c'est au sien; et ainsi il y aura bien plus de disputes pour l'expliquer que pour l'introduire: car, après tout, il n'y aurait pas grand péril à le recevoir sans aucun sens, puisqu'il ne peut nuire que par le sens. Mais ce serait une chose indigne de la Sorbonne et de la théologie, d'user de mots équivoques et captieux sans les expliquer. Enfin, mes Pères, dites-moi, je vous prie, pour la dernière fois, ce qu'il faut que je croie pour être catholique. Il faut, me dirent-ils tous ensemble, dire que tous les justes ont le *pouvoir prochain,* en faisant abstraction de tout sens: *abstrahendo a sensu Thomistarum, et a sensu aliorum theologorum.*

C'est-à-dire, leur dis-je en les quittant, qu'il faut prononcer ce mot des lèvres, de peur d'être hérétique de nom. Car est-ce que le mot est de l'Écriture? Non, me dirent-ils. Est-il donc des Pères, ou des Conciles, ou des Papes? Non. Est-il donc de saint Thomas? Non. Quelle nécessité y a-t-il donc de le dire, puisqu'il n'a ni autorité ni aucun sens de lui-même? Vous êtes opiniâtre, me dirent-ils: vous le direz, ou vous serez hérétique, et M. Arnauld aussi, car nous sommes le plus grand nombre; et s'il est besoin, nous ferons venir tant de Cordeliers que nous l'emporterons.

Je les viens de quitter sur cette dernière raison, pour vous écrire ce récit, par où vous voyez qu'il ne s'agit d'aucun des points suivants, et

heretic?" "Wait," that professor said; "you might catch me off guard. Let's take it slowly; I make a distinction: if he calls that power 'proximate power,' he's a Thomist, and therefore a good Catholic; otherwise, he's a Jansenist, and therefore a heretic." I said: "He doesn't call it either proximate or nonproximate." "Then he's a heretic," he said; "ask these good Fathers." I didn't ask them to judge the issue, because they were already consenting by nodding their heads, but I said to them: "He refuses to accept the term 'proximate' because people refuse to explain it." Thereupon one of the Fathers started to give his definition of it, but he was interrupted by Monsieur Le Moyne's disciple, who said to him: "Do you want to start our misunderstandings all over again? Didn't we agree that we wouldn't explain the term 'proximate,' but that we would both use it without saying what it means?" To which the Dominican assented.

In that way I saw through their scheme, and, as I arose to depart, I said: "Truly, Fathers, I greatly fear that all this is sheer chicanery; and, whatever may result from your sessions, I make bold to predict that, even after the censure has been imposed, there will still be no peace. Because, after deciding that people must utter the syllables 'prox-i-mate,' who doesn't see that, since they haven't been explained, each of you will want to enjoy the fruits of victory? The Dominicans will say that the word has the meaning *they* give it. Monsieur Le Moyne will say it means what *he* says; and so there will be many more disputes about its explanation than there were about introducing it; because, after all, there would be no great danger in accepting it without any meaning, since it can do harm only by its meaning. But it would be unworthy of the Sorbonne and theology to use equivocal and misleading words without explaining them. Finally, Fathers, tell me, I pray, for the last time, what I must believe in order to be a good Catholic." They said all together: "You must say that all the just possess 'proximate power,' disregarding any meaning, and setting aside the meaning given by the Thomists and the meaning of other theologians."

"That is," I said on departing, "I must pronounce that word with my lips, for fear of being a heretic in name. Because, is that term from the Scriptures?" "No," they said. "Then is it from the Church Fathers, from any council or pope?" "No." "Then is it from Saint Thomas Aquinas?" "No." "Then, why is it necessary to use it, since it has no authority and no meaning in itself?" "You're stubborn," they said; "you'll use it, or you'll be a heretic, and Monsieur Arnauld, too, because we're in the majority, and if necessary we'll call in so many Franciscans that the vote will go in our favor."

I have just left them, after hearing their last argument, in order to write you this narrative, which will show you that none of the follow-

qu'ils ne sont condamnés de part ni d'autre: *1. Que la grâce n'est pas donnée à tous les hommes. 2. Que tous les justes ont le pouvoir d'accomplir les commandements de Dieu. 3. Qu'ils ont néanmoins besoin pour les accomplir, et même pour prier, d'une grâce efficace qui détermine leur volonté. 4. Que cette grâce efficace n'est pas toujours donnée à tous les justes, et qu'elle dépend de la pure miséricorde de Dieu.* De sorte qu'il n'y a plus que le mot de *prochain* sans aucun sens qui court risque.

Heureux les peuples qui l'ignorent! Heureux ceux qui ont précédé sa naissance! Car je n'y vois plus de remède, si Messieurs de l'Académie ne bannissent par un coup d'autorité ce mot barbare de Sorbonne, qui cause tant de divisions. Sans cela, la censure paraît assurée; mais je vois qu'elle ne fera point d'autre mal que de rendre la Sorbonne moins considérable par ce procédé, qui lui ôtera l'autorité qui lui est si nécessaire en d'autres rencontres.

Je vous laisse cependant dans la liberté de tenir pour le mot de *prochain*, ou non; car je vous aime trop pour vous persécuter sous ce prétexte. Si ce récit ne vous déplaît pas, je continuerai de vous avertir de tout ce qui se passera.

Je suis, etc.

Septième lettre

À un provincial

De Paris le 25 avril 1656.

MONSIEUR,

Après avoir apaisé le bon Père, dont j'avais un peu troublé le discours par l'histoire de Jean d'Alba, il le reprit sur l'assurance que je lui donnai de ne lui en plus faire de semblables, et il me parla des maximes de ses casuistes touchant les gentilshommes, à peu près en ces termes:

Vous savez, me dit-il, que la passion dominante des personnes de

ing points is at issue and that they are not condemned by any party: "1: That grace is not given to all men. 2: That all just men possess the power to accomplish God's commandments. 3: That, nevertheless, in order to accomplish them, and even to pray, they need an efficacious grace which determines their will. 4: That this efficacious grace is not always given to all just men, but depends purely on God's mercy." So that the only risky thing left is the meaningless word "proximate."

Fortunate are the nations who are unaware of it! Happy are those who lived before it was coined! Because I see no further remedy unless the gentlemen of the French Academy exert their authority to banish from the Sorbonne that un-French term which is causing so much partisan strife. Otherwise, the censure seems like a sure thing; but I see that it will cause no other damage than to make the Sorbonne less respectable because of these proceedings, which will rob it of the authority it needs so much in other situations.

Meanwhile I leave you free to accept the term "proximate" or not, because I like you too well to persecute you[3] with this pretext. If this narrative doesn't displease you, I shall continue to let you know everything that happens.

Yours, etc.

Seventh Letter

To a Man in the Provinces

Paris, April 25, 1656

SIR,

After calming the good Father, whose speech I had disturbed somewhat by my story of Jean d'Alba,[4] he resumed it when I assured him I would not tell him any more like it; and he spoke to me about his casuists' maxims concerning gentlemen, more or less as follows:

"You know," he said, "that the ruling passion of persons of that

---

3. The original pamphlet contained a pun on *prochain* ("proximate"): *j'aime trop mon prochain pour le persécuter* ("I like my fellow man too well to persecute him.")
4. In the Sixth Letter, the narrator tells the Jesuit Father with whom he is conversing the story of Jean d'Alba, a servant of the Jesuits who stole from them and justified himself by quoting one of their writings to the effect that, in some situations, underpaid servants had the right to do so; though brought to justice, he escaped with the stolen goods after the judge had vilified that Jesuit doctrine.

cette condition est ce point d'honneur qui les engage à toute heure à des violences qui paraissent bien contraires à la piété chrétienne, de sorte qu'il faudrait les exclure presque tous de nos confessionnaux, si nos Pères n'eussent un peu relâché de la sévérité de la religion, pour s'accommoder à la faiblesse des hommes. Mais comme ils voulaient demeurer attachés à l'Évangile par leur devoir envers Dieu, et aux gens du monde par leur charité pour le prochain, ils ont eu besoin de toute leur lumière pour trouver des expédients qui tempérassent les choses avec tant de justesse, qu'on pût maintenir et réparer son honneur par les moyens dont on se sert ordinairement dans le monde, sans blesser néanmoins sa conscience; afin de conserver tout ensemble deux choses aussi opposées en apparence que la piété et l'honneur.

Mais autant que ce dessein était utile, autant l'exécution en était pénible. Car je crois que vous voyez assez la grandeur et la difficulté de cette entreprise. Elle m'étonne, lui dis-je. Elle vous étonne? me dit-il. Je le crois. Elle en étonnerait bien d'autres. Ignorez-vous que d'une part la loi de l'Évangile ordonne *de ne point rendre le mal pour le mal, et d'en laisser la vengeance à Dieu*? Et que de l'autre les lois du monde défendent de souffrir les injures, sans en tirer raison soi-même, et souvent par la mort de ses ennemis? Avez-vous jamais rien vu qui paraisse plus contraire? Et cependant quand je vous dis que nos Pères ont accordé ces choses, vous me dites simplement que cela vous étonne. Je ne m'expliquais pas assez, mon Père. Je tiendrais la chose impossible si, après ce que j'ai vu de vos Pères, je ne savais qu'ils peuvent faire facilement ce qui est impossible aux autres hommes. C'est ce qui me fait croire qu'ils en ont bien trouvé quelque moyen, que j'admire sans le connaître, et que je vous prie de me déclarer.

Puisque vous le prenez ainsi, me dit-il, je ne puis vous le refuser. Sachez donc que ce principe merveilleux est notre grande méthode de *diriger l'intention,* dont l'importance est telle dans notre morale, que j'oserais quasi la comparer à la doctrine de la probabilité. Vous en avez vu quelques traits en passant, dans de certaines maximes que je vous ai dites. Car lorsque je vous ai fait entendre comment les valets peuvent faire en conscience de certains messages fâcheux, n'avez-vous pas pris garde que c'était seulement en détournant leur intention du mal dont ils sont les entremetteurs, pour la porter au gain qui leur

rank is that sense of honor which constantly leads them into violent acts that seem quite contrary to Christian piety, so that nearly all of them would have to be turned away from our confessionals, had not our Fathers somewhat relaxed the severity of our religion, adapting it to human frailty. But since they wished to remain attached to the Gospels out of their duty to God, and to people of rank through their charity to fellow men, they needed all their wisdom to find ways and means to soften things with so much propriety that gentlemen could uphold and restore their honor by the methods ordinarily used in society and still not wound their conscience, in order to maintain in tandem two things so apparently opposed as piety and honor.

"But, if that plan was extremely desirable, to carry it out was extremely arduous. Because I think you can judge clearly the magnitude and the difficulty of the task." "It amazes me," I said. "It amazes you?" he replied; "I believe you. It would amaze many another. Are you unaware that, on the one hand, the law of the New Testament orders us not to return evil for evil, but to leave vengeance to God?[5] And that, on the other hand, the unwritten laws of society prohibit men from suffering insults without receiving personal satisfaction, frequently through the death of their enemies? Have you ever seen two things that seem so opposed to each other? And yet, when I tell you that our Jesuit Fathers have harmonized these things, you merely tell me that it amazes you." "I wasn't making myself sufficiently clear, Father. I'd consider it an impossibility if, from what I've seen of your Fathers, I didn't know that they can easily do what isn't possible for other men. That's what makes me believe that they really have found some means, which I admire before I know what it is, and which I beg you to expound to me."

"Since that's your attitude," he said, "I can't refuse to tell you. Know, therefore, that this wonderful principle is our great method of *guiding one's intentions*. It looms so large in our moral code that I almost dare compare it with the doctrine of probabilism.[6] You've seen certain features of it during our conversations, in certain maxims I've mentioned to you. Because when I informed you why servants can deliver certain unpalatable love letters with a clear conscience, didn't you notice that it was only possible if they diverted their attention from the evil liaison in which they were go-betweens, and directed it to the profit it brought

5. A paraphrase of Romans 12:17–19.   6. The practical gist of this Jesuit doctrine is that a layman can feel free to follow any opinion in a disputed matter of religion, even if only one theologian approves of it.

en revient? Voilà ce que c'est que *diriger l'intention*. Et vous avez vu
de même que ceux qui donnent de l'argent pour des bénéfices
seraient de véritables simoniaques, sans une pareille diversion. Mais
je veux maintenant vous faire voir cette grande méthode dans tout son
lustre, sur le sujet de l'homicide, qu'elle justifie en mille rencontres,
afin que vous jugiez par un tel effet tout ce qu'elle est capable de produire. Je vois déjà, lui dis-je, que par là tout sera permis, rien n'en
échappera. Vous allez toujours d'une extrémité à l'autre, répondit le
Père; corrigez-vous de cela. Car pour vous témoigner que nous ne
permettons pas tout, sachez que, par exemple, nous ne souffrons jamais d'avoir l'intention formelle de pécher, pour le seul dessein de
pécher; et que quiconque s'obstine à borner son désir dans le mal
pour le mal même, nous rompons avec lui; cela est diabolique: voilà
qui est sans exception d'âge, de sexe, de qualité. Mais quand on n'est
pas dans cette malheureuse disposition, alors nous essayons de mettre
en pratique notre méthode de *diriger l'intention,* qui consiste à se
proposer pour fin de ses actions un objet permis. Ce n'est pas qu'autant qu'il est en notre pouvoir nous ne détournions les hommes des
choses défendues; mais, quand nous ne pouvons pas empêcher l'action, nous purifions au moins l'intention; et ainsi nous corrigeons le
vice du moyen par la pureté de la fin.

Voilà par où nos Pères ont trouvé moyen de permettre les violences
qu'on pratique en défendant son honneur. Car il n'y a qu'à détourner
son intention du désir de vengeance, qui est criminel, pour la porter
au désir de défendre son honneur, qui est permis selon nos Pères. Et
c'est ainsi qu'ils accomplissent tous leurs devoirs envers Dieu et envers les hommes. Car ils contentent le monde, en permettant les actions; et ils satisfont à l'Évangile, en purifiant les intentions. Voilà ce
que les anciens n'ont point connu, voilà ce qu'on doit à nos Pères. Le
comprenez-vous maintenant? Fort bien, lui dis-je. Vous accordez aux
hommes la substance grossière des choses, et vous donnez à Dieu ce
mouvement spirituel de l'intention; et par cet équitable partage, vous
alliez les lois humaines avec les divines. Mais, mon Père, pour vous
dire la vérité, je me défie un peu de vos promesses, et je doute que
vos auteurs en disent autant que vous. Vous me faites tort, dit le Père;
je n'avance rien que je ne prouve, et par tant de passages, que leur
nombre, leur autorité et leurs raisons vous rempliront d'admiration.

Car pour vous faire voir l'alliance que nos Pères ont faite des
maximes de l'Évangile avec celles du monde, par cette direction d'intention, écoutez notre Père Reginaldus, *in Praxi*, 1. XXI, n. 62, p. 260:

them? That's what 'guiding one's intentions' is all about. And, similarly, you saw that those who give money to obtain benefices would be real simoniacs without such a diversion of intentions. But now I want to show you this great method in all its luster, as it applies to homicide, which it justifies in a thousand situations, so that you can judge from such a result all that it's capable of accomplishing." "I already see," I said, "that in this way anything will be permissible, with no exceptions." "You always go from one extreme to another," the Father replied; "cure yourself of that. Because, to assure you that we don't permit everything, I'll have you know, for example, that we never allow anyone to have the outright intention of sinning, for the sole purpose of sinning; and that we renounce anyone who persists in limiting his desire to evil for its own sake; that's diabolical, and we make no exception of age, sex, or social standing. But when people aren't in that unfortunate frame of mind, we try to put into practice our method of 'guiding the intentions,' which consists of proposing a permissible aim as the goal of one's actions. That isn't to say that, as far as lies in our power, we don't turn men away from prohibited things; but when we can't prevent the act, we at least purify the intention, and thus we correct the vice of the means by the purity of the ends.

"That's how our Fathers have found the way to permit the acts of violence carried out in defense of one's honor. Because all that's needed is to divert a man's intentions from the desire for revenge, which is criminal, and guide it to the desire to defend his honor, which is permissible according to our Fathers. And in that way they fulfill all their duties to God and to man. Because they satisfy society by permitting the actions, and they satisfy the Gospels by purifying the intentions. That's something the early Christians didn't know, that's something the world owes to our Fathers. Do you understand it now?" "Very well," I said; "you grant men the gross substance of things, and you give God this spiritual impulsion of the intentions; and by this fair distribution you join human laws to heavenly laws. But, Father, to tell you the truth, I distrust your claims somewhat, and I doubt whether your authors go as far as you say." "You do me wrong," said the Father; "I make no claim that I can't prove, and with so many quotations that the number of them, the weight of their authority, and the force of their arguments will fill you with awe.

"Because, to show you the union our Fathers have created between the maxims of the Gospels and those of society by means of this guidance of intentions, listen to our Father Reginaldus, in his *Practice,*

Il est défendu aux particuliers de se venger. Car saint Paul dit aux Rom. 12: Ne rendez à personne le mal pour le mal; et l'Eccl. 28: Celui qui veut se venger attirera sur soi la vengeance de Dieu, et ses péchés ne seront point oubliés. Outre tout ce qui est dit dans l'Évangile du pardon des offenses, comme dans les chapitres 6 et 18 de saint Matthieu. Certes, mon Père, si après cela il dit autre chose que ce qui est dans l'Écriture, ce ne sera pas manque de la savoir. Que conclut-il donc enfin? Le voici, dit-il: *De toutes ces choses, il paraît qu'un homme de guerre peut sur l'heure même poursuivre celui qui l'a blessé; non pas à la vérité avec l'intention de rendre le mal pour le mal, mais avec celle de conserver son honneur; Non ut malum pro malo reddat, sed ut conservet honorem.*

Voyez-vous comment ils ont soin de défendre d'avoir l'intention de rendre le mal pour le mal, parce que l'Écriture le condamne? Ils ne l'ont jamais souffert. Voyez Lessius, *De Just.* Lib. II, c. IX, d. 12, n. 79: *Celui qui a reçu un soufflet ne peut pas avoir l'intention de s'en venger; mais il peut bien avoir celle d'éviter l'infamie, et pour cela de repousser à l'instant cette injure, et même à coups d'épée; etiam cum gladio.* Nous sommes si éloignés de souffrir qu'on ait le dessein de se venger de ses ennemis, que nos Pères ne veulent pas seulement qu'on leur souhaite la mort par un mouvement de haine. Voyez notre Père Escobar, tr. 5, ex. 5, n. 145: *Si votre ennemi est disposé à vous nuire, vous ne devez pas souhaiter sa mort par un mouvement de haine, mais vous le pouvez bien faire pour éviter votre dommage.* Car cela est tellement légitime avec cette intention, que notre grand Hurtado de Mendoza dit: *Qu'on peut prier Dieu de faire promptement mourir ceux qui se disposent à nous persécuter, si on ne le peut éviter autrement.* C'est au livre *De Spe,* vol. II, di. 15, 3, sect. 4, §48.

Mon Révérend Père, lui dis-je, l'Église a bien oublié de mettre une oraison à cette intention dans ses prières. On n'y a pas mis, me dit-il, tout ce qu'on peut demander à Dieu. Outre que cela ne se pouvait pas; car cette opinion-là est plus nouvelle que le bréviaire. Vous n'êtes pas bon chronologiste. Mais sans sortir de ce sujet, écoutez encore ce passage de notre Père Gaspar Hurtado, *De sub. pecc. diff.* 9, cité par

l. XXI, n. 62, p. 260:[7] 'It is forbidden to private individuals to avenge themselves. For Saint Paul says in Romans 12: "Recompense to no man evil for evil." And Ecclesiasticus 28 says: "Whoever wishes to avenge himself will call down upon himself the vengeance of God, and his sins will not be forgotten." In addition to all that is said in the Gospels about forgiving offenses, as in chapters 6 and 18 of Matthew.'" "Certainly, Father, if, after all that, he says something other than what the Scriptures contain, it won't be because he doesn't know them! What conclusion does he come to?" "Here it is," he said: "'From all these things, it appears that a man of war may pursue immediately the man who has injured him—not, in truth, with the intention of returning evil for evil, but with that of preserving his honor: *non ut malum pro malo reddat, sed ut conservet honorem.*'

"Do you see how careful they are to forbid having the intention of returning evil for evil, because the Scriptures condemn it? They've never allowed it. See Lessius,[8] *On Justice*, Lib. II, c. IX, d. 12, n. 79: 'He who has received a slap must not have the intention to take revenge for it, but he certainly can have the intention to avoid dishonor and, for that purpose, to counter that insult on the spot, and even with the sword: *etiam cum gladio.*' We are so far from permitting anyone to plan vengeance on his enemies that our Fathers do not even want anyone to wish their death in an impulse of hatred. See our Father Escobar,[9] tr. 5, ex. 5, n. 145: 'If your enemy is inclined to harm you, you ought not to wish his death in an impulse of hatred, but you can certainly do so to avoid injury to yourself.' Because that is so legitimate, with the proper intention, that our great Hurtado de Mendoza[10] says: 'We can ask God to cause the prompt death of those inclined to persecute us, if we cannot avoid this in any other way.' This is in his book *On Hope*, vol. II, di. 15, 3, sect. 4. §48."

"Reverend Father," I said, "the Church has completely forgotten to put a prayer with that intention in its collection of prayers!" He replied: "That collection doesn't contain everything that can be requested of God. Besides, it was impossible, because that ruling is more recent than the Breviary. You're not very good at chronology. But, without dropping this subject, listen also to this passage from our Father Gaspar

---

7. Reginaldus is Valère Regnault, a French Jesuit (1545–1623). The Latin abbreviations used here and elsewhere refer to subdivisions of scholastic works, such as: l[*iber*] ("book"), c[*apitulum*] ("chapter"), p[*ars*] ("part") or p[*agina*] ("page"), n[*umerus*] ("number"), etc., etc.   8. Léonard Leys (1554–1623).   9. Antonio Escobar y Mendoza (1589–1669), author of *Liber theologiae moralis* (Book of Moral Theology).   10. Pedro Hurtado de Mendoza (1578–1651).

Diana, p. 5, tr. 14, r. 99. C'est l'un des vingt-quatre Pères d'Escobar. *Un bénéficier peut sans aucun péché mortel désirer la mort de celui qui a une pension sur son bénéfice; un fils celle de son père, et se réjouir quand elle arrive, pourvu que ce ne soit que pour le bien qui lui en revient, et non pas par une haine personnelle.*

Ô mon Père, lui dis-je, voilà un beau fruit de la direction d'intention! Je vois bien qu'elle est de grande étendue. Mais néanmoins il y a de certains cas dont la résolution serait encore difficile, quoique fort nécessaire pour les gentilshommes. Proposez-les pour voir, dit le Père. Montrez-moi, lui dis-je, avec toute cette direction d'intention, qu'il soit permis de se battre en duel. Notre grand Hurtado de Mendoza, dit le Père, vous y satisfera sur l'heure, dans ce passage que Diana rapporte p. 5, tr. 14, r. 99. *Si un gentilhomme qui est appelé en duel est connu pour n'être pas dévot, et que les péchés qu'on lui voit commettre à toute heure sans scrupule fassent aisément juger que s'il refuse le duel, ce n'est pas par la crainte de Dieu, mais par timidité; et qu'ainsi on dise de lui que c'est une poule, et non pas un homme, gallina, et non vir, il peut, pour conserver son honneur, se trouver au lieu assigné, non pas véritablement avec l'intention expresse de se battre en duel, mais seulement avec celle de se défendre, si celui qui l'a appelé l'y vient attaquer injustement. Et son action sera toute indifférente d'elle-même. Car quel mal y a-t-il d'aller dans un champ, de s'y promener en attendant un homme, et de se défendre si on l'y vient attaquer? Et ainsi il ne pèche en aucune manière, puisque ce n'est point du tout accepter un duel, ayant l'intention dirigée à d'autres circonstances. Car l'acceptation du duel consiste en l'intention expresse de se battre, laquelle celui-ci n'a pas.*

Vous ne m'avez pas tenu parole, mon Père. Ce n'est pas là proprement permettre le duel. Au contraire, il évite de dire que c'en soit un pour rendre la chose permise, tant il la croit défendue. Ho! ho! dit le Père, vous commencez à pénétrer, j'en suis ravi. Je pourrais dire néanmoins qu'il permet en cela tout ce que demandent ceux qui se battent en duel. Mais puisqu'il faut vous répondre juste, notre Père Layman le fera pour moi, en permettant le duel en mots propres, pourvu qu'on dirige son intention à l'accepter seulement pour conserver son honneur, ou sa fortune. C'est au 1. 3, p. 3, c. 3, n. 2 et 3: *Si un soldat à l'armée, ou un gentilhomme à la Cour, se trouve en état de perdre son honneur, ou sa fortune, s'il n'accepte un duel, je ne vois*

Hurtado,[11] *De sub. pecc. diff.* 9, quoted by Diana,[12] p. 5, tr. 14, r. 99. He is one of the twenty-four Fathers excerpted by Escobar. 'The incumbent of a benefice may, without any mortal sin, desire the death of a man who is drawing an annuity from his benefice; a son may desire the death of his father, and rejoice when it occurs, provided that it is only because of the gain he will receive thereby and not out of personal hatred.'"

"Oh, Father," I said, "there's a fine result of your guidance of intentions! I see clearly how all-embracing it is! Nevertheless, there are certain cases which would still be hard to resolve, though such a resolution is very necessary for gentlemen." "Mention them and let's see," said the Father. "Show me," I said, "with all this guidance of intentions, that it's permitted to fight duels." "Our great Hurtado de Mendoza," said the Father, "will satisfy you on that point at once, in this passage which Diana reports, p. 5, tr. 14, r. 99: 'If a gentleman challenged to a duel is known not to be pious, and if the sins he is seen to commit constantly without scruples lead easily to the conclusion that, if he refuses the duel, it is not out of fear of God but out of timidity, and if therefore people say he is a chicken and not a man—*gallina, et non vir*—he may, to preserve his honor, show up at the appointed place, not actually with the express intention of fighting a duel, but merely with that of defending himself in case the challenger comes there to attack him unjustly. And his action will be completely neutral in itself. For, what harm is there in going to a field and walking around in it while awaiting a man, and defending himself should he be attacked? And in this way he does not sin at all, since one is not at all accepting a duel when one's intentions are guided to other circumstances. For the acceptance of a duel consists in the express intention of fighting, which this man does not have.'"

"You haven't kept your promise to me, Father. That is not a specific permission for dueling. On the contrary, he avoids saying that there *is* a duel in order to make the actions permissible, just because he believes they are forbidden." "Ho, ho!" said the Father; "you're beginning to see the light! I'm so pleased! Nevertheless I could say that his formulation *does* permit all that duelers can ask for. But since I must give you an appropriate reply, our Father Laymann[13] will do it for me, by permitting duels in clear-cut terms, provided that one guides one's intentions toward accepting the challenge merely to preserve one's honor or property. It's in l. 3, p. 3, c. 3, n. 2 and 3: 'If a soldier in the army, or a gentleman at court, finds himself in a position where he can lose his honor or his property if he does not

---

11. 1575–1646.   12. Antonino Diana (1585–1663), a Theatine from Palermo. 13. Paul Laymann (or Layman), a Tyrolese theologian (1574–1635).

pas que l'on puisse condamner celui qui le reçoit pour se défendre. Petrus Hurtado dit la même chose au rapport de notre célèbre Escobar au tr. I, ex. 7, n. 96, et au n. 98 il ajoute ces paroles de Hurtado: *Qu'on peut se battre en duel pour défendre même son bien, s'il n'y a que ce moyen de le conserver, parce que chacun a le droit de défendre son bien, et même par la mort de ses ennemis.* J'admirai sur ces passages de voir que la piété du roi emploie sa puissance à défendre et à abolir le duel dans ses États, et que la piété des Jésuites occupe leur subtilité à le permettre et à l'autoriser dans l'Église. Mais le bon Père était si en train, qu'on lui eût fait tort de l'arrêter, de sorte qu'il poursuivit ainsi: Enfin, dit-il, Sanchez (voyez un peu quels gens je vous cite!) fait plus; car il permet non seulement de recevoir, mais encore d'offrir le duel, en dirigeant bien son intention. Et notre Escobar le suit en cela au même lieu n. 97. Mon Père, lui dis-je, je le quitte, si cela est; mais je ne croirai jamais qu'il l'ait écrit, si je ne le vois. Lisez-le donc vous-même, me dit-il; et je lus en effet ces mots dans la Théologie morale de Sanchez, 1. 2, c. 29, n. 7. *Il est bien raisonnable de dire qu'un homme peut se battre en duel pour sauver sa vie, son honneur, ou son bien en une quantité considérable, lorsqu'il est constant qu'on les lui veut ravir injustement, par des procès et des chicaneries, et qu'il n'y a que ce seul moyen de les conserver. Et Navarrus dit fort bien qu'en cette occasion il est permis d'accepter et d'offrir le duel:* Licet acceptare et offerre duellum. *Et aussi qu'on peut tuer en cachette son ennemi. Et même en ces rencontres-là on ne doit point user de la voie du duel, si on peut tuer en cachette son homme, et sortir par là d'affaire. Car par ce moyen on évitera tout ensemble, et d'exposer sa vie dans un combat, et de participer au péché que notre ennemi commettrait par un duel.*

Voilà, mon Père, lui dis-je, un pieux guet-apens: mais quoique pieux, il demeure toujours guet-apens, puisqu'il est permis de tuer son ennemi en trahison. Vous ai-je dit, répliqua le Père, qu'on peut tuer en trahison? Dieu m'en garde. Je vous dis qu'on peut tuer en cachette; et de là vous concluez qu'on peut tuer en trahison, comme si c'était la même chose. Apprenez d'Escobar, tr. 6, ex. 4, n. 26, ce que c'est que tuer en trahison, et puis vous parlerez. *On appelle tuer en trahison, quand on tue celui qui ne s'en défie en aucune manière. Et c'est pourquoi celui qui tue son ennemi n'est pas dit le tuer en trahison, quoique ce soit par derrière ou dans une embûche:* licet per insidias, aut a tergo percutiat. Et au même traité, n. 56: *Celui qui tue*

accept a challenge, I do not see why the man who accepts it to defend him-self should be condemned.' Pedro Hurtado says the same thing, as re-ported by our famous Escobar in tr. 1, ex. 7, n. 96; and in n. 98 he adds these words from Hurtado: 'That one may fight a duel to defend even one's possessions, if there is no other means to keep them, because everyone has the right to defend his possessions, even through the death of his ene-mies.'" Hearing these quotations, I was amazed to see that the king's piety uses its power to forbid and abolish dueling in his realm, whereas the Jesuits exert their subtlety to allow it and authorize it in the Church. But the good Father was so enthusiastic that it would have been a crime to in-terrupt him, so that he continued as follows: 'Lastly, Sánchez[14] (you see what great men I'm quoting to you!) goes even further, because he permits not only the acceptance, but the challenge itself, with the proper guidance of intentions. And our Escobar follows him in that in the same passage, n. 97." "Father," I said, "if that's true, I give up; but I'll never believe that he wrote such a thing if I don't see it myself." "Well, read it yourself," he said; and indeed I read these words in Sánchez's *Moral Theology*, l. 2, c. 29, n. 7: "It is quite reasonable to say that a man may fight a duel to save his life, honor, or property (when it is significant) if it is evident that people wish to deprive him of them unjustly, through lawsuits and chicanery, and there is no other way of preserving them. And Pierre Navarre[15] states quite properly that on such occasions it is permissible to make and accept a chal-lenge: *Licet acceptare et offerre duellum.* And also that one may kill one's enemy secretly. And, in fact, in such situations one should not use the pro-cedure of a duel if one can kill one's opponent secretly and settle the mat-ter that way. Because by this means one will avoid everything all at once, risking one's life in a fight and sharing in the sin that one's enemy would commit by dueling."

"There, Father," I said, "is a pious ambush for you! But, though pious, it's still an ambush, since it's permissible to kill your enemy treacherously." The Father retorted: "Did I tell you it was all right to kill treacherously? God forbid! What I say is that one may kill secretly, and from that you conclude that it's all right to kill treacherously, as if it were the same thing. Learn from Escobar, tr. 6, ex. 4, n. 26, what killing treacherously means, and then you can talk about it! 'Killing is treacherous when the victim is totally unsuspecting. That is why a man who kills his enemy is not said to kill him treacherously, even if it be from behind or in an ambush: *licet per insidias, aut a tergo percutiat.*' And in the same treatise, n. 56: 'A man who kills his enemy, with

---

14. Tomás Sánchez (c. 1550–1610).   15. No dates found.

son ennemi, avec lequel il s'était réconcilié sous promesse de ne plus attenter à sa vie, n'est pas absolument dit le tuer en trahison, à moins qu'il y eût entre aux une amitié bien étroite: arctior amicitia.

Vous voyez par là que vous ne savez pas seulement ce que les termes signifient; et cependant vous parlez comme un docteur. J'avoue, lui dis-je, que cela m'est nouveau; et j'apprends de cette définition qu'on n'a peut-être jamais tué personne en trahison. Car on ne s'avise guère d'assassiner que ses ennemis. Mais quoi qu'il en soit, on peut selon Sanchez tuer hardiment, je ne dis plus en trahison, mais seulement par derrière, ou dans une embûche, un calomniateur qui nous poursuit en justice? Oui, dit le Père, mais en dirigeant bien l'intention; vous oubliez toujours le principal. Et c'est ce que Molina soutient aussi, t. 4, tr. 3, disp. 12. Et même, selon notre docte Reginaldus, l. 21, c. 5, n. 57: *On peut tuer aussi les faux témoins qu'il suscite contre nous.* Et enfin, selon nos grands et célèbres Pères Tannerus et Emmanuel Sa, on peut de même tuer et les faux témoins et le juge, s'il est de leur intelligence. Voici ses mots, tr. 3, disp. 4, q. 8, n. 83; *Sotus,* dit-il, *et Lessius disent qu'il n'est pas permis de tuer les faux témoins et le juge qui conspirent à faire mourir un innocent; mais Emmanuel Sa et d'autres auteurs ont raison d'improuver ce sentiment-là, au moins pour ce qui touche la conscience.* Et il confirme encore au même lieu qu'on peut tuer et témoins et juge.

Mon Père, lui dis-je, j'entends maintenant assez bien votre principe de la direction d'intention; mais j'en veux bien entendre aussi les conséquences, et tous les cas où cette méthode donne le pouvoir de tuer. Reprenons donc ceux que vous m'avez dits, de peur de méprise. Car l'équivoque serait ici dangereuse. Il ne faut tuer que bien à propos, et sur bonne opinion probable. Vous m'avez donc assuré qu'en dirigeant bien son intention, on peut, selon vos Pères, pour conserver son honneur et même son bien, accepter un duel, l'offrir quelquefois, tuer en cachette un faux accusateur, et ses témoins avec lui, et encore le juge corrompu qui les favorise; et vous m'avez dit aussi que celui qui a reçu un soufflet peut, sans se venger, le réparer à coups d'épée. Mais, mon Père, vous ne m'avez pas dit avec quelle mesure. On ne s'y peut guère tromper, dit le Père, car on peut aller jusqu'à le tuer. C'est ce que prouve fort bien notre savant Henriquez, lib. 14, c. 10, n. 3, et d'autres de nos Pères rapportés par Escobar, au tr. 1, ex. 7, n. 48, en ces mots: *On peut tuer celui qui a donné un soufflet, quoiqu'il s'enfuie, pourvu*

whom he had become reconciled, promising never again to make an attempt on his life, is not absolutely said to kill him treacherously, unless a very close friendship, *arctior amicitia,* exists between them.'

"You see from this that you don't even know what the terms mean, and yet you speak professorially." "I admit," I said, "that this is new to me; and I have learned from this definition that perhaps no one has ever been killed treacherously. Because hardly anyone plans to assassinate a man who isn't his enemy. But however that may be, according to Sánchez can we kill boldly, I no longer say treacherously but merely from behind or in an ambush, a slanderer who hauls us into court?" "Yes," said the Father, "but with properly guided intentions; you keep forgetting the main point! That's what Molina maintains also, t. 4, tr. 3, disp. 12. And, in fact, according to our learned Reginaldus, l. 21, c. 5, n. 57: 'We can also kill the false witnesses he summons against us.' And lastly, according to our great and famous Fathers Tannerus and Manuel de Sa,[16] we can also kill both the false witnesses and the judge, if he is in league with them. Here are his words, tr. 3, disp. 4, q. 8, n. 83: 'Sotus[17] and Lessius state that it is not permitted to kill the false witnesses and the judge who conspire to cause an innocent man's death, but Manuel de Sa and other authors are right in disapproving of that opinion, at least with regard to one's conscience.' And in the same passage he confirms again the permissibility of killing both the witnesses and the judge."

"Father," I said, "now I have quite a firm grasp of your principle of guiding intentions, but I'd also very much like to understand its results, and all the cases in which this method gives the power to kill. Therefore let's review the ones you've told me, for fear of misunderstanding. Because a mistake would be dangerous here. One must only kill on a very suitable occasion, and on someone's good authority. Thus you've assured me that by guiding his intentions properly a man, according to your Fathers, in order to preserve his honor and even his property, can accept a challenge, make the challenge sometimes, and kill secretly a false accuser, and his witnesses along with him, and even the corrupt judge who is partial to them; and you've also told me that a man who has been slapped can make things good with the sword without taking revenge. But, Father, you haven't told me to what extent." "There's hardly a chance of misunderstanding," said the Father, "because you can go as far as killing your enemy. Our learned Enríquez[18] proves this quite clearly, lib. 14, c. 10, n. 3, as do other Fathers of ours quoted by Escobar,

16. Adam Tanner (1572–1653) and Manuel de Sa (1530–1596).   17. Domingo de Soto (1494–1560), a Dominican.   18. Enrique Enríquez (1536–1608).

qu'on évite de le faire par haine ou par vengeance, et que par là on ne donne pas lieu à des meurtres excessifs et nuisibles à l'État. Et la raison en est qu'on peut courir après son honneur comme après du bien dérobé. Car encore que votre honneur ne soit pas entre les mains de votre ennemi comme seraient des hardes qu'il vous aurait volées, on peut néanmoins le recouvrer en la même manière, en donnant des marques de grandeur et d'autorité, et s'acquérant par là l'estime des hommes. Et en effet n'est-il pas véritable que celui qui a reçu un soufflet est réputé sans honneur, jusques à ce qu'il ait tué son ennemi? Cela me parut si horrible, que j'eus peine à me retenir; mais pour savoir le reste, je le laissai continuer ainsi: Et même, dit-il, on peut, pour prévenir un soufflet, tuer celui qui le veut donner s'il n'y a que ce moyen de l'éviter. Cela est commun dans nos Pères. Par exemple Azor, Inst. mor., part. 3, p. 105 (c'est encore l'un des vingt-quatre): *Est-il permis à un homme d'honneur de tuer celui qui lui veut donner un soufflet ou un coup de bâton? Les uns disent que non; et leur raison est que la vie du prochain est plus précieuse que notre honneur; outre qu'il y a de la cruauté à tuer un homme, pour éviter seulement un soufflet. Mais les autres disent que cela est permis; et certainement je le trouve probable, quand on ne peut l'éviter autrement. Car sans cela l'honneur des innocents serait sans cesse exposé à la malice des insolents.* Notre grand Filiutius de même, t. 2, tr. 29, c. 3, n. 50; et le P. Héreau, dans ses écrits de l'homicide; Hurtado de Mendoza, in 2, 2, disp. 170, sect. 16, §137. Et Bécan, Som., t. 1, q. 64, *De Homicid.* Et nos Pères Flahaut et Lecourt, dans leurs écrits que l'Université dans sa troisième requête a rapportés tout au long pour les décrier, mais elle n'y a pas réussi, et Escobar au même lieu, n. 48, disent tous les mêmes choses. Enfin cela est si généralement soutenu, que Lessius, l. 2, c. 9, d. 12, n. 77, en parle comme d'une chose autorisée par le consentement universel de tous les casuistes. *Il est permis*, dit-il, *selon le consentement de tous les casuistes; ex sententia omnium; de tuer celui qui veut donner un soufflet ou un coup de bâton, quand on ne le peut éviter autrement.* En voulez-vous davantage?

Je l'en remerciai, car je n'en avais que trop entendu. Mais pour voir jusqu'où irait une si damnable doctrine, je lui dis: Mais, mon Père, ne sera-t-il point permis de tuer pour un peu moins? Ne saurait-on diriger son intention en sorte qu'on puisse tuer pour un démenti? Oui, dit le Père, et selon notre Père Baldelle, l. 3, disp. 24, n. 24, rapporté

tr. 1, ex. 7, n. 48, as follows: 'We may kill the man who has slapped us, even if he flees, provided that we avoid doing it out of hatred or vengeance, and thereby giving rise to excessive murders harmful to the State. The reason for this is that we may pursue our honor just as we pursue stolen property. Because, even if our honor isn't in our enemy's hands the way that the old clothes he stole from us would be, nevertheless we can recover it in the same fashion, showing signs of greatness and authority and thereby acquiring the esteem of mankind. And, indeed, isn't it true that a man who has been slapped is reputed to be without honor until he has killed his enemy?'" That seemed so terrible to me that I could hardly restrain myself, but in order to hear the rest, I let him continue as follows: "And, in fact, to forestall a slap, we may kill the man who intends to give it if that is the only way to avoid it. This is an opinion commonly held by our Fathers. For example, Azor,[19] *Moral Institutions*, part. 3, p. 105 (he's another of the twenty-four): 'May a man of honor kill someone who intends to slap him or strike him with a stick? Some say no, and their reason is that the life of a fellow man is more precious than our honor, not to mention that there is some cruelty in killing a man merely to avoid a slap. But others say it is permissible; and certainly I find it acceptable when there is no other way to avoid it. Because otherwise the honor of innocent men would be ceaselessly exposed to the malevolence of the insolent.' Our great Filliutius[20] as well, t. 2, tr. 29, c. 3, no. 50; and Father Héreau,[21] in his writings on homicide; Hurtado de Mendoza in 2, 2, disp. 170, sect. 16, §137. And Becanus,[22] *Som.*, t. 1, q. 64, *On Homicide*. And our Fathers Flahaut and Lecourt,[23] in their writings which the University in its third petition quoted in their entirety in order to discredit them (an unsuccessful attempt), and Escobar in the same passage, n. 48, all say the same thing. In brief, this opinion is so universally maintained that Lessius, l. 2, c. 9, d. 12, n. 77, speaks of it as a matter authorized by the general consent of all casuists. 'It is permissible,' he says, 'according to the consent of all casuists—*ex sententia omnium*—to kill a man who intends to slap us or hit us with a stick when we cannot avoid this in any other way.' Do you want more?"

I thanked him, because I had understood only too well. But in order to learn the full extent of such a damnable doctrine, I said: "But, Father, won't it be permissible to kill for a somewhat slighter reason? Couldn't a man guide his intentions so that he could kill someone who said he was lying?" "Yes," said the Father, "and according to our

---

19. Juan Azor (1535–1603).   20. Vincent Filliutius (1566–1622).   21. A lecturer active in the 1640s.   22. Martin Verbeeck (Flemish; 1563–1624).   23. Professors at the Collège de Caen in the 1640s.

par Escobar au même lieu, n. 49: *Il est permis de tuer celui qui vous dit: Vous avez menti, si on ne peut le réprimer autrement.* Et on peut tuer de la même sorte pour des médisances selon nos Pères. Car Lessius, que le Père Héreau entre autres suit mot à mot, dit au lieu déjà cité: *Si vous tâchez de ruiner ma réputation par des calomnies devant des personnes d'honneur, et que je ne puisse l'éviter autrement qu'en vous tuant, le puis-je faire? Oui, selon des auteurs modernes, et même encore que ce crime que vous publiez soit véritable, si toutefois il est secret, en sorte que vous ne puissiez le découvrir selon les voies de la justice. Et en voici la preuve. Si vous me voulez ravir l'honneur en me donnant un soufflet, je puis l'empêcher par la force des armes, donc la même défense est permise quand vous me voulez faire la même injure avec la langue. De plus on peut empêcher les affronts, donc on peut empêcher les médisances. Enfin l'honneur est plus cher que la vie. Or on peut tuer pour défendre sa vie; donc on peut tuer pour défendre son honneur.*

Voilà des arguments en forme. Ce n'est pas là discourir; c'est prouver. Et enfin ce grand Lessius montre au même endroit, n. 78, qu'on peut tuer même pour un simple geste, ou un signe de mépris. *On peut,* dit-il, *attaquer et ôter l'honneur en plusieurs manières, dans lesquelles la défense paraît bien juste; comme si on veut donner un coup de bâton, ou un soufflet, ou si on veut nous faire affront par des paroles ou par des signes, sive per signa.*

Ô mon Père, lui dis-je, voilà tout ce qu'on peut souhaiter pour mettre l'honneur à couvert; mais la vie est bien exposée, si, pour de simples médisances et des gestes désobligeants, on peut tuer le monde en conscience. Cela est vrai, me dit-il; mais comme nos Pères sont fort circonspects, ils ont trouvé à propos de défendre de mettre cette doctrine en usage en de certaines occasions, comme pour les simples médisances. Car ils disent au moins: *Qu'à peine doit-on la pratiquer: practice vix probari potest.* Et ce n'a pas été sans raison; la voici. Je la sais bien, lui dis-je; c'est parce que la loi de Dieu défend de tuer. Ils ne le prennent pas par là, me dit le Père; ils le trouvent permis en conscience, et en ne regardant que la vérité en elle-même. Et pourquoi le défendent-ils donc? Écoutez-le, dit-il. C'est parce qu'on dépeuplerait un État en moins de rien, si on en tuait tous les médisants. Apprenez-le de notre Reginaldus, l. 21, n. 63, p. 260: *Encore que cette opinion, qu'on peut tuer pour une médisance, ne soit pas sans probabilité dans la théorie, il faut suivre le contraire dans la pratique. Car*

Father Baldelli,[24] l. 3, disp. 24, n. 4, quoted by Escobar in the same place, n. 49: 'It is permissible to kill a man who says to you "That's a lie" if he cannot be repressed in any other way.' And, similarly, it is permissible to kill because of slander, according to our Fathers. For Lessius, whom Father Héreau, among others, follows word for word, says in the passage already quoted: 'If you try to ruin my reputation by slanders spread among men of honor, and I cannot avoid this except by killing you, may I do so? Yes, according to modern authors; and even if the crime you accuse me of is true, as long as it is secret so that you cannot reveal it through legal channels. And here is the proof of this. If you wish to deprive me of honor by slapping me, I can prevent it by force of arms, and so the same defense is permissible when you want to do me the same harm with your tongue. Moreover, one can prevent insults, and so one can prevent slanders. In short, honor is dearer than life. Now, one can kill to save one's life; therefore one can kill to defend one's honor.'

"These are formal arguments. The opinions are not merely discussed, they're proved. And lastly, that great Lessius shows in the same place, n. 78, that one can kill even on account of a simple gesture or a token of scorn. He says: 'Honor can be attacked and stripped away in several manners, in which defense appears fully justified; for example, if someone wants to hit us with a stick or slap us, or insult us with words or signs, *sive per signa.*'"

"Oh, Father," I said, "what more could one want to safeguard one's honor?! But life is at great risk if, for simple slanders and unpleasant gestures, people can be killed with a clear conscience." "That's true," he said, "but since our Fathers are very prudent, they have seen fit to forbid putting this doctrine into practice on certain occasions, for simple slanders for instance. Because they say at least: 'This should rarely be practiced; *practice vix probari potest.*' And that wasn't without a good reason; here it is." "I know," I said; "it's because the law of God forbids killing." "That isn't their approach," the Father said; "they find it permissible in conscience, with regard only to the truth itself." "Then why do they forbid it?" "Listen," he said; "it's because a country would be depopulated in no time if every slanderer were killed. Learn this from our Reginaldus, l. 21, n. 63, p. 260: 'Even though this opinion, that killing for slander is permissible, is not without acceptability in theory, the opposite must be followed in practice. Because one must always avoid doing harm to the State in choosing the way to

---

24. Niccolò Baldelli (1573–1655).

il faut toujours éviter le dommage de l'État dans la manière de se défendre. Or il est visible qu'en tuant le monde de cette sorte, il se ferait un trop grand nombre de meurtres. Lessius en parle de même au lieu déjà cité. *Il faut prendre garde que l'usage de cette maxime ne soit nuisible à l'État. Car alors il ne faut pas le permettre: tunc enim non est permittendus.*

Quoi! mon Père, ce n'est donc ici qu'une défense de politique, et non pas de religion? Peu de gens s'y arrêteront, et surtout dans la colère. Car il pourrait être assez probable qu'on ne fait point de tort à l'État de le purger d'un méchant homme. Aussi, dit-il, notre Père Filiutius joint à cette raison-là une autre bien considérable, tr. 29, c. 3, n. 51. *C'est qu'on serait puni en justice en tuant le monde pour ce sujet.* Je vous le disais bien, mon Père, que vous ne feriez jamais rien qui vaille, tant que vous n'auriez point les juges de votre côté. Les juges, dit le Père, qui ne pénètrent pas dans les consciences, ne jugent que par le dehors de l'action; au lieu que nous regardons principalement à l'intention. Et de là vient que nos maximes sont quelquefois un peu différentes des leurs. Quoi qu'il en soit, mon Père, il se conclut fort bien des vôtres qu'on peut tuer les médisants en sûreté de conscience, pourvu que ce soit en sûreté de sa personne.

Mais, mon Père, après avoir si bien pourvu à l'honneur, n'avez-vous rien fait pour le bien? Je sais qu'il est de moindre considération; mais il n'importe. Il me semble qu'on peut bien diriger son intention à tuer pour le conserver. Oui, dit le Père, et je vous en ai touché quelque chose qui vous a pu donner cette ouverture. Tous nos casuistes s'y accordent et même on le permet, *encore que l'on ne craigne plus aucune violence de ceux qui nous ôtent notre bien, comme quand ils s'enfuient.* Azor de notre Société le prouve, p. 3, l. 2, c. 1, q. 20.

Mais, mon Père, combien faut-il que la chose vaille pour nous porter à cette extrémité? *Il faut,* selon Reginaldus, l. 21, ch. 5, n. 66, et Tannerus, in 2, 2, disp. 4, q. 8, d. 4, n. 69, *que la chose soit de grand prix au jugement d'un homme prudent.* Et Layman, et Filiutius en parlent de même. Ce n'est rien dire, mon Père, où ira-t-on chercher un homme prudent, dont la rencontre est si rare, pour faire cette estimation? Que ne déterminent-ils exactement la somme? Comment! dit le Père; était-il si facile, à votre avis, de comparer la vie d'un homme et d'un chrétien à de l'argent? C'est ici où je veux vous faire sentir la nécessité de nos casuistes. Cherchez-moi dans tous les anciens Pères pour combien d'argent il est permis de tuer un homme. Que vous diront-ils sinon: *Non occides, vous ne tuerez point?* Et qui a donc osé déterminer cette somme? répondis-je. C'est, me dit-il, notre

defend oneself. Now, it is clear that, if people were killed that way, too many murders would be committed.' Lessius says the same in the passage already quoted: 'One must take care lest the practice of this maxim be injurious to the State. For, in such a case, it must not be allowed: *tunc enim non est permittendus.*'"

"What, Father?! What we have here is merely a political prohibition, not a religious one? Not many people will be stopped by it, especially when angry. Because another opinion could be quite acceptable: that no wrong is done to the State by ridding it of an evil man." "That's why," he said, "our Father Filliutius adds to the previous reason another very weighty one, tr. 29, c. 3, n. 51: 'It is because one would be punished legally for killing people on this account.'" "I told you, Father, that you would never accomplish anything valuable without having the judges on your side!" The Father replied: "The judges, who do not see into men's consciences, judge only by outward actions, whereas we look chiefly at the intentions. That is why our maxims are sometimes a little different from theirs." "However that may be, Father, a firm conclusion can be drawn from your authorities that it is safe to kill slanderers with a clear conscience, as long as one's own life is safe.

"But, Father, now that you've looked after honor so well, haven't you done anything about property? I know it's of less importance, but that doesn't matter. It seems to me that a man can easily guide his intentions toward killing in order to preserve it." "Yes," said the Father, "and I've mentioned a few things to you which may have led you onto the topic. All our casuists agree on that and even permit it, 'even though we no longer fear any violence from those who take away our property, for example when they run away.' Azor of our Society proves it, p. 3, l. 2, c. 1, q. 20."

"But, Father, how much must the property be worth to lead us to that extreme?" "According to Reginaldus, l. 21, ch. 5, n. 66, and Tannerus, in 2, 2, disp. 4, q. 8, d. 4, n. 69, 'the item must be of great value in the judgment of a prudent man.' Both Laymann and Filliutius say the same." "That is meaningless, Father; where is one to seek a prudent man (one is so rarely to be found!) to make that valuation? Why don't they fix an exact sum?" "What!?" the Father exclaimed; "was it so easy, in your opinion, to equate the life of a man, a Christian man, with money? Here is where I want to make you feel the necessity of our casuists. Consult all the old Church Fathers to find out for how much money it's permissible to kill a man. What will they tell you beyond 'Non occides; thou shalt not kill'?" "So, then, who dared to fix the sum?" I replied. He said: "It was our great, incomparable Molina,

grand et incomparable Molina, la gloire de notre Société, qui, par sa prudence inimitable, l'a estimée *à six ou sept ducats, pour lesquels il assure qu'il est permis de tuer, encore que celui qui les emporte s'enfuie.* C'est en son t. 4, tr. 3, disp. 16, d. 6. Et il dit de plus au même endroit: *Qu'il n'oserait condamner d'aucun péché un homme qui tue celui qui lui veut ôter une chose de la valeur d'un écu, ou moins; unius aurei, vel minoris adhuc valoris.* Ce qui a porté Escobar à établir cette règle générale, n. 44, *que régulièrement on peut tuer un homme pour la valeur d'un écu, selon Molina.*

Ô mon Père, d'où Molina a-t-il pu être éclairé pour déterminer une chose de cette importance sans aucun secours de l'Écriture, des Conciles, ni des Pères! Je vois bien qu'il a eu des lumières bien particulières, et bien éloignées de saint Augustin, sur l'homicide, aussi bien que sur la grâce. Me voici bien savant sur ce chapitre, et je connais parfaitement qu'il n'y a plus que les gens d'Église qu'on puisse offenser et pour l'honneur et pour le bien, sans craindre qu'ils tuent ceux qui les offensent. Que voulez-vous dire? répliqua le Père. Cela serait-il raisonnable à votre avis, que ceux qu'on doit le plus respecter dans le monde fussent seuls exposés à l'insolence des méchants? Nos Pères ont prévenu ce désordre. Car Tannerus, to. 2, d. 4, q. 8, d. 4, n. 76, dit: *Qu'il est permis aux ecclésiastiques, et aux religieux mêmes, de tuer pour défendre non seulement leur vie, mais aussi leur bien, ou celui de leur communauté.* Molina, qu'Escobar rapporte, n. 43; Bécan, in 2, 2, t. 2, q. 7, *De Hom.*, concl. 2, n. 5; Reginaldus, l. 21, c. 5, n. 68; Layman, l. 3, tr. 3, p. 3, c. 3, n. 4; Lessius, l. 2, c. 9, d. 11, n. 72; et les autres, se servent tous des mêmes paroles.

Et même selon notre célèbre P. L'Amy, il est permis aux prêtres et aux religieux de prévenir ceux qui les veulent noircir par des médisances, en les tuant pour les en empêcher. Mais c'est toujours en dirigeant bien l'intention. Voici ses termes, t. 5, disp. 36, n. 118: *Il est permis à un ecclésiastique ou à un religieux de tuer un calomniateur qui menace de publier des crimes scandaleux de sa communauté, ou de lui-même, quand il n'y a que ce seul moyen de l'en empêcher, comme s'il est prêt à répandre ses médisances si on ne le tue promptement. Car en ce cas, comme il serait permis à ce religieux de tuer celui qui lui voudrait ôter la vie, il lui est permis aussi de tuer celui qui lui veut ôter l'honneur, ou celui de sa communauté, de la même sorte qu'aux gens du monde.* Je ne savais pas cela, lui dis-je, et j'avais cru simplement le contraire sans y faire de réflexion, sur ce que j'avais ouï dire

the glory of our Society, who, in his inimitable wisdom, valued it at six or seven ducats, for which he assures us it is permissible to kill, even though the man who takes the money runs away. It's in his t. 4, tr. 3, disp. 16, d. 6. And he also says in the same place: 'That he would not dare to impute any sin to a man who kills someone who wants to steal from him an object worth one écu, or less: *unius aurei, vel minoris adhuc valoris.*' Which led Escobar to establish this general rule, n. 44: 'that one may properly kill a man for the value of one écu, according to Molina.'

"Oh, Father, where could Molina have received his enlightenment to determine something of that importance with no aid from Scripture, councils, or Church Fathers? I see that he had very special insight, very remote from Saint Augustine's, concerning homicide, as well as grace. Now I'm quite learned on this subject, and I know perfectly well that the only people left who can be offended, either in honor or property, without fear of their killing their offenders, are the men of the cloth!" "What do you mean?" the Father retorted. "Would it be reasonable, in your opinion, if those to whom most respect is due in the world were the only ones exposed to the insolence of evildoers? Our Fathers have forestalled that confusion. Because Tannerus, to. 2, d. 4, q. 8, d. 4, n. 76, says: 'It is permissible for churchmen, even for monks, to kill in order to defend not only their lives, but also their property or that of their community.' Molina, as quoted by Escobar, n. 43; Becanus in 2, 2, t. 2, q. 7, *On Homicide*, concl. 2, n. 5; Reginaldus, l. 21, c. 5, n. 68; Laymann, l. 3, tr. 3, p. 3, c. 3, n. 4; Lessius, l. 2, c. 9, d. 11, n. 72; and the others all use the same words.

"And even according to our famous Father Amico,[25] priests and monks are permitted to forestall those who wish to besmirch them with slanders by killing them to prevent it. But always guiding their intentions properly! Here is his wording, t. 5, disp. 36, n. 118: 'A priest or monk may kill a slanderer who threatens to divulge scandalous crimes committed in his community, or by himself, when there is no other means of keeping him from so doing, for instance if he is ready to spread his slander unless promptly killed. Because in this case, just as that monk would be allowed to kill someone wishing to take his life, he is also allowed to kill anyone wishing to take away his honor, or that of his community, just as it is to laymen.'" "I didn't know that," I said; "I had simply believed the opposite without reflecting on it, because I had heard that the Church so abhors bloodshed that it doesn't even

---

25. Francesco Amico (1578–1651).

que l'Église abhorre tellement le sang, qu'elle ne permet pas seulement aux juges ecclésiastiques d'assister aux jugements criminels. Ne vous arrêtez pas à cela, dit-il, notre Père L'Amy prouve fort bien cette doctrine, quoique, par un trait d'humilité bien séant à ce grand homme, il la soumette aux lecteurs prudents. Et Caramuel, notre illustre défenseur, qui la rapporte dans sa Théologie fondamentale, p. 543, la croit si certaine qu'il soutient *que le contraire n'est pas probable;* et il en tire des conclusions admirables, comme celle-ci qu'il appelle *la conclusion des conclusions, conclusionum conclusio: Qu'un prêtre non seulement peut en de certaines rencontres tuer un calomniateur, mais encore qu'il y en a où il le doit faire: etiam aliquando debet occidere.* Il examine plusieurs questions nouvelles sur ce principe; par exemple celle-ci: SAVOIR SI LES JÉSUITES PEUVENT TUER LES JANSÉNISTES? Voilà, mon Père, m'écriai-je, un point de théologie bien surprenant! Et je tiens les Jansénistes déjà morts par la doctrine du P. L'Amy. Vous voilà attrapé, dit le Père. Il conclut le contraire des mêmes principes. Et comment cela, mon Père? Parce, me dit-il, qu'ils ne nuisent pas à notre réputation. Voici ses mots, n. 1146 et 1147, p. 547 et 548: *Les Jansénistes appellent les Jésuites Pélagiens; pourra-t-on les tuer pour cela? Non, d'autant que les Jansénistes n'obscurcissent non plus l'éclat de la Société qu'un hibou celui du soleil; au contraire, ils l'ont relevée, quoique contre leur intention. Occidi non possunt, quia nocere non potuerunt.*

Eh quoi! mon Père, la vie des Jansénistes dépend donc seulement de savoir s'ils nuisent à votre réputation? Je les tiens peu en sûreté, si cela est. Car s'il devient tant soit peu probable qu'ils vous fassent tort, les voilà tuables sans difficulté. Vous en ferez un argument en forme; et il n'en faut pas davantage, avec une direction d'intention, pour expédier un homme en sûreté de conscience. Ô qu'heureux sont les gens qui ne veulent pas souffrir les injures, d'être instruits en cette doctrine! Mais que malheureux sont ceux qui les offensent! En vérité, mon Père, il vaudrait autant avoir affaire à des gens qui n'ont point de religion, qu'à ceux qui en sont instruits jusqu'à cette direction. Car enfin l'intention de celui qui blesse ne soulage point celui qui est blessé. Il ne s'aperçoit point de cette direction secrète, et il ne sent que celle du coup qu'on lui porte. Et je ne sais même si on n'aurait pas moins de dépit de se voir tuer brutalement par des gens emportés, que de se sentir poignarder consciencieusement par des gens dévots.

allow ecclesiastical judges to attend executions." "Don't let that mislead you," he said; "our Father Amico proves this doctrine quite clearly, although, with a humility most becoming to such a great man, he leaves it up to the wisdom of the reader. And Caramuel,[26] our illustrious defender, who quotes it in his *Basic Theology*, p. 543, believes it is so firm that he maintains 'the contrary is unacceptable,' and he draws wonderful conclusions from it, such as this one, which he calls 'the conclusion of conclusions,' *conclusionum conclusio:* 'A priest is not only allowed to kill a slanderer in certain situations, but there are even situations in which he must do so, *etiam aliquando debet occidere.*' He examines several new questions about this principle, this one for example: 'May Jesuits kill Jansenists?'" "Father," I exclaimed, "there's a truly surprising theological point for you! And, following Father Amico's doctrine, I consider the Jansenists already dead." "That's where you're wrong!" said the Father. "He drew the opposite conclusion from the same premises." "How so, Father?" "Because," he replied, "they don't damage our reputation. Here are his words, n. 1146 and 1147, p. 547 and 548: 'The Jansenists call the Jesuits Pelagians;[27] may they be killed for that? No, because the Jansenists do not dim the glory of the Society any more than an owl does that of the sun; on the contrary, they have heightened it, though against their intentions. They may not be killed because they have been powerless to do harm.'"

"What, Father!? So the life of the Jansenists depends merely on whether they injure your reputation? If that's the case, I don't think they're very safe. Because if it becomes ever so slightly likely that they can do you harm, they'll be ready victims. You'll develop a formal line of reasoning, and, along with a proper guidance of intentions, nothing else is needed to do away with a man with a clear conscience! Oh, how fortunate are those who won't brook offenses to be instructed in this doctrine! But how unfortunate are those who offend them! Truly, Father, it wouldn't be worse to deal with people totally devoid of religion than with those whose religious learning extends as far as this 'guidance.' Because, in the long run, the intentions of the man who inflicts a wound don't give any comfort to the man who's wounded. He has no inkling of that secret 'guidance,' and he feels only the hand that guides the weapon. And I don't even know whether a man wouldn't be less chagrined to find himself brutally killed by people in a rage than to feel himself conscientiously stabbed by pious folk.

26. Juan Caramuel (1606–1682), a Cistercian.   27. A sect combated by Saint Augustine; they didn't believe in original sin or any need of grace for performing good actions.

Tout de bon, mon Père, je suis un peu surpris de tout ceci, et ces questions du Père L'Amy et de Caramuel ne me plaisent point. Pourquoi? dit le Père; êtes-vous Janséniste? J'en ai une autre raison, lui dis-je. C'est que j'écris de temps en temps à un de mes amis de la campagne ce que j'apprends des maximes de vos Pères. Et quoique je ne fasse que rapporter simplement et citer fidèlement leurs paroles, je ne sais néanmoins s'il ne se pourrait pas rencontrer quelque esprit bizarre qui, s'imaginant que cela vous fait tort, n'en tirât de vos principes quelque méchante conclusion. Allez, me dit le Père, il ne vous en arrivera point de mal; j'en suis garant. Sachez que ce que nos Pères ont imprimé eux-mêmes, et avec l'approbation de nos Supérieurs, n'est ni mauvais, ni dangereux à publier.

Je vous écris donc sur la parole de ce bon Père; mais le papier me manque toujours, et non pas les passages. Car il y en a tant d'autres, et de si forts, qu'il faudrait des volumes pour tout dire. Je suis, etc.

Neuvième lettre

À un provincial

De Paris, le 3 juillet 1656.

MONSIEUR,

Je ne vous ferai pas plus de compliment que le bon Père m'en fit la dernière fois que je le vis. Aussitôt qu'il m'aperçut, il vint à moi et me dit, en regardant dans un livre qu'il tenait à la main: *Qui vous ouvrirait le Paradis, ne vous obligerait-il pas parfaitement? Ne donneriez-vous pas les millions d'or pour en avoir une clef, et entrer dedans quand bon vous semblerait? Il ne faut point entrer en de si grands frais, en voici une, voire cent, à meilleur compte.* Je ne savais si le bon Père lisait, ou s'il parlait de lui-même. Mais il m'ôta de peine en disant: Ce sont les premières paroles d'un beau livre du P. Barry de notre Société, car je ne dis jamais rien de moi-même. Quel livre, lui dis-je, mon Père? En voici le titre, dit-il: *Le Paradis ouvert à Philagie, par cent dévotions à la Mère de Dieu, aisées à pratiquer.* Et quoi! mon Père, chacune de ces dévotions aisées suffit pour ouvrir le ciel? Oui, dit-il; voyez-le encore dans la suite des paroles que

"Seriously speaking, Father, I'm a little surprised by all this, and I don't like at all those questions discussed by Father Amico and by Caramuel." "Why not?" asked the Father. "Are you a Jansenist?" "I have another reason," I said. "It's because from time to time I write to one of my friends in the country about what I've learned from your Fathers' maxims. And although I merely report in simple terms and quote their words faithfully, nevertheless I don't know whether there might not be some odd character who will imagine that this does you an injustice and who will draw some wicked conclusion from your principles." "Go ahead," said the Father, "no harm will come to you; I vouch for it. I'll have you know that what our Fathers have themselves printed, with the approval of our Superiors, is neither bad nor dangerous to make publicly known."

Therefore I am writing to you on the say-so of this good Father, but I'm always at a lack for space, not at a lack for quotations. For there are so many more, and such powerful ones, that it would take volumes to tell all. Yours, etc.

Ninth Letter

To a Man in the Provinces

Paris, July 3, 1656

SIR,

I won't be any more ceremonious with you than the good Father was with me the last time I saw him. As soon as he caught sight of me, he came over to me and said, looking into a book he was holding: "If someone opened the gates of Paradise for you, wouldn't he be doing you the greatest service? Wouldn't you give millions of gold to have a key to it and enter it whenever you felt like it? There's no need to spend that much; here is a key, indeed a hundred keys, at a better rate." I didn't know whether the good Father was reading or speaking on his own. But he settled my doubts when he said: "Those are the opening words from a beautiful book by Father Barry[28] of our Society, because I never make a statement on my own account." "What book, Father?" I asked. "Here's the title," he said: *"Paradise Opened for Philagie, by Way of a Hundred Acts of Devotion to the Mother of God, Easy to Do."* "What, Father!? Each one of those acts of devotion is enough to open heaven?" "Yes," he

---

28. Paul Beurrier (or Boursier) de Barry (1587–1661).

vous avez ouïes: *Tout autant de dévotions à la Mère de Dieu que vous trouverez en ce livre sont autant de clefs du ciel qui vous ouvriront le Paradis tout entier, pourvu que vous les pratiquiez:* et c'est pourquoi il dit dans la conclusion, *qu'il est content si on en pratique une seule.*

Apprenez-m'en donc quelqu'une des plus faciles, mon Père. Elles le sont toutes, répondit-il: par exemple, *saluer la sainte Vierge au rencontre de ses images; dire le petit chapelet des dix plaisirs de la Vierge; prononcer souvent le nom de Marie; donner commission aux Anges de lui faire la révérence de notre part; souhaiter de lui bâtir plus d'églises que n'ont fait tous les monarques ensemble; lui donner tous les matins le bonjour, et sur le tard le bonsoir; dire tous les jours l'Ave Maria en l'honneur du cœur de Marie.* Et il dit que cette dévotion-là assure de plus d'obtenir le cœur de la Vierge. Mais, mon Père, lui dis-je, c'est pourvu qu'on lui donne aussi le sien? Cela n'est pas nécessaire, dit-il, quand on est trop attaché au monde: écoutez-le: *Cœur pour cœur, ce serait bien ce qu'il faut; mais le vôtre est un peu trop attaché et tient un peu trop aux créatures. Ce qui fait que je n'ose vous inviter à offrir aujourd'hui ce petit esclave que vous appelez votre cœur.* Et ainsi il se contente de l'*Ave Maria,* qu'il avait demandé. Ce sont les dévotions des pages 33, 59, 145, 156, 172, 258 et 420 de la première édition. Cela est tout à fait commode, lui dis-je, et je crois qu'il n'y aura personne de damné après cela. Hélas! dit le Père, je vois bien que vous ne savez pas jusqu'où va la dureté du cœur de certaines gens! Il y en a qui ne s'attacheraient jamais à dire tous les jours ces deux paroles, *bonjour, bonsoir,* parce que cela ne se peut faire sans quelque application de mémoire. Et ainsi il a fallu que le P. Barry leur ait fourni des pratiques encore plus faciles, *comme d'avoir jour et nuit un chapelet au bras en forme de bracelet, ou de porter sur soi un rosaire, ou bien une image de la Vierge.* Ce sont là les dévotions des pages 14, 326 et 447. *Et puis dites que je ne vous fournis pas des dévotions faciles pour acquérir les bonnes grâces de Marie,* comme dit le P. Barry, p. 106. Voilà, mon Père, lui dis-je, l'extrême facilité. Aussi, dit-il, c'est tout ce qu'on a pu faire. Et je crois que cela suffira. Car il faudrait être bien misérable pour ne vouloir pas prendre un moment en toute sa vie pour mettre un chapelet à son bras, ou un rosaire dans sa poche, et assurer par là son salut avec tant de certitude, que ceux qui en font l'épreuve n'y ont jamais été trompés, de quelque manière qu'ils aient vécu, quoique nous conseillions de ne laisser pas de bien vivre. Je ne vous en rapporterai que l'exemple de la page 34 d'une femme qui, pratiquant tous les jours la dévotion de saluer les images de la Vierge,

replied; "you can see that from the passage that immediately follows the one you heard: 'Each act of devotion to the Mother of God that you will find in this book is equivalent to a heavenly key that will open Paradise for you entirely, provided that you practice them'; and that's why he says in the conclusion that he will be satisfied if people practice just one."

"Well, then, teach me one of the easiest ones, Father." "They're all easy," he said; "for example, 'greet the Blessed Virgin when coming across an image of her; recite the short rosary of the Ten Joys of the Virgin; pronounce the name of Mary frequently; give the angels the errand of bowing to her on our behalf; wish that you could build her more churches than all monarchs put together have done; say "good morning" to her every day and "good evening" every night; recite the Hail Mary every day in honor of Mary's heart.' And he says that that act of devotion also assures you of winning the Virgin's heart." "But, Father," I said, "that's only if you also give her your own heart, isn't it?" "That's not necessary," he replied, "when you're too attached to the world; hear what he says: 'Heart for heart, that would really be the right thing; but yours is a little too attached to, and a little too inclined toward, the created beings. That is why I dare not invite you to offer up today that little slave you call your heart.' And thus he is satisfied with merely the Hail Mary he had asked for. Those are the devotions on pages 33, 59, 145, 156, 172, 258, and 420 of the first edition." "They're completely convenient," I said, "and I doubt if anyone will be damned after practicing them." "Alas!" said the Father, "I see that you're unaware just how hard some people's hearts can be! There are some who would never apply themselves to saying those two phrases 'good morning' and 'good evening' every day because it can't be done without some effort of the memory. And so, Father Barry found it necessary to supply them with even easier activities, 'for example, wearing a string of prayer beads as an armband day and night, or carrying a rosary or an image of the Virgin.' Those are the devotions on pages 14, 326, and 447. 'And then say that I'm not supplying you with easy devotions for gaining Mary's good graces!' as Father Barry says on page 106." "That's what I call extremely easy," I said. "Besides, it's all that could be done. And I think it will be enough. Because a person would have to be really wretched not to take out a minute in his whole life to put a string of beads on his arm, or a rosary in his pocket, thereby assuring his salvation with so much certainty that those who try it out have never been disappointed, no matter what they did in their lives, even though we advise them to lead a good life all the same. I will quote for you merely the example on page 34 of a woman who, while performing daily the devotion of greeting the

Les Provinciales

vécut toute sa vie en péché mortel, et mourut enfin dans cet état, et qui ne laissa pas d'être sauvée par le mérite de cette dévotion. Et comment cela? m'écriai-je. C'est, dit-il, que Notre-Seigneur la fit ressusciter exprès. Tant il est sûr qu'on ne peut périr quand on pratique quelqu'une de ces dévotions.

En vérité, mon Père, je sais que les dévotions à la Vierge sont un puissant moyen pour le salut, et que les moindres sont d'un grand mérite, quand elles partent d'un mouvement de foi et de charité, comme dans les saints qui les ont pratiquées; mais de faire accroire à ceux qui en usent sans changer leur mauvaise vie, qu'ils se convertiront à la mort, ou que Dieu les ressuscitera, c'est ce que je trouve bien plus propre à entretenir les pécheurs dans leurs désordres, par la fausse paix que cette confiance téméraire apporte, qu'à les en retirer par une véritable conversion que la grâce seule peut produire. *Qu'importe*, dit le Père, *par où nous entrions dans le Paradis, moyennant que nous y entrions?* comme dit sur un semblable sujet notre célèbre P. Binet, qui a été notre Provincial, en son excellent livre *De la marque de Prédestination*, n. 31, p. 130 de la quinzième édition. *Soit de bond ou de volée, que nous en chaut-il, pourvu que nous prenions la ville de gloire?* comme dit encore ce Père au même lieu. J'avoue, lui dis-je, que cela n'importe, mais la question est de savoir si on y entrera. La Vierge, dit-il, en répond. Voyez-le dans les dernières lignes du livre du P. Barry: *S'il arrivait qu'à la mort l'ennemi eût quelque prétention sur vous, et qu'il y eût du trouble dans la petite république de vos pensées, vous n'avez qu'à dire que Marie répond pour vous, et que c'est à elle qu'il faut s'adresser.*

Mais, mon Père, qui voudrait pousser cela vous embarrasserait. Car enfin qui nous a assuré que la Vierge en répond? Le P. Barry, dit-il, en répond pour elle, page 465: *Quant au profit et bonheur qui vous en reviendra, je vous en réponds, et me rends pleige pour la bonne Mère.* Mais, mon Père, qui répondra pour le P. Barry? Comment? dit le Père, il est de notre Compagnie. Et ne savez-vous pas encore que notre Société répond de tous les livres de nos Pères? Il faut vous apprendre cela. Il est bon que vous le sachiez. Il y a un ordre dans notre Société par lequel il est défendu à toutes sortes de libraires d'imprimer aucun ouvrage de nos Pères sans l'approbation des théologiens de notre Compagnie, et sans la permission de nos supérieurs. C'est un règlement fait par Henri III, le 10 mai 1583, et confirmé par Henri IV, le 20 décembre 1603, et par Louis XIII, le 14 février 1612. De

Virgin's images, lived in mortal sin all her life and finally died in that state, but was nevertheless saved by the merit of that devotion." "How was that?" I exclaimed. He replied: "Our Lord had her purposely brought back to life. That's how certain it is that no one can perish if he performs one of these devotions."

"Truly, Father, I know that acts of devotion to the Virgin are a potent means for salvation, and that even the least of them are of great merit when they stem from an impulse of faith and charity, as with the saints who have performed them; but to make those who use them without changing their evil ways believe that they will be converted when dying, or brought back to life by God, is something I find much more calculated to make sinners persist in their licentiousness, through the false sense of security caused by that foolhardy assurance, than to rid them of evil ways through a genuine conversion, which grace alone can effect." "'What does it matter,'" said the Father, "'which way we enter Paradise, as long as we get in?' That's what was said on a similar subject by our celebrated Father Binet,[29] who was head of our provincial chapter, in his excellent book *On the Sign of Predestination*, n. 31, p. 130 of the fifteenth edition. 'Whether by a leap or a bound, what is it to us, as long as we capture the city of glory?' this Father adds in the same passage." "I admit," I said, "that it doesn't matter, but the real question is: Will we get in at all?" He said: "The Virgin guarantees it. I refer you to the last lines of Father Barry's book: 'Should it occur that, when you die, the Enemy has some claim on you and there is turmoil in the little republic of your mind, you have merely to state that Mary is your guarantor, and it is to her that you must address yourself.'"

"But, Father, anyone who wanted to delve further into this would cause you confusion. Because, after all, who has assured us that the Virgin guarantees it?" "Father Barry," he replied, "vouches for her, page 465: 'As for the profit and happiness you will receive thereby, I guarantee it, and I stand as guarantor for the good Mother.'" "But, Father, who will be guarantor for Father Barry?" "What!?" the Father said; "he's one of our Company. And don't you know yet that our Society stands behind every book our Fathers write? I must inform you of this. It's good for you to know it. There is an ordinance in our Society whereby any kind of bookseller is forbidden to print any work by our Fathers without the approval of our Company's theologians and the permission of our superiors. This regulation was made by Henri III on May 10, 1583, and confirmed by Henri IV on December 20, 1603, and by Louis XIII on February 14,

---

29. Etienne Binet (1569–1639).

sorte que tout notre corps est responsable des livres de chacun de nos Pères. Cela est particulier à notre Compagnie. Et de là vient qu'il ne sort aucun ouvrage de chez nous qui n'ait l'esprit de la Société. Voilà ce qu'il était à propos de vous apprendre. Mon Père, lui dis-je, vous m'avez fait plaisir, et je suis fâché seulement de ne l'avoir pas su plus tôt. Car cette connaissance engage à avoir bien plus d'attention pour vos auteurs. Je l'eusse fait, dit-il, si l'occasion s'en fût offerte, mais profitez-en à l'avenir, et continuons notre sujet.

Je crois vous avoir ouvert des moyens d'assurer son salut assez faciles, assez sûrs et en assez grand nombre. Mais nos Pères souhaiteraient bien qu'on n'en demeurât pas à ce premier degré, où l'on ne fait que ce qui est exactement nécessaire pour le salut. Comme ils aspirent sans cesse à la plus grande gloire de Dieu, ils voudraient élever les hommes à une vie plus pieuse. Et parce que les gens du monde sont d'ordinaire détournés de la dévotion par l'étrange idée qu'on leur en a donnée, nos Pères ont cru qu'il était d'une extrême importance de détruire ce premier obstacle. Et c'est en quoi le P. Le Moyne a acquis beaucoup de réputation par le livre de LA DÉVOTION AISÉE; qu'il a fait à ce dessein. C'est là qu'il fait une peinture tout à fait charmante de la dévotion. Jamais personne ne l'a connue comme lui. Apprenez-le par les premières paroles de cet ouvrage: *La vertu ne s'est encore montrée à personne; on n'en a point fait de portrait qui lui ressemble. Il n'y a rien d'étrange qu'il y ait eu si peu de presse à grimper sur son rocher. On en a fait une fâcheuse, qui n'aime que la solitude; on lui a associé la douleur et le travail; et enfin on l'a faite ennemie des divertissements et des jeux, qui sont la fleur de la joie et l'assaisonnement de la vie.* C'est ce qu'il dit page 92.

Mais, mon Père, je sais bien au moins qu'il y a de grands saints dont la vie a été extrêmement austère. Cela est vrai, dit-il; mais aussi *il s'est toujours vu des saints polis et des dévots civilisés*, selon ce Père, page 191. Et vous verrez, page 86, que la différence de leurs mœurs vient de celles de leurs humeurs. Écoutez-le. *Je ne nie pas qu'il ne se voie des dévots qui sont pâles et mélancoliques de leur complexion, qui aiment le silence et la retraite, et qui n'ont que du flegme dans les veines et de la terre sur le visage. Mais il s'en voit assez d'autres qui sont d'une complexion plus heureuse, et qui ont abondance de cette humeur douce et chaude, et de ce sang bénin et rectifié qui fait la joie.*

Vous voyez de là que l'amour de la retraite et du silence n'est pas

1612. So that we are corporately responsible for the books written by each of our Fathers. That is unique to our Company. And therefore no work is issued by us that doesn't contain the spirit of our Society. That's what it was appropriate to teach you." "Father," I said, "you've given me great pleasure, and I'm vexed only because I didn't know it sooner. Because this information encourages me to have much more regard for your authors." "I would have told you," he said, "if an occasion had arisen, but profit by it in the future, and let's continue our theme.

"I believe I have disclosed to you methods of assuring salvation that are quite easy, certain, and numerous. But our Fathers have the fervent wish that people will not stop short at this first level, at which they do only those things precisely necessary for salvation. Since they unceasingly aspire toward 'the greater glory of God,' they would like to raise man to a more pious life. And because laymen are generally averse from devotion because of the strange idea of it they have been given, our Fathers thought it was extremely important to destroy this first obstacle. And it is therein that Father Le Moyne[30] has gained a great reputation through his book *Devotion Made Easy*, which he wrote for that purpose. There he paints a truly charming picture of devotion. No one has ever been as familiar with it as he is. You can gather this from the opening words of that book: 'Virtue has never yet revealed itself to anyone, and no portrait has been made of it that is true to life. It's not at all strange that so few people have hastened to scale its crags. People have called virtue a cranky person who is happy only in solitude; it is associated in people's minds with sorrow and toil; and lastly, it has been called the enemy of pastimes and sports, which are the flower of joy and the spice of life.' That's what he says on page 92."

"But, Father, I know, at the very least, that there are great saints whose lives were extremely austere." "True," he said, "but in addition 'there have always been well-mannered saints and civilized devotees,' according to this Father, page 191. And you'll see, on page 86, that the difference in their manners comes from the difference in their humors. Listen. 'I do not deny that there are some devotees who are pale and have a melancholy constitution, who love silence and withdrawal, and have only phlegm in their veins and earth on their face. But there are plenty of others who have a happier constitution, with an abundance of that sweet, warm humor and that benign and purified blood which begets joy.'

"You see from this that the love of retirement and silence is not

---

30. Pierre Le Moyne (1602–1671); later references are to him, not to Alphonse Le Moyne.

commun à tous les dévots; et que, comme je vous le disais, c'est l'effet de leur complexion, plutôt que de la piété. Au lieu que ces mœurs austères dont vous parlez sont proprement le caractère d'un sauvage et d'un farouche. Aussi vous les verrez placées entre les mœurs ridicules et brutales d'un fou mélancolique, dans la description que le P. Le Moyne en a faite au 7e livre de ses *Peintures morales*. En voici quelques traits: *Il est sans yeux pour les beautés de l'art et de la nature. Il croirait s'être chargé d'un fardeau incommode, s'il avait pris quelque matière de plaisir pour soi. Les jours de fête, il se retire parmi les morts. Il s'aime mieux dans un tronc d'arbre ou dans une grotte que dans un palais ou sur un trône. Quant aux affronts et aux injures, il y est aussi insensible que s'il avait des yeux et des oreilles de statue. L'honneur et la gloire sont des idoles qu'il ne connaît point, et pour lesquelles il n'a point d'encens à offrir. Une belle personne lui est un spectre; et ces visages impérieux et souverains, ces agréables tyrans qui font partout des esclaves volontaires et sans chaînes, ont le même pouvoir sur ses yeux que le soleil sur ceux des hiboux, etc.*

Mon Révérend Père, je vous assure que si vous ne m'aviez dit que le P. Le Moyne est l'auteur de cette peinture, j'aurais dit que c'eût été quelque impie qui l'aurait faite à dessein de tourner les saints en ridicule. Car, si ce n'est là l'image d'un homme tout à fait détaché des sentiments auxquels l'Évangile oblige de renoncer, je confesse que je n'y entends rien. Voyez donc, dit-il, combien vous vous y connaissez peu. Car ce sont là *des traits d'un esprit faible et sauvage, qui n'a pas les affections honnêtes et naturelles qu'il devrait avoir*, comme le P. Le Moyne le dit dans la fin de cette description. C'est par ce moyen qu'il *enseigne la vertu et la philosophie chrétienne*, selon le dessein qu'il en avait dans cet ouvrage, comme il le déclare dans l'avertissement. Et en effet on ne peut nier que cette méthode de traiter de la dévotion n'agrée tout autrement au monde que celle dont on se servait avant nous. Il n'y a point de comparaison, lui dis-je, et je commence à espérer que vous me tiendrez parole. Vous le verrez bien mieux dans la suite, dit-il; je ne vous ai encore parlé de la piété qu'en général. Mais pour vous faire voir en détail combien nos Pères en ont ôté de peines, n'est-ce pas une chose bien pleine de consolation pour les ambitieux, d'apprendre qu'ils peuvent conserver une véritable dévotion, avec un amour désordonné pour les grandeurs? Et quoi! mon Père, avec quelque excès qu'ils les recherchent? Oui, dit-il, car ce ne serait toujours que péché véniel, à moins qu'on désirât les grandeurs pour offenser Dieu ou l'État plus commodément. Or les péchés véniels n'empêchent pas d'être dévot, puisque les plus grands saints n'en sont pas

shared by all devotees, and that, as I was saying, it's a result of an individual's constitution rather than of piety. In fact, those austere manners you speak of are actually the character of a savage or a wild man. Thus you will find them included among the laughable, brutal manners of a melancholy madman in the description of one that Father Le Moyne made in the seventh book of his *Moral Portraits*. Here are a few characteristics: 'He has no eye for the beauties of art and nature. He'd think he had taken an unwieldy burden upon himself if he had allowed himself any pleasure. On festive days he retires to the cemetery. He is happier in a hollow tree or a cave than in a palace or on a throne. As for affronts and insults, he is as indifferent to them as if he had the eyes and ears of a statue. Honor and glory are idols with which he is unacquainted, and to which he has no incense to offer. A beautiful woman is a ghost to him, and those imperious, majestic faces, those charming tyrants who everywhere make men their voluntary unchained slaves, have the same power over his eyes that the sun has over the eyes of owls,' etc."

"Reverend Father, I assure you that, if you hadn't told me that Father Le Moyne is the creator of that portrait, I would have said it was written by some godless man whose purpose was to make the saints look ridiculous. Because, if that isn't the picture of a man completely detached from the feelings which the Gospels oblige us to renounce, I admit I know nothing about the subject." He said: "Listen and you'll see just how little you do know about it. Because those are the 'characteristics of a feeble, savage mind devoid of the honest, natural emotions it ought to possess,' as Father Le Moyne says at the end of that description. It is by this method that he 'teaches virtue and Christian philosophy,' in accordance with his purpose in writing the book, as he declares in the preface. And, indeed, it cannot be denied that this method of handling devotion is incomparably better suited to laymen than the one used before us." "There's no comparison," I said, "and I'm beginning to hope that you'll keep your word to me." "You'll see it more clearly as I go on," he said; "so far I've only spoken to you about piety in general. But to show you in detail how painless our Fathers have made it, isn't it a great consolation for ambitious men to learn that they can maintain a genuine devotion together with an inordinate love of greatness?" "What, Father!? No matter what excesses they commit to obtain it?" "Yes," he replied, "because it would still be only a venial sin, unless they were seeking greatness in order to offend God or the State more easily. Now, venial sins don't prevent a man from being pious, since the greatest saints aren't free of them. Just

exempts. Écoutez donc Escobar, tr. 2, ex. 2, n. 17: *L'ambition, qui est un appétit désordonné des charges et des grandeurs, est de soi-même un péché véniel. Mais quand on désire ces grandeurs pour nuire à l'État, ou pour avoir plus de commodité d'offenser Dieu, ces circonstances extérieures le rendent mortel.*

Cela commence bien, mon Père. Et n'est-ce pas encore, continua-t-il, une doctrine bien douce pour les avares, de dire comme fait Escobar au tr. 5, ex. 5, n. 154: *Je sais que les riches ne pèchent point mortellement quand ils ne donnent point l'aumône de leur superflu dans les grandes nécessités des pauvres: Scio in gravi pauperum necessitate divites non dando superflua, non peccare mortaliter.* En vérité, lui dis-je, si cela est, je vois bien que je ne me connais guère en péchés. Pour vous le montrer encore mieux, dit-il, ne pensez-vous pas que la bonne opinion de soi-même, et la complaisance qu'on a pour ses ouvrages, est un péché des plus dangereux? Et ne serez-vous pas bien surpris si je vous fais voir qu'encore même que cette bonne opinion soit sans fondement, c'est si peu un péché, que c'est au contraire un don de Dieu? Est-il possible, mon Père? Oui, dit-il, et c'est ce que nous a appris notre grand P. Garasse dans son livre français intitulé: *Somme des vérités capitales de la Religion*, p. 2, p. 419. *C'est un effet*, dit-il, *de justice commutative, que tout travail honnête soit récompensé ou de louange, ou de satisfaction . . . Quand les bons esprits font un ouvrage excellent, ils sont justement récompensés par les louanges publiques . . . Mais quand un pauvre esprit travaille beaucoup pour ne rien faire qui vaille, et qu'il ne peut ainsi obtenir de louanges publiques, afin que son travail ne demeure pas sans récompense, Dieu lui en donne une satisfaction personnelle, qu'on ne peut lui envier sans une injustice plus que barbare. C'est ainsi que Dieu, qui est juste, donne aux grenouilles de la satisfaction de leur chant.*

Voilà, lui dis-je, de belles décisions en faveur de la vanité, de l'ambition et de l'avarice. Et l'envie, mon Père, sera-t-elle plus difficile à excuser? Ceci est délicat, dit le Père. Il faut user de la distinction du P. Bauny dans sa *Somme des péchés*. Car son sentiment, c. 7, p. 123, de la cinquième et sixième éditions, est que *l'envie du bien spirituel du prochain est mortelle, mais que l'envie du bien temporel n'est que vénielle.* Et par quelle raison, mon Père? Écoutez-la, me dit-il. *Car le bien qui se trouve ès choses temporelles est si mince, et de si peu de conséquence pour le ciel, qu'il est de nulle considération devant Dieu et ses saints.* Mais, mon Père, si ce bien est si *mince* et de si petite considération, comment permettez-vous de tuer les hommes pour le

listen to Escobar, tr. 2, ex. 2, n. 17: 'Ambition, which is an inordinate appetite for position and greatness, is in itself a venial sin. But when that greatness is desired in order to harm the State, or to have a better opportunity to offend God, these outward circumstances make the sin mortal.'"

"That's a good beginning, Father." He continued: "And isn't it also a doctrine very sweet to misers to say, as Escobar does in tr. 5, ex. 5, n. 154: 'I know that the rich do not commit a mortal sin when they fail to give alms from their superabundance when the poor are especially needy: *Scio in gravi pauperum necessitate divites non dando superflua, non peccare mortaliter.*'" "Truly," I said, "if that's so, I see I know hardly anything about sins." "To show you this even more clearly," he said, "don't you think that a high opinion of oneself, and the liking one has for one's own productions, is one of the most dangerous sins? And won't you be quite surprised if I show you that, even if that high opinion is without foundation, it is so little sinful that, on the contrary, it's a gift from God?" "Is that possible, Father?" "Yes," he said, "and this was taught to us by our great Father Garasse[31] in his French-language book titled *Summa of the Capital Truths of Religion*, p. 2, p. 419: 'It is a result of reciprocal equity that all honest labor be rewarded by either praise or remuneration. . . . When clever people write an excellent book, they are duly compensated by the public's praise. . . . But when an inferior mind toils mightily but achieves nothing of value, and cannot obtain the public's praises in that way, in order that his labors shall not remain unrewarded God gives him a personal satisfaction with it, to envy which would be a more than barbarous injustice. In the same way God, who is just, makes the frogs satisfied with their croaking.'"

"There you have," I said, "lovely verdicts in favor of vanity, ambition, and avarice! And envy, Father, is that more difficult to condone?" "That's a ticklish matter," the Father said. "We must apply the distinction made by Father Bauny[32] in his *Summa of Sins*. Because his opinion, in the fifth and sixth editions, c. 7, p. 123, is that 'envy of a fellow man's spiritual goods is a mortal sin, but envy of his temporal goods is only a venial sin.'" "Why is that, Father?" "Listen," he said. "'Because the value found in temporal things is so slight, and so inconsequential to heaven, that it receives no regard from God and his saints.'" "But, Father, if that value is so 'slight' and of so little regard, how is it that you allow the killing of men in order to preserve it?" "You're mis-

---

31. François Garasse (1584–1631).   32. Etienne Bauny (1564–1649).

conserver? Vous prenez mal les choses, dit le Père. On vous dit que le bien est de nulle considération devant Dieu, mais non pas devant les hommes. Je ne pensais pas à cela, lui dis-je, et j'espère que par ces distinctions-là il ne restera plus de péchés mortels au monde. Ne pensez pas cela, dit le Père, car il y en a qui sont toujours mortels de leur nature, comme par exemple la paresse.

Ô mon Père, lui dis-je, toutes les commodités de la vie sont donc perdues? Attendez, dit le Père, quand vous aurez vu la définition de ce vice qu'Escobar en donne tr. 2, ex. 2, num. 81, peut-être en jugerez-vous autrement; écoutez-la. *La paresse est une tristesse de ce que les choses spirituelles sont spirituelles, comme serait de s'affliger de ce que les sacrements sont la source de la grâce. Et c'est un péché mortel.* Ô mon Père, lui dis-je, je ne crois pas que personne ait jamais été assez bizarre pour s'aviser d'être paresseux en cette sorte. Aussi, dit le Père, Escobar dit ensuite n. 105: *J'avoue qu'il est bien rare que personne tombe jamais dans le péché de paresse.* Comprenez-vous bien par là combien il importe de bien définir les choses? Oui, mon Père, lui dis-je; et je me souviens sur cela de vos autres définitions de l'assassinat, du guet-apens et des biens superflus. Et d'où vient, mon Père, que vous n'étendez pas cette méthode à toutes sortes de cas, et pour donner à tous les péches des définitions de votre façon, afin qu'on ne péchât plus en satisfaisant ses plaisirs?

Il n'est pas toujours nécessaire, me dit-il, de changer pour cela les définitions des choses. Vous l'allez voir sur le sujet de la bonne chère, qui est sans doute un des plus grands plaisirs de la vie, et qu'Escobar permet en cette sorte, n. 102, dans la pratique selon notre Société: *Est-il permis de boire et manger tout son saoul sans nécessité, et pour la seule volupté? Oui certainement, selon notre Père Sanchez, pourvu que cela ne nuise point à la santé, parce qu'il est permis à l'appétit naturel de jouir des actions qui lui sont propres. An comedere et bibere usque ad satietatem absque necessitate, ob solam voluptatem, sit peccatum? Cum Sanctio negative respondeo, modo non obsit valetudini, quia licite potest appetitus naturalis suis actibus frui.* Ô mon Père, lui dis-je, voilà le passage le plus complet, et le principe le plus achevé de toute votre morale, et dont on peut tirer d'aussi commodes conclusions. Et quoi! la gourmandise n'est donc pas même un péché véniel? Non pas, dit-il, en la manière que je viens de dire. Mais elle serait péché véniel selon Escobar, n. 56, *si sans aucune nécessité on se*

understanding," the Father said. "I'm telling you that the value is of no regard to *God*, but to *men* it's different." "I wasn't thinking of that," I said, "and I trust that, by making such distinctions, there will be no more mortal sins left in the world." "Don't think in such terms," the Father said, "because there are some sins that are always mortal by nature, for example: sloth, or lack of religious effort."

"Oh, Father," I said, "and so all the easygoing ways of life are condemned?" "Wait," said the Father; "after you hear the definition of that vice given by Escobar, tr. 2, ex. 2, num. 81, perhaps you'll have a different opinion; listen. 'Sloth is a feeling of sadness that spiritual things are spiritual, the equivalent of sorrowing because the sacraments are the source of grace. And it is a mortal sin.'" "Oh, Father," I said, "I don't think anyone has ever been so odd as to take it into his head to be slothful in that manner." "And so," the Father replied, "Escobar says later, in n. 105: 'I admit that it is very unusual for anyone ever to fall into the sin of sloth.' Does that help you understand the great importance of defining terms clearly?" "Yes, Father," I said; "and, in that connection, I recall your other definitions of homicide, ambush, and excess of possessions. How is it, Father, that you don't extend this method to all sorts of cases, in order to give every sin a definition of your own making, so that no one would ever again commit a sin by indulging his own pleasures?"

"It isn't always necessary," he said, "to change the definitions of things for that purpose. You'll see this when we discuss the subject of wining and dining, which is certainly one of the greatest pleasures in life, and which Escobar permits in this manner, n. 102, in the practice according to our Society: 'Is it permissible to drink and eat one's fill without necessity, and just for the pleasure of it? Yes, certainly, according to our Father Sánchez,[33] as long as it is not injurious to one's health, because it is permissible for the natural appetite to enjoy the actions that pertain to it. *An comedere et bibere usque ad satietatem absque necessitate, ob solam voluptatem, sit peccatum? Cum Sanctio negative respondeo, modo non obsit valetudini, quia licite potest appetitus naturalis suis actibus frui.*'" "Oh, Father," I said, "that is the most complete passage and the most perfect principle in your entire moral code, from which one can draw such convenient conclusions. What!? Gluttony is not even a venial sin, then?" "Not at all," he said, "taken in the way I have just stated. But it would be a venial sin according to Escobar, n. 56, 'if

---

33. Apparently this reference is to Juan Sánchez (dates unavailable), not to Tomás Sánchez.

gorgeait de boire et de manger jusqu'à vomir; si quis se usque ad vo-
mitum ingurgitet.

Cela suffit sur ce sujet, et je veux maintenant vous parler des facilités que nous avons apportées pour faire éviter les péchés dans les conversations et dans les intrigues du monde. Une chose des plus embarrassantes qui s'y trouve est d'éviter le mensonge, et surtout quand on voudrait bien faire accroire une chose fausse. C'est à quoi sert admirablement notre doctrine des équivoques, par laquelle *il est permis d'user de termes ambigus, en les faisant entendre en un autre sens qu'on ne les entend soi-même,* comme dit Sanchez, *Op. mor.,* p. 2, l. 3, c. 6, n. 13. Je sais cela, mon Père, lui dis-je. Nous l'avons tant publié, continua-t-il, qu'à la fin tout le monde en est instruit. Mais savez-vous bien comment il faut faire quand on ne trouve point de mots équivoques? Non, lui dis-je. Je m'en doutais bien, dit-il; cela est nouveau: c'est la doctrine des restrictions mentales. Sanchez la donne au même lieu: *On peut jurer,* dit-il, *qu'on n'a pas fait une chose, quoiqu'on l'ait faite effectivement, en entendant en soi-même qu'on ne l'a pas faite un certain jour, ou avant qu'on fût né, ou en sous-entendant quelque autre circonstance pareille, sans que les paroles dont on se sert aient aucun sens qui le puisse faire connaître. Et cela est fort commode en beaucoup de rencontres, et est toujours très juste quand cela est nécessaire ou utile pour la santé, l'honneur ou le bien.*

Comment! mon Père, et n'est-ce pas là un mensonge, et même un parjure? Non, dit le Père; Sanchez le prouve au même lieu, et notre P. Filiutius aussi, tr. 25, c. 11, n. 331; parce, dit-il, que *c'est l'intention qui règle la qualité de l'action.* Et il y donne encore, n. 328, un autre moyen plus sûr d'éviter le mensonge. C'est qu'après avoir dit tout haut: *Je jure que je n'ai point fait cela,* on ajoute tout bas, *aujourd'hui;* ou qu'après avoir dit tout haut: *Je jure,* on dise tout bas, *que je dis,* et que l'on continue ensuite tout haut, *que je n'ai point fait cela.* Vous voyez bien que c'est dire la vérité. Je l'avoue, lui dis-je; mais nous trouverions peut-être que c'est dire la vérité tout bas, et un mensonge tout haut; outre que je craindrais que bien des gens n'eussent pas assez de présence d'esprit pour se servir de ces méthodes. Nos Pères, dit-il, ont enseigné au même lieu, en faveur de ceux qui ne sauraient trouver ces restrictions, qu'il leur suffit, pour ne point mentir, de dire simplement *qu'ils n'ont point fait* ce qu'ils ont fait, pourvu *qu'ils aient en général l'intention de donner à leurs discours le sens qu'un habile homme y donnerait.*

Dites la vérité: il vous est arrivé bien des fois d'être embarrassé, manque de cette connaissance? Quelquefois, lui dis-je. Et n'avouerez-

without necessity someone gorged on food and drink to the point of vomiting: *si quis se usque ad vomitum ingurgitet.*'

"That is enough on that subject, and now I want to tell you about the easy methods we have introduced to avoid sinning in social intercourse and worldly affairs. One of the most difficult things in such matters is to avoid lying, especially when you want very much to make someone believe a false statement. This is where our doctrine of equivocation is wonderfully useful, whereby 'it is permissible to use ambiguous terms, making others take them in a sense different from your own,' as Sánchez says in *Op. Mor.*, p. 2, l. 3, c. 6, n. 13." "I know that, Father," I said. "We have promulgated it so widely," he went on, "that finally everyone is informed of it. But do you know what must be done when you can't think of ambiguous words?" "No," I replied. "I didn't think so," he said, "it's a new discovery: it's the doctrine of mental reservations. Sánchez gives it in the same place: 'A man may swear that he did not do a certain thing, even though he actually did, by understanding in his mind that he did not do it on a certain day, or before he was born, or by implying some other similar circumstance, without the words he uses containing any indication which could make this reservation known. This is very handy in a number of situations, and is always very fair when it is necessary or useful for one's health, honor, or property.'"

"What, Father!? Isn't that a lie, and even perjury?" "No," said the Father; "Sánchez proves it in the same place, and so does our Father Filliutius, tr. 25, c. 11, n. 331; 'because,' he says, 'it is the intention that rules the quality of the action.' And in n. 328 he gives yet another method, even surer, of avoiding a lie: after saying aloud 'I swear I didn't do that,' you add under your breath 'today'; or, after saying aloud 'I swear,' you say under your breath 'that I am saying,' and then you continue aloud 'that I didn't do that.' You see that it's telling the truth." "I admit it," I said, "but we might find that it was the truth under one's breath and a lie out loud; besides, I'd be afraid that many people wouldn't have enough presence of mind to make use of those methods." "Our Fathers," he said, "have taught, in the same place, as a benefit to those unable to invent these reservations, that, to avoid lying, they merely need to say simply that they didn't do what they did, as long as they have the general intention of giving their statement the meaning that a clever man would give it.

"Be honest: haven't you been embarrassed very often for lack of this knowledge?" "Sometimes," I replied. "And won't you also admit that it

vous pas de même qu'il serait souvent bien commode d'être dispensé
en conscience de tenir de certaines paroles qu'on donne? Ce serait,
lui dis-je, mon Père, la plus grande commodité du monde! Écoutez
donc Escobar au tr. 3, ex. 3, n. 48, où il donne cette règle générale:
*Les promesses n'obligent point, quand on n'a point intention de
s'obliger en les faisant. Or il n'arrive guère qu'on ait cette intention, à
moins que l'on les confirme par serment ou par contrat; de sorte que,
quand on dit simplement: Je le ferai, on entend qu'on le fera si l'on ne
change de volonté: car on ne veut pas se priver par là de sa liberté.* Il
en donne d'autres que vous y pouvez voir vous-même; et il dit à la fin,
*que tout cela est pris de Molina et de nos autres auteurs: Omnia ex
Molina et aliis.* Et ainsi on n'en peut pas douter.

Ô mon Père, lui dis-je, je ne savais pas que la direction d'intention
eût la force de rendre les promesses nulles! Vous voyez, dit le Père,
que voilà une grande facilité pour le commerce du monde. Mais ce
qui nous a donné le plus de peine a été de régler les conversations
entre les hommes et les femmes; car nos Pères sont plus réservés sur
ce qui regarde la chasteté. Ce n'est pas qu'ils ne traitent des questions
assez curieuses et assez indulgentes; et principalement pour les personnes mariées ou fiancées. J'appris sur cela les questions les plus extraordinaires et les plus brutales qu'on puisse s'imaginer. Il m'en
donna de quoi remplir plusieurs lettres; mais je ne veux pas seulement
en marquer les citations, parce que vous faites voir mes lettres à
toutes sortes de personnes, et je ne voudrais pas donner l'occasion de
cette lecture à ceux qui n'y chercheraient que leur divertissement.

La seule chose que je puis vous marquer de ce qu'il me montra
dans leurs livres, même français, est ce que vous pouvez voir dans la
Somme des péchés du P. Bauny, p. 165, de certaines petites privautés
qu'il y explique, pourvu qu'on dirige bien son intention, *comme à
passer pour galant:* et vous serez surpris d'y trouver, p. 148, un
principe de morale touchant le pouvoir qu'il dit que les filles ont de
disposer de leur virginité sans leurs parents: voici ses termes: *Quand
cela se fait du consentement de la fille, quoique le père ait sujet de s'en
plaindre, ce n'est pas néanmoins que ladite fille, ou celui à qui elle s'est
prostituée, lui aient fait aucun tort, ou violé pour son égard la justice.
Car la fille est en possession de sa virginité, aussi bien que de son
corps; elle en peut faire ce que bon lui semble, à l'exclusion de la mort
ou du retranchement de ses membres.* Jugez par là du reste. Je me
souvins sur cela d'un passage d'un poète païen, qui a été meilleur

would often be very handy to be excused in your conscience from keeping certain promises you have given?" "Father," I cried, "that would be
the greatest convenience in the world!" "Then listen to Escobar, tr. 3,
ex. 3, n. 48, where he gives this general rule: 'Promises are not obliga-
tory when you have no intention of binding yourself when you make
them. Now, it is very rare to have that intention, unless you confirm the
promise by an oath or a contract; and so, when you simply say "I will do
it," you mean that you will do it unless you change your mind; because
you do not want to deprive yourself of your freedom thereby.' He gives
other rules which you can look up yourself; and he says in conclusion;
'all this is derived from Molina and our other authors: *omnia ex Molina
et aliis.*' And so there can be no doubts about it."

"Oh, Father," I said, "I didn't know that the guidance of intentions
had the power of nullifying promises!" "You see," the Father said,
"that it's a very easy method for worldly dealings. But the thing that
gave us the most trouble was to regulate the relationships of men and
women, because our Fathers are more reserved on the subject of
chastity. It's not that they don't deal with quite curious and indulgent
questions, principally from people who are married or engaged." On
that subject I heard the most extraordinary and most brutal questions
that can be imagined. He gave me enough to fill up several letters; but
I don't even want to set down the bibliographical references, because
you show my letters to all kinds of people, and I wouldn't want to
make that sort of reading matter available to those who would only
seek amusement from it.

The only thing I can note down for you out of what he showed me
in their books, even the French-language ones, is what you can see in
Father Bauny's *Summa of Sins,* p. 165, certain little private matters he
expounds, always with the proper guidance of intentions, "such as passing for a ladies' man"; and you'll be surprised to find, on p. 148, a principle of morality concerning the right he says girls have of disposing of
their virginity without their parents' involvement. Here is his wording:
"When this is done with the girl's consent, even though her father may
have grounds to complain, nevertheless it is not the case that said girl,
or the man to whom she gave herself, have done him any wrong, or vi-
olated justice in his regard. Because the girl is the possessor of her virginity, just as she is of her body; she can do what she likes with it, except for suicide or mutilation of her limbs." From that, judge the rest.
It made me recall a passage from a pagan poet[34] who was a better

---

34. The Roman poet Catullus, in his *Carmen nuptiale.*

casuiste que ces Pères, puisqu'il a dit *que la virginité d'une fille ne lui appartient pas tout entière; qu'une partie appartient au père, et l'autre à la mère, sans lesquels elle n'en peut disposer même pour le mariage.* Et je doute qu'il y ait aucun juge qui ne prenne pour une loi le contraire de cette maxime du Père Bauny.

Voilà tout ce que je puis dire de tout ce que j'entendis, et qui dura si longtemps que je fus obligé de prier enfin le Père de changer de matière. Il le fit, et m'entretint de leurs règlements pour les habits des femmes en cette sorte. Nous ne parlerons point, dit-il, de celles qui auraient l'intention impure; mais pour les autres, Escobar dit au tr. 1, ex. 8, n. 5: *Si on se pare sans mauvaise intention, mais seulement pour satisfaire l'inclination naturelle qu'on a à la vanité, ob naturalem fastus inclinationem, ou ce n'est qu'un péché véniel, ou ce n'est point péché du tout.* Et le P. Bauny, en sa *Somme des péchés*, c. 46, p. 1094, dit: *Que bien que la femme eût connaissance du mauvais effet que sa diligence à se parer opérerait et au corps et en l'âme de ceux qui la contempleraient ornée de riches et précieux habits, qu'elle ne pécherait néanmoins en s'en servant.* Et il cite entre autres notre P. Sanchez pour être du même avis.

Mais, mon Père, que répondent donc vos auteurs aux passages de l'Écriture qui parlent avec tant de véhémence contre les moindres choses de cette sorte? Lessius, dit le Père, y a doctement satisfait, *De Just.*, l. 4, c. 4, d. 14, n. 114, en disant: *Que ces passages de l'Écriture n'étaient des préceptes qu'à l'égard des femmes de ce temps-là, pour donner par leur modestie un exemple d'édification aux païens.* Et d'où a-t-il pris cela, mon Père? Il n'importe pas d'où il l'ait pris; il suffit que les sentiments de ces grands hommes-là sont toujours probables d'eux-mêmes. Mais le P. Le Moyne a apporté une modération à cette permission générale. Car il ne le veut point du tout souffrir aux vieilles: c'est dans sa *Dévotion aisée,* et, entre autres, pages 127, 157, 163. *La jeunesse,* dit-il, *peut être parée de droit naturel. Il peut être permis de se parer en un âge qui est la fleur et la verdure des ans. Mais il en faut demeurer là; le contretemps serait étrange de chercher des roses sur la neige. Ce n'est qu'aux étoiles qu'il appartient d'être toujours au bal, parce qu'elles ont le don de jeunesse perpétuelle. Le meilleur donc en ce point serait de prendre conseil de la raison et d'un bon miroir, de se rendre à la bienséance et à la nécessité, et de se retirer quand la nuit approche.* Cela est tout à fait judicieux, lui dis-je. Mais, continua-t-il, afin que vous voyiez combien nos Pères ont eu soin de tout, je vous dirai que, parce qu'il serait souvent inutile aux

casuist than these Fathers, because he said that a girl's virginity does not belong completely to her; one part belongs to her father, and another to her mother, without whom she cannot dispose of it, even in marriage. And I doubt if there's any judge who doesn't consider that the law of the land is the exact opposite of Father Bauny's maxim.

That is all I can say out of all that I heard; and the topic lasted so long that I was finally compelled to ask the Father to change the subject. He did so, and informed me of their regulations for women's clothing, as follows. "We won't speak about women with impure intentions; as for the rest, Escobar says in tr. 1, ex. 8, n. 5: 'If a woman adorns herself without evil intentions, but merely to gratify her inborn inclination toward vanity—*ob naturalem fastus inclinationem*—either it is only a venial sin or it isn't a sin at all.' And Father Bauny, in his *Summa of Sins*, c. 46, p. 1094, says: 'Although the woman may be aware of the bad effects her diligence in adorning herself might produce both in the body and in the soul of those who observe her decked out in rich and costly attire, nevertheless she would not be committing a sin by using it.' And he quotes, among others, our Father Sánchez as being of the same opinion."

"But, Father, what reply do your authors make to the passages of Scripture that inveigh so vehemently against the slightest things of this sort?" "Lessius," the Father said, "has given learned satisfaction in *On Justice*, l. 4, c. 4, d. 14, n. 114, saying that the Scriptural passages were precepts only for the women of those days, so that by their modesty they could give an edifying example to the pagans." "And where did he get that from, Father?" "It doesn't matter where he got it; it's sufficient that the opinions of those great men are always acceptable in themselves. But Father Le Moyne has added a modification to that general permission. Because he absolutely refuses to extend it to old women; that's in his *Devotion Made Easy*, among other places on pages 127, 157, and 163. 'Youth,' he says, 'has a natural right to be adorned. It can be permitted to adorn oneself at an age that is the flower and freshness of life. But it must stop there; it would be an odd paradox to seek roses in the snow. It is only the stars that can properly be always at the ball, because they have the gift of perpetual youth. Therefore, in this matter the best thing would be to consult reason and a good mirror, to yield to propriety and necessity, and to withdraw when night approaches.'" "That is completely judicious," I said. "But," he continued, "to let you see what great care our Fathers have taken with every detail, let me tell you that, because it would often be of no

jeunes femmes d'avoir la permission de se parer si on ne leur donnait aussi le moyen d'en faire la dépense, on a établi une autre maxime en leur faveur, qui se voit dans Escobar au chapitre du larcin, tr. 1, ex. 9, n. 13. *Une femme*, dit-il, *peut prendre de l'argent à son mari en plusieurs occasions, et entre autres pour jouer, pour avoir des habits, et pour les autres choses qui lui sont nécessaires.*

En vérité, mon Père, cela est bien achevé. Il y a bien d'autres choses néanmoins, dit le Père; mais il faut les laisser pour parler des maximes plus importantes qui facilitent l'usage des choses saintes, comme par exemple la manière d'assister à la Messe. Nos grands théologiens, Gaspard Hurtado, *De Sacr.*, to. 2, d. 5, dist. 2, et Coninck, q. 83, a. 6, n. 197, ont enseigné sur ce sujet *qu'il suffit d'être présent à la Messe de corps, quoiqu'on soit absent d'esprit, pourvu qu'on demeure dans une contenance respectueuse extérieurement.* Et Vasquez passe plus avant: car il dit *qu'on satisfait au précepte d'ouïr la Messe, encore même qu'on ait l'intention de n'en rien faire.* Tout cela est aussi dans Escobar, tr. 1, ex. 11, n. 74 et 107; et encore au tr. 1, ex. 1, n. 116, où il l'explique par l'exemple de ceux qu'on mène à la Messe par force, et qui ont l'intention expresse de ne la point entendre. Vraiment, lui dis-je, je ne le croirais jamais, si un autre me le disait! En effet, dit-il, cela a quelque besoin de l'autorité de ces grands hommes; aussi bien que ce que dit Escobar au tr. 1, ex. 11, n. 31: *Qu'une méchante intention, comme de regarder des femmes avec un désir impur, jointe à celle d'ouïr la Messe comme il faut, n'empêche pas qu'on n'y satisfasse; nec obest alia prava intentio, ut aspiciendi libidinose feminas.*

Mais on trouve encore une chose commode dans notre savant Turrianus, *Select.*, p. 2, d. 16, dub. 7: *Qu'on peut ouïr la moitié d'une Messe d'un prêtre, et ensuite une autre moitié d'un autre, et même qu'on peut ouïr d'abord la fin de l'une, et ensuite le commencement d'une autre.* Et je vous dirai de plus qu'on a permis encore d'*ouïr deux moitiés de Messe en même temps de deux différents prêtres, lorsque l'un commence la Messe quand l'autre en est à l'Élévation, parce qu'on peut avoir l'attention à ces deux côtés à la fois, et que deux moitiés de Messe font une Messe entière: Duae medietates unam missam constituunt.* C'est ce qu'ont décidé nos Pères Bauny, tr. 6, q. 9, p. 312; Hurtado, *De Sacr.*, to. 2, *De Missa*, d. 5, diff. 4; Azorius, p. 1, l. 7, c. 3, q. 3; Escobar, tr. 1, ex. 11, n. 73, dans le chapitre *De la Pratique pour*

use to young women to have the permission to adorn themselves unless they were also given the means to afford it, another maxim has
been instituted on their behalf; it can be found in Escobar's chapter
on theft, tr. 1, ex. 9, n. 13: 'A woman may take money from her hus-
band on several occasions, among them: for gambling, for buying
clothes, and for other things she needs.'"

"Truly, Father, that's a perfect piece of legislation." "And yet there
are many other things," the Father said, "but we must omit them so
we can discuss the more important maxims that make the use of sacred things easier, for example the way of attending Mass. Our great
theologians Gaspar Hurtado, *On the Sacraments,* to. 2, d. 5, dist. 2,
and Coninck,[35] q. 83, a. 6, n. 197, have taught on this subject that 'it
is sufficient to be bodily present at Mass, though absent in spirit, as
long as your outward bearing remains respectful.' And Vázquez[36] goes
even further, for he says: 'a person satisfies the precept of hearing
Mass, even if he has the intention of doing no such thing.' All that is
also in Escobar, tr. 1, ex. 11, n. 74 and 107, and also in tr. 1, ex. 1,
n. 116, where he expounds it by means of the example of people who
are forcibly dragged to hear Mass and who have the express intention
of not hearing it." "Truly," I said, "I would never have believed it if
anyone else had told me!" "Indeed," he said, "that has some need of
the authority of those great men; also, what Escobar says in tr. 1,
ex. 11, n. 31: 'An evil intention, such as looking at women with an impure desire, when joined to the intention of hearing Mass properly,
does not prevent one from satisfying the precept to hear it: *nec obest
alia prava intentio, ut aspiciendi libidinose feminas.*'

"But another convenience can be found in our learned Turrianus,[37]
Select., p. 2, d. 16, dub. 7: 'One may hear half of a Mass from one
priest, and then another half from another, and one may even first hear
the end of one and then the beginning of another.' And I'll tell you in
addition that permission has also been given 'to hear two halves of a
Mass from two different priests at the same time, when one of them is
beginning the Mass while the other has reached the Elevation of the
Host, because you can pay attention to both sides at once, and two
halves of a Mass make one entire Mass: *Duae medietates unam missam constituunt.*' That has been the decision of our Fathers Bauny,
tr. 6, q. 9, p. 312; Hurtado, *On the Sacraments,* to. 2, and *On the Mass,*
d. 5, diff. 4; Azor, p. 1, l. 7, c. 3, q. 3; and Escobar, tr. 1, ex. 11, n. 73,

---

35. Gilles de Coninck (1571–1633), a Flemish Jesuit.   36. Gabriel Vázquez
(1551–1604).   37. Luis de Torres (1562–1635).

ouïr la Messe selon notre Société. Et vous verrez les conséquences qu'il en tire dans ce même livre de l'édition de Lyon, de l'année 1644, et 1646, en ces termes: *De là je conclus que vous pouvez ouïr la Messe en très peu de temps si par exemple vous rencontrez quatre Messes à la fois, qui soient tellement assorties, que quand l'une commence, l'autre soit à l'Évangile, une autre à la Consécration, et la dernière à la Communion.* Certainement, mon Père, on entendra la Messe dans Notre-Dame en un instant par ce moyen. Vous voyez donc, dit-il, qu'on ne pouvait pas mieux faire pour faciliter la manière d'ouïr la Messe.

Mais je veux vous faire voir maintenant comment on a adouci l'usage des sacrements, et surtout de celui de la pénitence. Car c'est là où vous verrez la dernière bénignité de la conduite de nos Pères; et vous admirerez que la dévotion, qui étonnait tout le monde, ait pu être traitée par nos Pères avec une telle prudence, *qu'ayant abattu cet épouvantail que les démons avaient mis à sa porte,* ils l'aient rendue *plus facile que le vice, et plus aisée que la volupté,* en sorte *que le simple vivre est incomparablement plus malaisé que le bien vivre,* pour user des termes du P. Le Moyne, p. 244 et 291 de sa *Dévotion aisée.* N'est-ce pas là un merveilleux changement? En vérité, lui dis-je, mon Père, je ne puis m'empêcher de vous dire ma pensée. Je crains que vous ne preniez mal vos mesures, et que cette indulgence ne soit capable de choquer plus de monde que d'en attirer. Car la Messe par exemple est une chose si grande et si sainte qu'il suffirait, pour faire perdre à vos auteurs toute créance dans l'esprit de plusieurs personnes, de leur montrer de quelle manière ils en parlent. Cela est bien vrai, dit le Père, à l'égard de certaines gens; mais ne savez-vous pas que nous nous accommodons à toute sorte de personnes? Il semble que vous ayez perdu la mémoire de ce que je vous ai dit si souvent sur ce sujet. Je veux donc vous en entretenir la première fois à loisir, en différant pour cela notre entretien des adoucissements de la confession. Je vous le ferai si bien entendre que vous ne l'oublierez jamais. Nous nous séparâmes là-dessus; et ainsi je m'imagine que notre première conversation sera de leur politique. Je suis, etc.

Depuis que j'ai écrit cette lettre, j'ai vu le livre du *Paradis ouvert par cent dévotions aisées à pratiquer,* par le P. Barry, et celui *de la marque de prédestination,* par le P. Binet. Ce sont des pièces dignes d'être vues.

in the chapter 'On Our Society's Method of Hearing Mass.' And you'll find the consequences he derives from this in the same book, Lyons editions of 1644 and 1646, as follows: 'From which I conclude that you can hear Mass in very little time if, for example, you come across four Masses being read simultaneously that are spaced in such a way that when one of them begins, another has reached the Gospel reading, another has reached the Consecration, and the last one has reached the Communion.'" "Surely, Father, using that method, you can hear Mass in Notre-Dame in one minute." "So you see," he said, "that there was no better way to make it easier to hear Mass.

"But now I want to show you how we have facilitated the use of the sacraments, especially that of penance. Because it's there that you'll find the utmost kindness of our Fathers' activity; and you'll be surprised that devotion, which used to stupefy everyone, has been handled by our Fathers with such wisdom that, 'having toppled the scarecrow that the devils had placed in front of its door,' they have make it 'easier than vice and more comfortable than sensual pleasure,' so that 'ordinary living is incomparably more inconvenient than pious living,' to use the words of Father Le Moyne, pp. 244 and 291 of *Devotion Made Easy.* Isn't that a wonderful change?" "Truly, Father," I said, "I can't help telling you what I think. I'm afraid you're taking mistaken measures and your indulgence will be more likely to shock people than attract them. Because the Mass, for example, is something so great and holy that, to make your authors lose all credibility in the minds of a number of people, it would be enough to show them the way in which they discuss it." "That's very true," said the Father, "as concerns some people; but don't you know that we adapt ourselves to every sort of person? You seem to have forgotten what I've told you so often on that subject. So I want to discuss it with you at leisure the next time we meet, postponing until then our conversation on the easy methods for confession. I'll make them so clear to you that you'll never forget them." Thereupon we broke up; and so I imagine that our very next talk will concern their politics. Yours, etc.

Since writing this letter I have read Father Barry's book *Paradise Thrown Open by a Hundred Easy-to-Do Acts of Devotion* and Father Binet's *Sign of Predestination.* They are items well worth looking at.

Onzième lettre

Aux révérends pères jésuites

Du 18 août 1656.

MES RÉVÉRENDS PÈRES,

J'ai vu les lettres que vous débitez contre celles que j'ai écrites à un de mes amis sur le sujet de votre morale, où l'un des principaux points de votre défense est que je n'ai pas parlé assez sérieusement de vos maximes; c'est ce que vous répétez dans tous vos écrits, et que vous poussez jusqu'à dire *que j'ai tourné les choses saintes en raillerie.*

Ce reproche, mes Pères, est bien surprenant et bien injuste. Car en quel lieu trouvez-vous que je tourne les choses saintes en raillerie? Vous marquez en particulier *le contrat Mohatra, et l'histoire de Jean d'Alba.* Mais est-ce cela que vous appelez des choses saintes?

Vous semble-t-il que le Mohatra soit une chose si vénérable, que ce soit un blasphème de n'en pas parler avec respect? Et les leçons du P. Bauny pour le larcin, qui portèrent Jean d'Alba à le pratiquer contre vous-mêmes, sont-elles si sacrées que vous ayez droit de traiter d'impies ceux qui s'en moquent?

Quoi! mes Pères, les imaginations de vos écrivains passeront pour les vérités de la foi, et on ne pourra se moquer des passages d'Escobar, et des décisions si fantasques et si peu chrétiennes de vos autres auteurs, sans qu'on soit accusé de rire de la religion? Est-il possible que vous ayez osé redire si souvent une chose si peu raisonnable? Et ne craignez-vous point, en me blâmant de m'être moqué de vos égarements, de me donner un nouveau sujet de me moquer de ce reproche, et de le faire retomber sur vous-mêmes en montrant que je n'ai pris sujet de rire que de ce qu'il y a de ridicule dans vos livres; et qu'ainsi, en me moquant de votre morale, j'ai été aussi éloigné de me moquer des choses saintes, que la doctrine de vos casuistes est éloignée de la doctrine sainte de l'Evangile?

En vérité, mes Pères, il y a bien de la différence entre rire de la religion, et rire de ceux qui la profanent par leurs opinions extravagantes. Ce serait une impiété de manquer de respect pour les vérités que l'esprit de Dieu a révélées, mais ce serait une autre impiété de

Eleventh Letter

To the Jesuit Reverend Fathers

August 18, 1656

REVEREND FATHERS:

I've seen the letters you have been issuing in opposition to those I wrote to one of my friends on the subject of your moral code, in which one of the main points you make in your defense is that I did not speak about your maxims with the seriousness due them; that is what you repeat in all your writings, going so far as to say that I made a mockery of sacred things.

That reproach, Fathers, is very surprising and very unfair. Because in what passage do you consider me to be mocking at sacred things? You note in particular the Mohatra contract[38] and the story of Jean d'Alba. But is that what you call sacred things?

Does it seem to you that the Mohatra is something so venerable that it's blasphemous not to speak of it with respect? And Father Bauny's teachings about theft, which led Jean d'Alba to commit one against *you*, are they so sacrosanct that you have the right to call those who laugh at them godless?

What, Fathers!? The imaginings of your writers will pass as truths of religion, and no one will be able to make fun of those passages from Escobar or those decisions, so absurd and so un-Christian, of your other authors without being accused of laughing at religion? Is it possible that you have dared repeat such an unreasonable thing so often? And aren't you afraid, when you blame me for making fun of your maunderings, that you will furnish me with a new occasion to make fun of that reproach, and make it redound on you, by showing that I took as an object of laughter only what is ridiculous in your books, and that, thus, by making fun of your moral code, I have been as far from making fun of sacred things as the doctrine of your casuists is far from the holy doctrine of the Gospels?

Truly, Fathers, there is a great difference between laughing at religion and laughing at those who profane it with their outlandish opinions. It would be impious to fall short in respect for the truths which the Spirit of God has revealed, but it would also be impious to fall

---

38. This refers to a passage in the Eighth Letter about a subterfuge for usury approved by the Jesuits: buying goods at a high price on credit and reselling them immediately to the same person at a lower rate, for cash.

manquer de mépris pour les faussetés que l'esprit de l'homme leur
oppose.

Car, mes Pères, puisque vous m'obligez d'entrer en ce discours, je
vous prie de considérer que, comme les vérités chrétiennes sont
dignes d'amour et de respect, les erreurs qui leur sont contraires sont
dignes de mépris et de haine, parce qu'il y a deux choses dans les
vérités de notre religion: une beauté divine qui les rend aimables, et
une sainte majesté qui les rend vénérables; et qu'il y a aussi deux
choses dans les erreurs: l'impiété qui les rend horribles, et l'impertinence qui les rend ridicules. Et c'est pourquoi, comme les saints ont
toujours pour la vérité ces deux sentiments d'amour et de crainte, et
que leur sagesse est toute comprise entre la crainte, qui en est le
principe, et l'amour, qui en est la fin, les saints ont aussi pour l'erreur
ces deux sentiments de haine et de mépris, et leur zèle s'emploie
également à repousser avec force la malice des impies et à confondre
avec risée leur égarement et leur folie.

Ne prétendez donc pas, mes Pères, de faire accroire au monde que
ce soit une chose indigne d'un chrétien de traiter les erreurs avec moquerie, puisqu'il est aisé de faire connaître à ceux qui ne le sauraient
pas que cette pratique est juste, qu'elle est commune aux Pères de
l'Église, et qu'elle est autorisée par l'Écriture, et par l'exemple des
plus grands saints, et de Dieu même.

Car ne voyons-nous pas que Dieu hait et méprise les pécheurs tout
ensemble, jusques là même qu'à l'heure de leur mort, qui est le temps
où leur état est le plus déplorable et le plus triste, la sagesse divine
joindra la moquerie et la risée à la vengeance et à la fureur qui les con-
damnera à des supplices éternels? *In interitu vestro ridebo et sub-
sannabo.* Et les saints, agissant par le même esprit, en useront de
même, puisque, selon David, quand ils verront la punition des
méchants, *ils en trembleront et en riront en même temps: Videbunt
justi, et timebunt, et super eum ridebunt.* Et Job en parle de même:
Innocens subsannabit eos.

Mais c'est une chose bien remarquable sur ce sujet, que dans les
premières paroles que Dieu a dites à l'homme depuis sa chute, on
trouve un discours de moquerie, et *une ironie piquante,* selon les
Pères. Car après qu'Adam eut désobéi dans l'espérance que le démon
lui avait donnée d'être fait semblable à Dieu, il paraît par l'Écriture
que Dieu en punition le rendit sujet à la mort, et qu'après l'avoir réduit à cette misérable condition, qui était due à son péché, il se moqua

short in contempt for the errors which the spirit of man devises to contradict them.

Because, Fathers, since you compel me to undertake this discourse, I beg you to consider that, Christian truths being worthy of love and respect, the falsities that contradict them are worthy of contempt and hatred, because there are two things in the truths of our religion: a divine beauty that causes them to be loved and a sacred majesty that makes them venerable; and that there are also two things in the falsities: the impiety that causes them to be loathed and the impertinence that makes them laughable. And that is why, since the holy always have for the truth the two feelings of love and fear, and their wisdom is totally divided between fear, which is its source, and love, which is its goal, the holy also have for falsity the two feelings of hatred and contempt, and their zeal serves equally to repel forcibly the malevolence of the impious and to confound with laughter their aberration and their folly.

Therefore, Fathers, do not attempt to make laymen believe that it is something unworthy of a Christian to treat falsities with mockery, since it is easy to inform those who may not know it that it is a just practice, that it is general among the Church Fathers, and that it is authorized by Scripture and by the example of the greatest saints and God himself.

For, don't we see that God both hates and scorns sinners to such an extent that, at their hour of death, which is the time when their state is most deplorable and sad, divine wisdom will add mockery and laughter to the vengeance and fury that will condemn them to eternal punishments? "I also will laugh at your calamity."[39] And the saints, acting in the same spirit, will do the same, since, according to David, when they see the punishment of the wicked, "The righteous also shall see, and fear, and shall laugh at him:[40] *Videbunt justi, et timebunt, et super eum ridebunt.*" And Job speaks similarly: "and the innocent laugh them to scorn."[41]

But, on this subject, it is quite noteworthy that in the first words spoken by God to man after his fall, we find a mocking statement and "a stinging irony," according to the early Fathers. For, after Adam disobeyed in the hope that the Devil had given him of becoming like God, the Scripture tells us that as a punishment God made him subject to death and that, after reducing him to that wretched state, which was due to his sin, he made fun of him in that state with these railing words:

39. Proverbs 1:26.   40. Psalms 52:6.   41. Job 22:19.

de lui en cet état par ces paroles de risée: *Voilà l'homme qui est devenu comme l'un de nous: Ecce Adam quasi unus ex nobis.* Ce qui est *une ironie sanglante et sensible,* dont Dieu le *piquait vivement,* selon saint Chrysostome et les interprètes. *Adam,* dit Rupert, *méritait d'être raillé par cette ironie, et on lui faisait sentir sa folie bien plus vivement par cette expression ironique que par une expression sérieuse.* Et Hugues de Saint-Victor, ayant dit la même chose, ajoute *que cette ironie était due à sa sotte crédulité, et que cette espèce de raillerie est une action de justice, lorsque celui envers qui on en use l'a méritée.*

Vous voyez donc, mes Pères, que la moquerie est quelquefois plus propre à faire revenir les hommes de leurs égarements, et qu'elle est alors une action de justice; parce que, comme dit Jérémie, *les actions de ceux qui errent sont dignes de risée à cause de leur vanité: vana sunt et risu digna.* Et c'est si peu une impiété de s'en rire, que c'est l'effet d'une sagesse divine selon cette parole de saint Augustin: *Les sages rient des insensés, parce qu'ils sont sages, non pas de leur propre sagesse, mais de cette sagesse divine qui rira de la mort des méchants.*

Aussi les Prophètes remplis de l'esprit de Dieu ont usé de ces moqueries, comme nous voyons par les exemples de Daniel et d'Elie. Enfin les discours de Jésus-Christ même n'en sont pas sans exemple; et saint Augustin remarque que, quand il voulut humilier Nicodème, qui se croyait habile dans l'intelligence de la loi: *Comme il le voyait enflé d'orgueil par sa qualité de Docteur des Juifs, il exerce et étonne sa présomption par la hauteur de ses demandes, et l'ayant réduit à l'impuissance de répondre: Quoi! lui dit-il, vous êtes Maître en Israël, et vous ignorez ces choses?* Ce qui est le même que s'il eût dit: *Prince superbe, reconnaissez que vous ne savez rien.* Et saint Chrysostome et saint Cyrille disent sur cela *qu'il méritait d'être joué de cette sorte.*

Vous voyez donc, mes Pères, que s'il arrivait aujourd'hui que des personnes qui feraient les maîtres envers les Chrétiens, comme Nicodème et les Pharisiens envers les Juifs, ignoraient les principes de la religion, et soutenaient, par exemple, *qu'on peut être sauvé sans avoir jamais aimé Dieu en toute sa vie,* on suivrait en cela l'exemple de Jésus-Christ, en se jouant de leur vanité et de leur ignorance.

Je m'assure, mes Pères, que ces exemples sacrés suffisent pour vous

"Behold, the man is become as one of us:[42] *Ecce Adam quasi unus ex nobis.*" Which is "a tangibly bitter irony," with which God "stung him to the quick," according to Saint Chrysostom and the commentators. "Adam," says Rupert,[43] "deserved to be mocked with this irony, and he was made to feel his folly much more intensely through this ironic expression than through a serious expression." And Hugh of Saint-Victor,[44] after saying the same, adds: "this irony was the appropriate response to his foolish gullibility, and this type of mockery is an act of justice when the man to whom it is applied has deserved it."

Therefore you see, Fathers, that mockery is sometimes more suited to making men abandon their aberrations, in which case it is an act of justice; because, as Jeremiah says, the actions of those who err "are vanity, the work of errors: in the time of their visitation they shall perish: *vana sunt et risu digna.*"[45] And it is so far from being impious to laugh at them that it is the result of a divine wisdom, according to this statement by Saint Augustine: "The wise laugh at the foolish because they are wise, not with their own wisdom but with that divine wisdom which will laugh at the death of the wicked."

The prophets, too, who were filled with the Spirit of God, made use of such mockery, as we see by the examples of Daniel and Elijah. Lastly, the sayings of Jesus Christ himself are not devoid of examples; and Saint Augustine notes that when he wished to humiliate Nicodemus, who thought himself learned in the understanding of the law: "since he saw him puffed up with pride in his capacity as sage of the Jews, he tested and confounded his presumption by the loftiness of his questions and, after rendering him powerless to reply, he said: 'What!? You are master in Israel and you don't know these things?' Which is the same as if he had said: 'Haughty prince, realize that you know nothing.'" And Saint Chrysostom and Saint Cyril state on this subject: "He deserved to be made game of in that way."

Therefore you see, Fathers, that, should it occur today that certain persons passing themselves off as professors of Christianity, as Nicodemus and the Pharisees did among the Jews, were ignorant of the principles of the religion and maintained, for example, that a man can be saved even if he never loved God as long as he lived, those who mocked their vanity and ignorance would be following the example of Jesus Christ.

I am confident, Fathers, that these holy examples are enough to

---

42. Genesis 3:22.   43. A twelfth-century Benedictine active in Germany.   44. A major Scholastic philosopher of the twelfth century, active in Paris. (Both Hugh and Rupert were Flemish by birth.)   45. Jeremiah 51:18; the (Vulgate) Latin says: "They are vain things, worthy to be laughed at."

faire entendre que ce n'est pas une conduite contraire à celle des Saints, de rire des erreurs et des égarements des hommes; autrement il faudrait blâmer celle des plus grands Docteurs de l'Église qui l'ont pratiquée, comme saint Jérôme dans ses lettres et dans ses écrits contre Jovinien, Vigilance, et les Pélagiens; Tertullien, dans son Apologétique contre les folies des idolâtres; saint Augustin contre les religieux d'Afrique, qu'il appelle les Chevelus; saint Irénée contre les Gnostiques; saint Bernard et les autres Pères de l'Église, qui, ayant été les imitateurs des Apôtres, doivent être imités par les fidèles dans toute la suite des temps, puisqu'ils sont proposés, quoi qu'on en dise, comme le véritable modèle des chrétiens mêmes d'aujourd'hui.

Je n'ai donc pas cru faillir en les suivant. Et comme je pense l'avoir assez montré, je ne dirai plus sur ce sujet que ces excellentes paroles de Tertullien, qui rendent raison de tout mon procédé. *Ce que j'ai fait n'est qu'un jeu avant un véritable combat. J'ai montré les blessures qu'on vous peut faire, plutôt que je ne vous en ai fait. Que s'il se trouve des endroits où l'on soit excité à rire, c'est parce que les sujets mêmes y portaient. Il y a beaucoup de choses qui méritent d'être moquées et jouées de la sorte, de peur de leur donner du poids en les combattant sérieusement. Rien n'est plus dû à la vanité que la risée, et c'est proprement à la vérité à qui il appartient de rire, parce qu'elle est gaie, et de se jouer de ses ennemis, parce qu'elle est assurée de la victoire. Il est vrai qu'il faut prendre garde que les railleries ne soient pas basses et indignes de la vérité. Mais à cela près, quand on pourra s'en servir avec adresse, c'est un devoir que d'en user.* Ne trouvez-vous pas, mes Pères, que ce passage est bien juste à notre sujet: *Ce que j'ai fait n'est qu'un jeu avant un véritable combat?* Je n'ai fait encore que me jouer, *et vous montrer plutôt les blessures qu'on vous peut faire, que je ne vous en ai fait.* J'ai exposé simplement vos passages sans y faire presque de réflexion. *Que si on y a été excité à rire, c'est parce que les sujets y portaient d'eux-mêmes.* Car qu'y a-t-il de plus propre à exciter à rire, que de voir une chose aussi grave que la morale chrétienne remplie d'imaginations aussi grotesques que les vôtres? On conçoit une si haute attente de ces maximes, qu'on dit *que Jésus-Christ a lui-même révélées à des Pères de la Société,* que quand on y trouve *qu'un prêtre qui a reçu de l'argent pour dire une messe peut outre cela en prendre d'autres personnes en leur cédant toute la part qu'il a au sacrifice; qu'un religieux n'est pas excommunié pour quitter son habit, lorsque c'est pour danser, pour filouter, ou pour aller incognito en des lieux de débauche; et qu'on satisfait au précepte d'ouïr la messe en entendant quatre quarts de messe*

make you understand that to laugh at human error and aberration is not conduct contradicting that of the saints; if it were, one would have to censure the conduct of the greatest Doctors of the Church, who practiced it, such as Saint Jerome in his letters and writings against Jovinian, Vigilantius, and the Pelagians; Tertullian in his *Apologeticum* against the follies of the idol worshippers; Saint Augustine against the African monks he calls the Longhairs; Saint Irenaeus against the Gnostics; Saint Bernard and the other Church Fathers who, having been the emulators of the Apostles, ought to be emulated by the faithful for the rest of time, because, despite all objections, they are offered as the true model for Christians even today.

Thus I did not think I was doing wrong by following them. And since I believe I have demonstrated it sufficiently, I shall add no more on this subject than these excellent words of Tertullian, which justify my entire procedure: "What I have done is merely a pastime before a real battle. I have shown you the wounds that can be inflicted on you rather than wounding you myself. If there are passages that incite someone to laughter, it is because the very nature of the subject matter induced it. There are many things that deserve to be laughed at and mocked in this way, to avoid lending them importance by attacking them seriously. Vanity merits nothing better than laughter, and it is truth that should do the laughing, because it is cheerful, and rail at its enemies, because it is assured of victory. It is true that care must be taken lest the mockery be base and unworthy of truth. But, with that reservation, when someone can use it skillfully, it is a duty to make use of it." Don't you find, Fathers, that this quotation is quite fitting to the matter in hand: "What I have done is merely a pastime before a real battle"? Up to now I have merely been playing, "showing you the wounds that can be inflicted on you rather than wounding you myself." I have simply exposed your quotations with hardly any commentary on them. If people have been "incited to laughter, it is because the very nature of the subject matter induced it." For, what is more apt to incite laughter than to see something as earnest as Christian morality being filled with elucubrations as grotesque as yours? People develop such high expectations from those maxims, which you say "Jesus Christ himself revealed to certain Fathers of the Society," that when they discover among them "that a priest who has received money for saying a Mass can, in addition, take money from others by making over to them his entire share in the ceremony; that a friar is not excommunicated for taking off his habit, if it is for dancing, romancing, or going to houses of ill repute incognito; and that the commandment to hear Mass can be satisfied by hearing four quarters of a Mass spoken by dif-

à la fois de différents prêtres; lors, dis-je, qu'on entend ces décisions, et autres semblables, il est impossible que cette surprise ne fasse rire, parce que rien n'y porte davantage qu'une disproportion surprenante entre ce qu'on attend et ce qu'on voit. Et comment aurait-on pu traiter autrement la plupart de ces matières, puisque ce serait *les autoriser, que de les traiter sérieusement,* selon Tertullien? Quoi! faut-il employer la force de l'Écriture et de la Tradition pour montrer que c'est tuer son ennemi en trahison que de lui donner des coups d'épée par derrière et dans une embûche? et que c'est acheter un bénéfice que de donner de l'argent comme un motif pour se le faire résigner? Il y a donc des matières qu'il faut mépriser, et *qui méritent d'être jouées et moquées.* Enfin ce que dit cet ancien auteur, *que rien n'est plus dû à la vanité que la risée,* et le reste de ces paroles s'applique ici avec tant de justesse et avec une force si convaincante, qu'on ne saurait plus douter qu'on peut bien rire des erreurs sans blesser la bienséance. Et je vous dirai aussi, mes Pères, qu'on en peut rire sans blesser la charité, quoique ce soit une des choses que vous me reprochez encore dans vos écrits. Car *la charité oblige quelquefois à rire des erreurs des hommes pour les porter eux-mêmes à en rire et à les fuir,* selon cette parole de saint Augustin: *Haec tu misericorditer irride, ut eis ridenda ac fugienda commendes.* Et la même charité oblige aussi quelquefois à les repousser avec colère, selon cette autre parole de saint Grégoire de Nazianze: *L'esprit de charité et de douceur a ses émotions et ses colères.* En effet, comme dit saint Augustin: *Qui oserait dire que la vérité doit demeurer désarmée contre le mensonge, et qu'il sera permis aux ennemis de la foi d'effrayer les fidèles par des paroles fortes, et de les réjouir par des rencontres d'esprit agréables; mais que les catholiques ne doivent écrire qu'avec une froideur de style qui endorme les lecteurs?*

Ne voit-on pas que selon cette conduite on laisserait introduire dans l'Église les erreurs les plus extravagantes et les plus pernicieuses, sans qu'il fût permis de s'en moquer avec mépris, de peur d'être accusé de blesser la bienséance, ni de les confondre avec véhémence, de peur d'être accusé de manquer de charité?

Quoi! mes Pères, il vous sera permis de dire *qu'on peut tuer pour éviter un soufflet et une injure,* et il ne sera pas permis de réfuter publiquement une erreur publique d'une telle conséquence? Vous aurez la liberté de dire *qu'un juge peut en conscience retenir ce qu'il a reçu pour faire une injustice,* sans qu'on ait la liberté de vous contredire? Vous imprimerez, avec privilège et approbation de vos docteurs, *qu'on peut être sauvé sans avoir jamais aimé Dieu,* et vous fer-

ferent priests simultaneously"—I say that, when these decisions, and others like them, are heard, it is impossible for the surprise not to occasion laughter, because nothing gives rise to it more than a surprising lack of proportion between what is expected and what is actually seen. And how else could I have handled most of these topics, since, according to Tertullian, treating them seriously would mean lending them authority? What!? Is it necessary to bring to bear the force of Scripture and tradition to show that plunging your sword into your enemy from behind, in ambush, means killing him treacherously? Or that giving money in order to have a benefice assigned to you means buying it? Thus, there are matters that must be scorned, and which "deserve to be mocked and made fun of." Lastly, the statement of that ancient author that "vanity merits nothing better than laughter," and the rest of his words, are applicable here with so much rightness and so persuasive a force that there is no longer any doubt that errors can be laughed at without offending propriety. And I shall also say, Fathers, that they can be laughed at without offending Christian charity, even though that is one of the reproaches you are still making against me in your writings. Because "charity sometimes compels one to laugh at men's errors in order to make them laugh at them themselves and shun them," as Saint Augustine says: *Haec tu misericorditer irride, ut eis ridenda ac fugienda commendes.*" And that same charity also compels one at times to reject them angrily, according to this other statement, by Saint Gregory of Nazianzus: "The spirit of charity and gentleness has its emotions and its fits of anger." Indeed, as Saint Augustine says: "Who would dare say that truth must remain unarmed against falsehood, and that the enemies of the faith are allowed to frighten the faithful with strong words and entertain them with pleasant witticisms, while Catholics may only write in a cold style that puts their readers to sleep?"

Don't you see that, by acting that way, we would allow the most outlandish and pernicious errors to be introduced into the Church, without being permitted to laugh them to scorn, for fear of being accused of offending propriety, or to confound them vehemently, for fear of being accused of a lack of charity?

What, Fathers!? It is all right for you to say that a man may kill to avoid a slap and an insult, but it is not all right to refute publicly a public error of such consequence? You have the freedom to state that a judge may, with a clear conscience, keep what he has received for making justice miscarry, but no one is free to contradict you? You print, with a royal license and the approval of your professors, that a man can be saved without ever having loved God, and you shut the

merez la bouche à ceux qui défendront la vérité de la foi, en leur disant qu'ils blesseraient la charité de frères en vous attaquant, la modestie de chrétiens en riant de vos maximes? Je doute, mes Pères, qu'il y ait des personnes à qui vous ayez pu le faire accroire. Mais néanmoins, s'il s'en trouvait qui en fussent persuadés, et qui crussent que j'aurais blessé la charité que je vous dois, en décriant votre morale, je voudrais bien qu'ils examinassent avec attention d'où naît en eux ce sentiment. Car encore qu'ils s'imaginent qu'il part de leur zèle, qui n'a pu souffrir sans scandale de voir accuser leur prochain, je les prierais de considérer qu'il n'est pas impossible qu'il vienne d'ailleurs, et qu'il est même assez vraisemblable qu'il vient du déplaisir secret et souvent caché à nous-mêmes, que le malheureux fond qui est en nous ne manque jamais d'exciter contre ceux qui s'opposent au relâchement des mœurs. Et pour leur donner une règle qui leur en fasse reconnaître le véritable principe, je leur demanderais si, en même temps qu'ils se plaignent de ce qu'on a traité de la sorte des religieux, ils se plaignent encore davantage de ce que des religieux ont traité la vérité de la sorte. Que s'ils sont irrités non seulement contre les Lettres, mais encore plus contre les maximes qui y sont rapportées, j'avouerai qu'il se peut faire que leur ressentiment part de quelque zèle, mais peu éclairé; et alors les passages qui sont ici suffiront pour les éclaircir. Mais s'ils s'emportent seulement contre les répréhensions, et non pas contre les choses qu'on a reprises, en vérité, mes Pères, je ne m'empêcherai jamais de leur dire qu'ils sont grossièrement abusés, et que leur zèle est bien aveugle.

Étrange zèle qui s'irrite contre ceux qui accusent des fautes publiques, et non pas contre ceux qui les commettent! Quelle nouvelle charité qui s'offense de voir confondre des erreurs manifestes par la seule exposition que l'on en fait, et qui ne s'offense point de voir renverser la morale par ces erreurs! Si ces personnes étaient en danger d'être assassinées, s'offenseraient-elles de ce qu'on les avertirait de l'embûche qu'on leur dresse et, au lieu de se détourner de leur chemin pour l'éviter, s'amuseraient-elles à se plaindre du peu de charité qu'on aurait eu de découvrir le dessein criminel de ces assassins? S'irritent-ils lorsqu'on leur dit de ne manger pas d'une viande, parce qu'elle est empoisonnée, ou de n'aller pas dans une ville, parce qu'il y a de la peste?

D'où vient donc qu'ils trouvent qu'on manque de charité quand on découvre des maximes nuisibles à la religion, et qu'ils croient au contraire qu'on manquerait de charité de ne pas découvrir les choses nuisibles à leur santé et à leur vie, sinon parce que l'amour qu'ils ont pour la vie leur fait recevoir favorablement tout ce qui contribue à la

mouth of those who defend the truth of the faith, by saying that they would offend fraternal charity if they attacked you, and Christian modesty if they laughed at your maxims? Fathers, I doubt whether there is anyone you have been able to convince of that. Nevertheless, if there is anyone with such a conviction, anyone who believes I have offended the charity I owe you by decrying your moral code, I'd like him to examine scrupulously the source of those feelings. Because, even if he imagines that they arise from his zeal, which has not allowed him to abide seeing a fellow man accused without feeling shocked, I would ask him to consider whether it is not impossible that they have a different origin, and that it is even quite likely that they arise from that secret displeasure, often concealed from ourselves, which the unfortunate element deep within us never fails to stir up against those who oppose permissiveness of behavior. And, to give such people a rule that will make them recognize the true principle, I would ask them whether, while complaining that churchmen have been treated this way, they are at the same time complaining even harder because churchmen have treated truth this way. Because, if they are irritated not merely at my Letters, but even more at the maxims reported in them, I will admit that their resentment may possibly arise from some zeal, though an unenlightened one; and then the quotations given here will be enough to enlighten them. But if they are only angry at my reproaches and not at the things I reproach, truly, Fathers, I will never restrain myself from telling them that they are grossly deceived and that their zeal is totally blind.

A strange zeal, which is irritated at those who expose public mistakes, and not at those who make them! What a novel charity, which is offended to see manifest errors refuted by merely being exposed, but is not offended to see morality overturned by those errors! If those people were in danger of being murdered, would they be offended to be warned of the ambush being laid for them and, instead of turning away from their path to avoid it, would they waste their time complaining about the lack of charity in those who revealed the murderers' criminal designs? Are they irritated when told not to eat a certain dish because it is poisoned, or not to go to a city because there is plague there?

So, how is it that they find a lack of charity in those who expose maxims harmful to our religion, while they believe, on the other hand, that it would be a lack of charity not to reveal things harmful to their health and life? It can only be because their love of life makes them accept with favor whatever helps preserve it, while their indif-

conserver, et que l'indifférence qu'ils ont pour la vérité fait que non seulement ils ne prennent aucune part à sa défense, mais qu'ils voient même avec peine qu'on s'efforce de détruire le mensonge?

Qu'ils considèrent donc devant Dieu combien la morale que vos casuistes répandent de toutes parts est honteuse et pernicieuse à l'Église; combien la licence qu'ils introduisent dans les mœurs est scandaleuse et démesurée; combien la hardiesse avec laquelle vous les soutenez est opiniâtre et violente. Et s'ils ne jugent qu'il est temps de s'élever contre de tels désordres, leur aveuglement sera aussi à plaindre que le vôtre, mes Pères, puisque et vous et eux avez un pareil sujet de craindre cette parole de saint Augustin sur celle de Jésus-Christ dans l'Évangile: *Malheur aux aveugles qui conduisent! malheur aux aveugles qui sont conduits! vae coecis ducentibus! vae coecis sequentibus!*

Mais afin que vous n'ayez plus lieu de donner ces impressions aux autres, ni de les prendre vous-mêmes, je vous dirai, mes Pères (et je suis honteux de ce que vous m'engagez à vous dire ce que je devrais apprendre de vous), je vous dirai donc quelles marques les Pères de l'Église nous ont données pour juger si les répréhensions partent d'un esprit de piété et de charité, ou d'un esprit d'impiété et de haine.

La première de ces règles est que l'esprit de piété porte toujours à parler avec vérité et sincérité, au lieu que l'envie et la haine emploient le mensonge et la calomnie: *splendentia et vehementia, sed rebus veris,* dit saint Augustin. Quiconque se sert du mensonge agit par l'esprit du diable. Il n'y a point de direction d'intention qui puisse rectifier la calomnie, et quand il s'agirait de convertir toute la terre, il ne serait pas permis de noircir des personnes innocentes; parce qu'on ne doit pas faire le moindre mal pour en faire réussir le plus grand bien, et *que la vérité de Dieu n'a pas besoin de notre mensonge,* selon l'Écriture. *Il est du devoir des défenseurs de la vérité,* dit saint Hilaire, *de n'avancer que des choses véritables.* Aussi, mes Pères, je puis dire devant Dieu qu'il n'y a rien que je déteste davantage que de blesser tant soit peu la vérité; et que j'ai toujours pris un soin très particulier, non seulement de ne pas falsifier, ce qui serait horrible, mais de ne pas altérer ou détourner le moins du monde le sens d'un passage. De sorte que, si j'osais me servir en cette rencontre des paroles du même saint Hilaire, je pourrais bien vous dire avec lui: *Si nous disons des choses fausses, que nos discours soient tenus pour infâmes; mais si nous montrons que*

ference to truth not only keeps them from taking any part in defending it, but even makes them sad to see others striving to destroy falsehood.

Therefore, let them consider, before God, to what an extent the moral code spread abroad everywhere by your casuists is shameful and pernicious to the Church; to what an extent the laxity of behavior they are introducing is shocking and immoderate; to what extent the boldness with which you defend these things is stubborn and violent. And if they do not deem that it is time to take a stand against such confusion, their blindness will be as pitiable as yours, Fathers, since both they and you have the same grounds to fear this saying of Saint Augustine, based on that of Jesus Christ in the Gospels: "Woe to those blind men who lead others! Woe to those blind men who are led! *Vae coecis ducentibus! Vae coecis sequentibus!*"

But, so that you have no further opportunity to give these impressions to others, or to assume them yourselves, I shall tell you, Fathers (and I am ashamed that you have led me to tell you what I ought to learn from you), I shall tell you what signs the Church Fathers have given us so we can judge whether reproaches stem from a spirit of piety and charity, or from a spirit of impiety and hatred.

The first of these rules is that the spirit of piety always leads one to speak with truth and sincerity, whereas envy and hatred make use of lies and slander: "let the words be glorious and forceful, but based on fact," Saint Augustine says. Whoever makes use of lies is acting from the spirit of the Devil. There is no guidance of intentions that can make slander right, and even if it were a matter of converting the whole world, it would not be permissible to besmirch innocent people; because no one should do the least evil even to make the greatest good result, and: "Will ye speak wickedly for God?" as Scripture says.[46] "It is the duty of defenders of the truth," says Saint Hilary, "to propound nothing but true tenets." And so, Fathers, I can say, before God, that there is nothing I detest more than to offend the truth in the slightest; and that I have always been particularly careful not merely not to falsify a question, which would be terrible, but not to alter or redirect its meaning in the least way. So that, if in this situation I dared to use the words of that same Saint Hilary, I might well join him in saying: "If we make false statements, let our speeches be considered ignoble, but if we show that our statements are publicly

---

46. Job 13:7.

celles que nous produisons sont publiques et manifestes, ce n'est point sortir de la modestie et de la liberté apostolique de les reprocher.

Mais ce n'est pas assez, mes Pères, de ne dire que des choses véritables, il faut encore ne pas dire toutes celles qui sont véritables; parce qu'on ne doit rapporter que les choses qu'il est utile de découvrir, et non pas celles qui ne pourraient que blesser sans apporter aucun fruit. Et ainsi, comme la première règle est de parler avec vérité, la seconde est de parler avec discrétion. *Les méchants,* dit saint Augustin, *persécutent les bons en suivant aveuglément la passion qui les anime; au lieu que les bons persécutent les méchants avec une sage discrétion, de même que les chirurgiens considèrent ce qu'ils coupent, au lieu que les meurtriers ne regardent point où ils frappent.* Vous savez bien, mes Pères, que je n'ai pas rapporté des maximes de vos auteurs celles qui vous auraient été les plus sensibles, quoique j'eusse pu le faire, et même sans pécher contre la discrétion, non plus que de savants hommes et très catholiques, mes Pères, qui l'ont fait autrefois. Et tous ceux qui ont lu vos auteurs savent aussi bien que vous combien en cela je vous ai épargnés: outre que je n'ai parlé en aucune sorte contre ce qui vous regarde chacun en particulier, et je serais fâché d'avoir rien dit des fautes secrètes et personnelles, quelque preuve que j'en eusse. Car je sais que c'est le propre de la haine et de l'animosité, et qu'on ne doit jamais le faire, à moins qu'il y en ait une nécessité bien pressante pour le bien de l'Église. Il est donc visible que je n'ai manqué en aucune sorte à la discrétion dans ce que j'ai été obligé de dire touchant les maximes de votre morale, et que vous avez plus de sujet de vous louer de ma retenue que de vous plaindre de mon indiscrétion.

La troisième règle, mes Pères, est que quand on est obligé d'user de quelques railleries, l'esprit de piété porte à ne les employer que contre les erreurs, et non pas contre les choses saintes; au lieu que l'esprit de bouffonnerie, d'impiété et d'hérésie se rit de ce qu'il y a de plus sacré. Je me suis déjà justifié sur ce point. Et on est bien éloigné d'être exposé à ce vice quand on n'a qu'à parler des opinions que j'ai rapportées de vos auteurs.

Enfin, mes Pères, pour abréger ces règles, je ne vous dirai plus que celle-ci, qui est le principe et la fin de toutes les autres. C'est que l'esprit de charité porte à avoir dans le cœur le désir du salut de ceux contre qui on parle, et à adresser ses prières à Dieu en même temps qu'on adresse ses reproches aux hommes. *On doit toujours,* dit saint Augustin, *conserver la charité dans le cœur, lors même qu'on est obligé de faire au-dehors des choses qui paraissent rudes aux hommes, et de les frapper avec une âpreté dure, mais bienfaisante, leur utilité devant*

known and manifest, it is not averse to modesty and to apostolic freedom to reproach others."

But it is not enough, Fathers, merely to speak the truth, it is also necessary not to say everything that happens to be true; because one should only cite those things which it is useful to reveal, and not those which could only give offense without yielding any good results. And so, just as the first rule is to speak truthfully, the second is to speak discreetly. "The wicked," Saint Augustine says, "persecute the good by following blindly the passion that animates them; whereas the good persecute the wicked with a wise discretion, just as surgeons pay heed to the incisions they make, while killers do not care where they strike." You are well aware, Fathers, that, among your authors' maxims, I have not quoted those which could have been most painful to you, though I could have done so, even without sinning against discretion any more than some learned and very Catholic men who have done so in the past, Fathers. And all those who have read your authors know just as well as you how I have spared you in that regard; not to mention that I have said nothing whatever against any of your faults as individuals, and I would be vexed at having mentioned any secret personal shortcomings even though I had proof. Because I know it's a characteristic of hatred and animosity, and should never be done, unless there is some very urgent need of it for the good of the Church. Therefore it is evident that I have not been indiscreet in any way in what I was compelled to say about the maxims of your moral code, and that you have greater reason to applaud my restraint than to complain of my indiscretion.

The third rule, Fathers, is that when someone is compelled to use a little mockery, the spirit of piety leads him to use it only against errors, and not against sacred things; whereas the spirit of buffoonery, impiety, and heresy laughs at what is most sacred. I have already justified myself on this point. And a man is very far from running the risk of that vice when his subject is merely the opinions of your authors that I have reported.

Lastly, Fathers, to shorten these rules, I will state only one more, which is the source and the goal of all the rest: the spirit of charity leads us to have in our heart the desire for the salvation of those whom we are opposing, and to address our prayers to God at the same time that we address our reproaches to man. "One must always," Saint Augustine says, "preserve charity in one's heart, even when one is compelled to do outwardly things that seem harsh to men, and one must smite them with severe, but beneficial asperity, since their needs

être préférée à leur satisfaction. Je crois, mes Pères, qu'il n'y a rien dans mes Lettres qui témoigne que je n'aie pas eu ce désir pour vous. Et ainsi la charité vous oblige à croire que je l'ai eu en effet, lorsque vous n'y voyez rien de contraire. Il paraît donc par là que vous ne pouvez montrer que j'aie péché contre cette règle, ni contre aucune de celles que la charité oblige de suivre; et c'est pourquoi vous n'avez aucun droit de dire que je l'aie blessée en ce que j'ai fait.

Mais si vous voulez, mes Pères, avoir maintenant le plaisir de voir en peu de mots une conduite qui pèche contre chacune de ces règles, et qui porte véritablement le caractère de l'esprit de bouffonnerie, d'envie et de haine, je vous en donnerai des exemples. Et afin qu'ils vous soient plus connus et plus familiers, je les prendrai de vos écrits mêmes.

Car pour commencer par la manière dont vos auteurs parlent des choses saintes, soit dans leurs railleries, soit dans leurs galanteries, soit dans leurs discours sérieux, trouvez-vous que tant de contes ridicules de votre P. Binet, dans sa *Consolation des malades*, soient fort propres au dessein qu'il avait pris de consoler chrétiennement ceux que Dieu afflige? Direz-vous que la manière si profane et si coquette dont votre P. Le Moyne a parlé de la piété dans sa *Dévotion Aisée*, soit plus propre à donner du respect que du mépris pour l'idée qu'il forme de la vertu chrétienne? Tout son livre des *Peintures Morales* respire-t-il autre chose, et dans sa prose et dans ses vers, qu'un esprit plein de la vanité et des folies du monde? Est-ce une pièce digne d'un prêtre que cette ode du 7e livre intitulée: *Éloge de la pudeur, où il est montré que toutes les belles choses sont rouges ou sujettes à rougir?* C'est ce qu'il fit pour consoler une dame, qu'il appelle Delphine, de ce qu'elle rougissait souvent. Il dit donc, à chaque stance, que quelques-unes des choses les plus estimées sont rouges, comme les roses, les grenades, la bouche, la langue; et c'est parmi ces galanteries, honteuses à un religieux, qu'il ose mêler insolemment ces esprits bienheureux qui assistent devant Dieu, et dont les Chrétiens ne doivent parler qu'avec vénération:

> *Les Chérubins, ces glorieux,*
> *Composés de tête et de plume,*
> *Que Dieu de son esprit allume,*
> *Et qu'il éclaire de ses yeux;*
> *Ces illustres faces volantes*
> *Sont toujours rouges et brûlantes,*
> *Soit du feu de Dieu, soit du leur,*
> *Et dans leurs flammes mutuelles*

must be preferred to their contentment." I believe, Fathers, that there is nothing in my Letters to indicate that I failed to have this wish for you. And so, charity compels you to believe that I did indeed have it, as long as you find nothing to the contrary. Therefore it is clear that you cannot show that I have sinned against that rule or any of those which charity compels us to follow; and that is why you have no right to say that I have offended it in what I have done.

But, Fathers, if you now wish to have the pleasure of seeing, contained in just a few words, behavior which sins against each one of these rules, and which really bears the stamp of the spirit of buffoonery, envy, and hatred, I shall give you examples. And, so that they will be more well-known and familiar to you, I shall take them from your very writings.

Because, to begin with the manner in which your authors speak of sacred things, whether they are railing, being "gallant," or speaking seriously, do you think that many of the ridiculous tales your Father Binet includes in his *Comfort for the Ill* are quite suitable for his purpose, which was to lend Christian consolation to those afflicted by God? Would you say that the highly worldly and coquettish way that your Father Le Moyne has spoken about piety in his *Devotion Made Easy* is more apt to instill respect or contempt for his notion of Christian virtue? Does his entire book on *Moral Portraits* breathe any other spirit, either in its prose or in its verse, than one full of the world's vanity and follies? Is it a piece worthy of a priest, that ode in Book 7 titled "Praise of Modesty, wherein it is shown that all beautiful things are red or can turn red"? That is what he wrote to console a lady, whom he calls Delphine, for blushing so frequently. Thus he states in every stanza that some of the most highly regarded things are red, such as roses, pomegranates, lips, and the tongue; and amid these courtly compliments, shameful in a man of the cloth, he dares to mingle insolently those blessed spirits who attend upon God, and whom Christians should speak of only with veneration:

> The Cherubim, those glorious beings,
>   composed of a head and feathers,
>   whom God illuminates with his spirit
>   and enlightens with his eyes;
> those illustrious flying faces
>   are always red and burning,
>   either from God's fire or their own,
>   and in their mutual flames

> *Font du mouvement de leurs ailes*
> *Un éventail à leur chaleur.*
> *Mais la rougeur éclate en toi,*
> DELPHINE, *avec plus d'avantage,*
> *Quand l'honneur est sur ton visage*
> *Vêtu de pourpre comme un roi, etc.*

Qu'en dites-vous, mes Pères? Cette préférence de la rougeur de Delphine à l'ardeur de ces esprits, qui n'en ont point d'autre que la charité, et la comparaison d'un éventail avec ces ailes mystérieuses, vous paraît-elle fort chrétienne dans une bouche qui consacre le Corps adorable de Jésus-Christ? Je sais qu'il ne l'a dit que pour faire le galant et pour rire: mais c'est cela qu'on appelle rire des choses saintes. Et n'est-il pas véritable que, si on lui faisait justice, il ne se garantirait pas d'une censure, quoique pour s'en défendre il se servît de cette raison, qui n'est pas elle-même moins censurable, qu'il rapporte au livre I: *Que la Sorbonne n'a point de juridiction sur le Parnasse, et que les erreurs de ce pays-là ne sont sujettes ni aux Censures ni à l'Inquisition,* comme s'il n'était défendu d'être blasphémateur et impie qu'en prose. Mais au moins on n'en garantirait pas par là cet autre endroit de l'avant-propos du même livre: *Que l'eau de la rivière au bord de laquelle il a composé ses vers est si propre à faire des poètes que, quand on en ferait de l'eau bénite, elle ne chasserait pas le démon de la poésie:* non plus que celui-ci de votre P. Garasse dans sa Somme des Vérités Capitales de la Religion, p. 649, où il joint le blasphème à l'hérésie, en parlant du mystère sacré de l'Incarnation en cette sorte: *La personnalité humaine a été comme entée ou mise à cheval sur la personnalité du Verbe.* Et cet autre endroit du même auteur, p. 510, sans en rapporter beaucoup d'autres, où il dit sur le sujet du nom de Jésus, figuré ordinairement ainsi IHS: *Que quelques-uns en ont ôté la croix pour prendre les seuls caractères en cette sorte, IHS, qui est un Jésus dévalisé.*

C'est ainsi que vous traitez indignement les vérités de la religion contre la règle inviolable qui oblige à n'en parler qu'avec révérence. Mais vous ne péchez pas moins contre celle qui oblige à ne parler qu'avec vérité et discrétion. Qu'y a-t-il de plus ordinaire dans vos écrits que la calomnie? Ceux du P. Brisacier sont-ils sincères, et parle-t-il avec vérité quand il dit, 4ᵉ part., p. 24 et 25, que les religieuses de Port-Royal ne prient pas les saints, et qu'elles n'ont point d'images dans leur église? Ne sont-ce pas des faussetés bien hardies, puisque le

> *make of the beating of their wings*
> *a fan to cool their heat.*
> *But redness shines forth in you,*
> *DELPHINE, to even greater advantage*
> *when honor is on your face*
> *clad in purple like a king, etc.*

What do you say to that, Fathers? That preference of Delphine's blush to the ardor of those spirits, who burn with charity alone, and the comparison between a fan and those mysterious wings, do they seem quite Christian to you on lips that consecrate the Body of Jesus Christ that we worship? I know that he said it merely to play the ladies' man and for a joke; but that is what is called laughing at sacred things. And isn't it true that, if he were brought to book, he wouldn't save himself from an official censure, even if in his defense he made use of the reasoning, itself no less liable to censure, which he gives us in Book I: "The Sorbonne has no jurisdiction over Parnassus, and the errors of that land are not subject to the Board of Censors or to the Inquisition," as if it were only in prose that blasphemy and impiety were forbidden! But at least that reasoning would not save from censure this other passage from the foreword to the same book: "The water of the stream beside which he composed his verses is so suitable for making poets that, even if it were used as holy water, it would not exorcise the demon of poetry." The same applies to the passage by your Father Garasse in his *Summa of the Capital Truths of Our Religion*, p. 649, in which he adds blasphemy to heresy when speaking as follows of the sacred mystery of the Incarnation: "The human personality was as if grafted or set astraddle onto the personality of the Word." And this other passage by the same author, p. 510, not to quote many others, in which he says, when referring to the name of Jesus, regularly represented as IHS: "Some people have removed the Cross, using only the letters, IHS, which is a Jesus who has been burglarized."

It is in that way that you speak unworthily of the truths of religion in opposition to the inviolable rule compelling us to speak of it only with reverence. But you sin no less against the rule that compels us to speak only truthfully and discreetly. What occurs more regularly in your writings than slander? Are Father Brisacier's[47] writings sincere, and does he speak truthfully when he says, part. 4, p. 24 and 25, that the nuns of Port-Royal do not pray to the saints and that they have no images in their church? Aren't those really boldfaced lies, since the

---

47. Jean de Brisacier (1592–1668 or 1591–1664).

contraire paraît à la vue de tout Paris? Et parle-t-il avec discrétion, quand il déchire l'innocence de ces filles, dont la vie est si pure et si austère, quand il les appelle des *Filles impénitentes, asacramentaires, incommuniantes, des vierges folles, fantastiques, Calaganes, désespérées, et tout ce qu'il vous plaira,* et qu'il les noircit par tant d'autres médisances, qui ont mérité la censure de feu M. l'archevêque de Paris? Quand il calomnie des prêtres dont les mœurs sont irréprochables, jusqu'à dire, 1ᵉ part., p. 22: *Qu'ils pratiquent des nouveautés dans les confessions, pour attraper les belles et les innocentes, et qu'il aurait horreur de rapporter les crimes abominables qu'ils commettent,* n'est-ce pas une témérité insupportable d'avancer des impostures si noires, non seulement sans preuve, mais sans la moindre ombre et sans la moindre apparence? Je ne m'étendrai pas davantage sur ce sujet, et je remets à vous en parler plus au long une autre fois: car j'ai à vous entretenir sur cette matière, et ce que j'ai dit suffit pour faire voir combien vous péchez contre la vérité et la discrétion tout ensemble.

Mais on dira peut-être que vous ne péchez pas au moins contre la dernière règle, qui oblige d'avoir le désir du salut de ceux qu'on décrie, et qu'on ne saurait vous en accuser sans violer le secret de votre cœur, qui n'est connu que de Dieu seul. C'est une chose étrange, mes Pères, qu'on ait néanmoins de quoi vous en convaincre; que, votre haine contre vos adversaires ayant été jusqu'à souhaiter leur perte éternelle, votre aveuglement ait été jusqu'à découvrir un souhait si abominable; que, bien loin de former en secret des désirs de leur salut, vous ayez fait en public des vœux pour leur damnation; et qu'après avoir produit ce malheureux souhait dans la ville de Caen avec le scandale de toute l'Église, vous ayez osé depuis soutenir encore à Paris dans vos livres imprimés une action si diabolique. Il ne se peut rien ajouter à ces excès contre la piété. Railler et parler indignement des choses les plus sacrées; calomnier les vierges et les prêtres faussement et scandaleusement; et enfin former des désirs, des vœux, pour leur damnation. Je ne sais, mes Pères, si vous n'êtes point confus, et comment vous avez pu avoir la pensée de m'accuser d'avoir manqué de charité, moi qui n'ai parlé qu'avec tant de vérité et de retenue, sans faire de réflexion sur les horribles violements de la charité que vous faites vous-mêmes par de si déplorables excès.

Enfin, mes Pères, pour conclure par un autre reproche que vous

opposite is clear to the eyes of everyone in Paris? And does he speak discreetly when he tears to shreds the innocence of those women, whose life is so pure and austere, when he calls them "impenitent women, without sacraments, without Communion, foolish virgins, fanciful, *Calaganes*,[48] desperate, and whatever you like," and besmirches them with so many other slanders, which have earned the censure of the late archbishop of Paris. When he slanders priests whose behavior is beyond reproach, to the extent of saying, part. 1, p. 22: "They use novel methods in confession in order to entrap beautiful, innocent women, and I am too horrified to report the abominable crimes they commit," isn't it unbearable temerity to state such evil falsehoods, not merely without proof, but without the slightest shadow or the slightest semblance of truth? I shall not expatiate further on this subject, and I postpone discussing it with you at greater length until some other time; because I must debate this matter with you, but what I've said is enough to show how greatly you sin against truth and discretion together.

But someone may say that, at least, you do not sin against the third rule, which compels us to wish for the salvation of those we disparage, and that you could not be accused of that without violating the secrets of your heart, which are known only to God. It's a strange thing, Fathers, that nevertheless there are grounds for convicting you of this; that, your hatred of your adversaries having been carried as far as wishing their eternal perdition, your blindness has been carried as far as revealing so abominable a wish; that, far from secretly formulating desires for their salvation, you have publicly expressed the wish for their damnation; and that after uttering that unfortunate wish in the city of Caen to the indignation of the whole Church, you have dared since then to uphold so diabolical an act in Paris, too, in your printed books. Nothing can be added to these excesses against piety. To mock and speak unworthily of the most sacred things; to slander virgins and priests falsely and scandalously; and, lastly, to formulate wishes, desires, for their damnation! I don't know, Fathers, whether you aren't embarrassed, or how you could have had the idea of accusing me of a lack of charity, after I spoke only with so much truth and restraint, without mentioning the terrible violations of charity that you yourselves commit in such deplorable excesses.

Lastly, Fathers, to conclude with another thing you reproach me

---

48. This odd term probably refers to Jean Callaghan (dates unavailable), a friend of Port-Royal.

me faites, de ce qu'entre un si grand nombre de vos maximes que je rapporte, il y en a quelques-unes qu'on vous avait déjà objectées, sur quoi vous vous plaignez de ce que *je redis contre vous ce qui avait déjà été dit,* je réponds que c'est au contraire parce que vous n'avez pas profité de ce qu'on vous l'a déjà dit, que je vous le redis encore. Car quel fruit a-t-il paru de ce que de savants docteurs et l'Université entière vous en ont repris par tant de livres? Qu'ont fait vos Pères Annat, Caussin, Pinthereau et Le Moyne, dans les réponses qu'ils y ont faites, sinon de couvrir d'injures ceux qui leur avaient donné ces avis si salutaires? Avez-vous supprimé les livres où ces méchantes maximes sont enseignées? En avez-vous réprimé les auteurs? En êtes-vous devenus plus circonspects? Et n'est-ce pas depuis ce temps-là qu'Escobar a tant été imprimé de fois en France et aux Pays-Bas; et que vos Pères Cellot, Bagot, Bauny, L'Amy, Le Moyne, et les autres, ne cessent de publier tous les jours les mêmes choses, et de nouvelles encore aussi licencieuses que jamais? Ne vous plaignez donc plus, mes Pères, ni de ce que je vous ai reproché des maximes que vous n'avez point quittées, ni de ce que je vous en ai objecté de nouvelles, ni de ce que j'ai ri de toutes. Vous n'avez qu'à les considérer pour y trouver votre confusion et ma défense. Qui pourra voir, sans en rire, la décision du Père Bauny pour celui qui fait brûler une grange: celle du Père Cellot pour la restitution: le règlement de Sanchez en faveur des sorciers: la manière dont Hurtado fait éviter le péché du duel, en se promenant dans un champ et y attendant un homme: les compliments du P. Bauny pour éviter l'usure: la manière d'éviter la simonie pour un détour d'intention, et celle d'éviter le mensonge en parlant tantôt haut, tantôt bas, et le reste des opinions de vos docteurs les plus graves? En faut-il davantage, mes Pères, pour me justifier, et y a-t-il rien de mieux *dû à la vanité et à la faiblesse de ces opinions que la risée,* selon Tertullien? Mais, mes Pères, la corruption des mœurs que vos maximes apportent est digne d'une autre considération, et nous pouvons bien faire cette demande avec le même Tertullien: *Faut-il rire de leur folie, ou déplorer leur aveuglement? Rideam vanitatem, an exprobrem caecitatem?* Je crois, mes Pères, *qu'on peut en rire et en pleurer à son choix: Haec tolerabilius vel ridentur, vel flentur,* dit saint Augustin. Reconnaissez donc *qu'il y a un temps de rire et un temps de pleurer,* selon l'Écriture. Et je souhaite, mes Pères, que je n'éprouve pas en vous la vérité de ces paroles des Proverbes: *Qu'il y a des per-*

with, namely that among so many of your maxims that I quote there are some to which people have already raised objections, so that you complain that I am "repeating against you what had already been said," I reply that, on the contrary, it is because you have not profited by what you have already been told that I tell it to you again. Because, what has resulted from the reproaches against you made by learned professors and the whole University in so many books? What have your Fathers Annat, Caussin, Pinthereau,[49] and Le Moyne done in the replies they have made except to heap insults on those who had given them that most salutary advice? Have you suppressed the books in which those wicked maxims are taught? Have you restrained their authors? Have you become more prudent? And isn't it after that time that Escobar has been printed so often in France and in the Low Countries; and that your Fathers Cellot, Bagot,[50] Bauny, Amico, Le Moyne and the rest have constantly been publishing the same things every day, and new things, as well, just as licentious as ever? Therefore do not complain any longer, Fathers, either because I have reproached you for maxims that you have not relinquished, nor because I have objected to new ones, nor because I have laughed at all of them. You have only to review them and you will find in them your embarrassment and my defense. Who could help laughing at Father Bauny's decision about the man who has a barn burned down; Father Cellot's concerning restitution; Sánchez's ruling in favor of wizards; the way in which Hurtado has one avoid the sin of dueling by strolling in a field while awaiting a man; Father Bauny's ceremonious method of avoiding usury; the method of avoiding simony by a deflection of the intentions, and that of avoiding falsehood by speaking now aloud, now under one's breath; and all the other rulings handed down by your most grave professors? Is anything else needed, Fathers, to justify me, and is there anything of which the vanity and weakness of those opinions are more deserving than laughter, as Tertullian puts it? But, Fathers, the corruption of morality which your maxims introduce is worthy of further consideration, and we may well pose this question along with that same Tertullian: "Shall I laugh at their folly or castigate their blindness? *Rideam vanitatem, an exprobrem caecitatem?*" I believe, Fathers, that "one may laugh or weep over them, just as one wishes: *Haec tolerabilius vel ridentur, vel flentur,*" Saint Augustine says. Therefore recognize that there is "a time to weep, and a time to

---

49. François Annat (1590–1670); Nicolas Caussin (1583–1651); François Pinthereau (1604–1664).   50. Louis Cellot (1588–1658); Jean Bagot (1590–1664).

sonnes si peu raisonnables, qu'on n'en peut avoir de satisfaction, de quelque manière qu'on agisse avec eux, soit qu'on rie, soit qu'on se mette en colère.

En achevant cette lettre j'ai vu un écrit que vous avez publié, où vous m'accusez d'imposture sur le sujet de six de vos maximes que j'ai rapportées, et d'intelligence avec les hérétiques; j'espère que vous y verrez une réponse exacte et dans peu de temps, mes Pères, en suite de laquelle je crois que vous n'aurez pas envie de continuer cette sorte d'accusation.

laugh," according to Scripture.[51] And I hope, Fathers, that I do not experience in you the truth of these words from Proverbs: "If a wise man contendeth with a foolish man, whether he rage or laugh, there is no rest."[52]

While finishing this letter, I saw a writing that you have published in which you accuse me of lying about six of your maxims that I quoted, and of being in league with the heretics; I hope that you will see a precise response to this before very long, Fathers, after which I think you will lose your inclinations to continue that kind of accusation.

51. Ecclesiastes 3:4.   52. Proverbs 29:9.

PENSÉES

La puissance des mouches, elles gagnent des batailles, empêchent notre âme d'agir, mangent notre corps. [LG 20, B 367, L 22]

La coutume de voir les rois accompagnés de gardes, de tambours, d'officiers et de toutes les choses qui ploient la machine vers le respect et la terreur font que leur visage, quand il est quelquefois seul et sans ses accompagnements, imprime dans leurs sujets le respect et la terreur parce qu'on ne sépare point dans la pensée leurs personnes d'avec leurs suites qu'on y voit d'ordinaire jointes; et le monde qui ne sait pas que cet effet vient de cette coutume croit qu'il vient d'une force naturelle, et de là viennent ces mots: le caractère de la divinité est empreint sur son visage, etc. [LG 23, B 308, L 25]

On ne choisit pas pour gouverner un vaisseau celui des voyageurs qui est de la meilleure maison. [LG 28, B 320, L 30]

Les villes par où on passe, on ne se soucie pas d'y être estimé. Mais quand on y doit demeurer un peu de temps, on s'en soucie. Combien de temps faut-il? Un temps proportionné à notre durée vaine et chétive. [LG 29, B 149, L 31]

Ce qui m'étonne le plus est de voir que tout le monde n'est pas étonné de sa faiblesse. On agit sérieusement et chacun suit sa condition, non pas parce qu'il est bon en effet de la suivre puisque la mode en est, mais comme si chacun savait certainement où est la raison et la justice. On se trouve déçu à toute heure, et par une plaisante hu-

PENSÉES (THOUGHTS)

The power of flying insects: they win battles, they prevent our soul from performing its duties, they eat our body.

The habit of seeing kings accompanied by guards, drummers, officers, and all those things which incline the automaton within us toward respect and terror, makes their mere face, when it sometimes appears alone without its accompaniments, instill respect and terror in their subjects, because their persons are not distinguished in the viewer's mind from the retinue with which they are usually associated; and the general public, unaware that this is a result of habit, thinks that it emanates from some natural force; hence those expressions: "the stamp of divinity is imprinted on his face," and the like.

One does not choose as master of a vessel the man among the passengers who comes from the most distinguished family.

When you are merely passing through a town, you aren't concerned about being esteemed there. But when you are to live there for some time, that does concern you. How much time must be involved? An amount in ratio to the length of our vain, puny existence.

What amazes me most is to see that everyone isn't amazed at his own debility. People go about their tasks seriously, each one in accordance with his walk in life, not because it's actually good to do so (seeing that that's the fashion), but as if each one knew for a fact where reason and justice lie. They are constantly disappointed, and out of a comical hu-

milité on croit que c'est sa faute et non pas celle de l'art qu'on se vante toujours d'avoir. Mais il est bon qu'il y ait tant de ces gens-là au monde qui ne soient pas pyrrhoniens pour la gloire du pyrrhonisme, afin de montrer que l'homme est bien capable des plus extravagantes opinions puisqu'il est capable de croire qu'il n'est pas dans cette faiblesse naturelle et inévitable et de croire qu'il est au contraire dans la sagesse naturelle.

Rien ne fortifie plus le pyrrhonisme que ce qu'il y en a qui ne sont point pyrrhoniens. Si tous l'étaient, ils auraient tort. Cette secte se fortifie par ses ennemis plus que par ses amis car la faiblesse de l'homme paraît bien davantage en ceux qui ne la connaissent pas qu'en ceux qui la connaissent. [LG 31, B 374 & 376, L 33 & 34]

Qui ne voit pas la vanité du monde est bien vain lui-même. Aussi qui ne la voit excepté de jeunes gens qui sont tous dans le bruit, dans le divertissement et dans la pensée de l'avenir? Mais ôtez leur divertissement, vous les verrez se sécher d'ennui. Ils sentent alors leur néant sans le connaître, car c'est bien être malheureux que d'être dans une tristesse insupportable aussitôt qu'on est réduit à se considérer, et à n'en être point diverti. [LG 33, B 164, L 36]

Quelle vanité que la peinture qui attire l'admiration pour la ressemblance des choses dont on n'admire point les originaux! [LG 37, B 134, L 40]

Peu de chose nous console parce que peu de chose nous afflige. [LG 40, B 136, L 43]

Imagination.
C'est cette partie dominante dans l'homme, cette maîtresse d'erreur et de fausseté, et d'autant plus fourbe qu'elle ne l'est pas toujours, car elle serait règle infaillible de vérité si elle l'était infaillible du mensonge. Mais étant le plus souvent fausse, elle ne donne aucune marque de sa qualité, marquant du même caractère le vrai et le faux.

mility they think it's their fault and not the fault of the skills they always boast of possessing. But it's a good thing that there are so many
such people in the world who aren't Pyrrhonists[53] for the glory of
Pyrrhonism, in order to show that man is quite capable of the most
outlandish opinions, being capable of believing that he isn't so in-
evitably feeble by nature, and of believing that, on the contrary, he
possesses natural wisdom.

Nothing strengthens Pyrrhonism more than the fact that people
exist who aren't Pyrrhonists. If everyone was one, they'd be wrong.
That sect is strengthened more by its enemies than by its friends, because the debility of man is much more evident in those unaware of it
than in those who are aware.

Anyone who doesn't see the vanity of the world is vain himself.
Besides, who fails to see it except young people, all of whom are em-
broiled in noise, distractions, and thoughts of the future? But take
away their distractions and you'll see them wither away with boredom.
Then they sense their nothingness without actually knowing it, because it's quite unfortunate to suffer unbearable sorrow the minute
you're forced to contemplate yourself and not be at all entertained at
the thought.

What a vanity painting is! It induces admiration for its lifelike rendering of things, the originals of which are not at all admired!

A trifle comforts us because a trifle saddens us.

Imagination.
It's that dominant element in man, that mistress of error and falsehood, all the more cunning because it isn't always cunning, since it
would be an infallible indicator of truth if it were an infallible indicator of lies. But, being false most of the time, it gives no sign of its quality, stamping the true and the false with the same mark. I'm not

53. Hardened skeptics in the areas of morality, epistemology, etc. The name is derived from the Greek philosopher Pyrrho (ca. 300 B.C.), whose actual thought was
more specific than this.

Je ne parle pas des fous, je parle des plus sages, et c'est parmi eux que l'imagination a le grand droit de persuader les hommes. La raison a beau crier, elle ne peut mettre le prix aux choses.

Cette superbe puissance ennemie de la raison, qui se plaît à la contrôler et à la dominer, pour montrer combien elle peut en toutes choses, a établi dans l'homme une seconde nature. Elle a ses heureux, ses malheureux, ses sains, ses malades, ses riches, ses pauvres. Elle fait croire, douter, nier la raison. Elle suspend les sens, elle les fait sentir. Elle a ses fous et ses sages. Et rien ne nous dépite davantage que de voir qu'elle remplit ses hôtes d'une satisfaction bien autrement pleine et entière que la raison. Les habiles par imagination se plaisent tout autrement à eux-mêmes que les prudents ne se peuvent raisonnablement plaire. Ils regardent les gens avec empire. Ils disputent avec hardiesse et confiance, les autres avec crainte et défiance, et cette gaîté de visage leur donne souvent l'avantage dans l'opinion des écoutants, tant les sages imaginaires ont de faveur auprès des juges de même nature. Elle ne peut rendre sages les fous, mais elle les rend heureux, à l'envi de la raison qui ne peut rendre ses amis que misérables, l'une le couvrant de gloire, l'autre de honte.

Qui dispense la réputation, qui donne le respect et la vénération aux personnes, aux ouvrages, aux lois, aux grands, sinon cette faculté imaginante? Toutes les richesses de la terre insuffisantes sans son consentement. Ne diriez-vous pas que ce magistrat dont la vieillesse vénérable impose le respect à tout un peuple se gouverne par une raison pure et sublime, et qu'il juge des choses dans leur nature sans s'arrêter à ces vaines circonstances qui ne blessent que l'imagination des faibles? Voyez-le entrer dans un sermon où il apporte un zèle tout dévot, renforçant la solidité de sa raison par l'ardeur de sa charité; le voilà prêt à l'ouïr avec un respect exemplaire. Que le prédicateur vienne à paraître, si la nature lui a donné une voix enrouée et un tour de visage bizarre, que son barbier l'ait mal rasé, si le hasard l'a encore barbouillé de surcroît, quelques grandes vérités qu'il annonce, je parie la perte de la gravité de notre sénateur.

Le plus grand philosophe du monde sur une planche plus large qu'il ne faut, s'il y a au-dessous un précipice, quoique sa raison le convainque de sa sûreté, son imagination prévaudra. Plusieurs n'en sauraient soutenir la pensée sans pâlir et suer.

Je ne veux pas rapporter tous ses effets. Qui ne sait que la vue des chats, des rats, l'écrasement d'un charbon, etc., emportent la raison hors des gonds? Le ton de voix impose aux plus sages et change un discours et un poème de force. L'affection ou la haine changent la jus-

talking about madmen, I'm talking about the wisest of us, and it's among them that imagination has the extensive right to persuade others. Reason calls out in vain, it's unable to set a value on things.

This haughty power, inimical to reason and delighting in checking and dominating it, has established a second nature in man, to show how capable it is in every area. It has its own happy, unhappy, healthy, sick, rich, and poor adherents. It causes reason to be believed, doubted, denied. It suspends the operation of the senses, it makes them function. It has its madmen and its sages. And nothing vexes us more than to see it filling its guests with a contentment much fuller and more complete than reason does. Those clever in their imagination are much more pleased with themselves than circumspect men can be, relying on reason. They gaze on others imperiously. They argue boldly and confidently, the others fearfully and diffidently, and that cheerfulness of countenance often gives them the advantage in the opinion of listeners, such great favor do the sages of the imagination enjoy among judges of the same nature. It cannot make madmen wise, but it makes them happy, just the opposite of reason, which can only make its friends wretched; one covers its devotee with glory; the other, with shame.

What metes out reputation, what gives people, books, laws, grandees respect and veneration except that faculty of imagination? All the riches of the earth are insufficient without its consent. Wouldn't you say that the magistrate whose venerable age instills respect in an entire nation is governed by pure, sublime reason, and that he judges of things by their nature without dwelling on those frivolous circumstances which affect only the imagination of the weak? Watch him go to a church sermon, bringing a pious zeal, strengthening the solidity of his reason with the ardor of his Christian charity; watch him ready to hear it with exemplary respect. When the preacher makes his appearance, if nature has given him a hoarse voice and a strange cast of features, if his barber has shaved him badly, if, in addition, his face is accidentally smeared, no matter how powerful the truths he proclaims, I'll wager that our magistrate loses his gravity.

If the greatest philosopher in the world crosses a precipice, even on a board more than wide enough, his imagination will prevail even though his reason convinces him he's safe. Many people couldn't even bear the thought of it without turning pale and sweating.

I don't wish to cite all its effects. Who is unaware that the sight of cats or rats, the crushing of a coal, etc., can unhinge reason? The tone of one's voice impresses even the wisest, and alters the force of a speech or a poem. Affection or hatred change the face of justice, and how just a

tice de face et combien un avocat bien payé par avance trouve-t-il plus juste la cause qu'il plaide! Combien son geste hardi la fait-il paraître meilleure aux juges dupés par cette apparence! Plaisante raison qu'un vent manie et à tout sens. Je rapporterais presque toutes les actions des hommes qui ne branlent presque que par ses secousses. Car la raison a été obligée de céder, et la plus sage prend pour ses principes ceux que l'imagination des hommes a témérairement introduits en chaque lieu.

Nos magistrats ont bien connu ce mystère. Leurs robes rouges, leurs hermines dont ils s'emmaillotent en chats-fourrés, les palais où ils jugent, les fleurs de lys, tout cet appareil auguste était fort nécessaire; et si les médecins n'avaient des soutanes et des mules, et que les docteurs n'eussent des bonnets carrés et des robes trop amples de quatre parties, jamais ils n'auraient dupé le monde qui ne peut résister à cette montre si authentique. S'ils avaient la véritable justice et si les médecins avaient le vrai art de guérir, ils n'auraient que faire de bonnets carrés; la majesté de ces sciences serait assez vénérable d'elle-même, mais n'ayant que des sciences imaginaires, il faut qu'ils prennent ces vains instruments qui frappent l'imagination à laquelle ils ont à faire et par là en effet ils s'attirent le respect. Les seuls gens de guerre ne se sont pas déguisés de la sorte parce qu'en effet leur part est plus essentielle: ils s'établissent par la force, les autres par grimace.

C'est ainsi que nos rois n'ont pas recherché ces déguisements. Ils ne se sont pas masqués d'habits extraordinaires pour paraître tels. Mais ils se sont accompagnés de gardes, de balourds. Ces trognes armées qui n'ont de mains et de force que pour eux, les trompettes et les tambours qui marchent au-devant et ces légions qui les environnent font trembler les plus fermes. Ils n'ont pas l'habit, seulement ils ont la force. Il faudrait avoir une raison bien épurée pour regarder comme un autre homme le Grand Seigneur environné dans son superbe sérail de quarante mille janissaires.

Nous ne pouvons pas seulement voir un avocat en soutane et le bonnet en tête sans une opinion avantageuse de sa suffisance.

L'imagination dispose de tout, elle fait la beauté, la justice et le bonheur qui est le tout du monde. Je voudrais de bon cœur voir le livre italien dont je ne connais que le titre, qui vaut lui seul bien des livres: *Dell' opinione regina del mondo*. J'y souscris sans le connaître, sauf le mal s'il y en a.

lawyer finds the case he is pleading when he's been well paid in advance! How his bold gestures make it seem the better case to the judges, who are duped by that display! Comical reason, which is spun in every direction by any breeze! I could cite almost all the actions of men who practically only stir if imagination shakes them. Because reason has been compelled to yield, and the sagest reason adopts as principles those which human imagination has rashly introduced everywhere.

Our magistrates are well aware of this mystery. The red robes and ermine in which they wrap themselves like "furry cats," the palaces in which they judge, the fleurs-de-lis, all those august trappings were very necessary; and if physicians didn't have official gowns and slippers, and professors didn't have square caps and robes that are eighty percent too wide, they would never have duped the public, which can't resist such a display of authenticity. If they possessed true justice and physicians had the real skill to cure, they'd have no need of square caps; the majesty of those sciences would be sufficiently venerable in itself; but, possessing only imaginary sciences, they must adopt those frivolous tools which strike the imaginations they're dealing with, and it's actually by those means that they gain respect. Only military men aren't disguised in that way, because in reality their contribution is more essential; they make their name through strength; the others, through putting on airs.

And so, our kings haven't sought out those disguises. They haven't garbed themselves in outlandish clothing to seem what they are. But they have surrounded themselves with guards, great hulking fellows. Those armed mugs,[54] whose hands and strength are only for them, the trumpeters and drummers who march before them, and the legions that encircle them make even the staunchest tremble. They have no special robe, but they have force. One would need to possess reason of the highest purity to regard as just another man the sultan of Turkey in his splendid seraglio, surrounded by forty thousand Janissaries.

We can't even view a lawyer in his robe and bonnet without forming a favorable opinion of his competence.

Imagination has everything at its disposal; it creates beauty, justice, and happiness, which is everything in the world. I'd really love to see the Italian book which I know only by its title; the title alone is as good as a pile of books: *On Opinion, Queen of the World*. I subscribe to its teachings without having read it, except for any evil it may contain.

---

54. Pascal's bad handwriting in this passage has led to controversy: some editors read *balafrés* ("men with scarred faces") for *balourds,* and *troupes* ("troops") for *trognes*.

Voilà à peu près les effets de cette faculté trompeuse qui semble nous être donnée exprès poru nous induire à une erreur nécessaire. Nous en avons bien d'autres principes.

Les impressions anciennes ne sont pas seules capables de nous abuser, les charmes de la nouveauté ont le même pouvoir. De là vient toute la dispute des hommes, qui se reprochent ou de suivre leurs fausses impressions de l'enfance, ou de courir témérairement après les nouvelles. Qui tient le juste milieu, qu'il paraisse et qu'il le prouve. Il n'y a principe quelque naturel qu'il puisse être, même depuis l'enfance, qu'on ne fasse passer pour une fausse impression, soit de l'instruction, soit des sens.

«Parce, dit-on, que vous avez cru dès l'enfance qu'un coffre était vide lorsque vous n'y voyiez rien, vous avez cru le vide possible. C'est une illusion de vos sens, fortifiée par la coutume, qu'il faut que la science corrige.» Et les autres disent: «Parce qu'on vous a dit dans l'école qu'il n'y a point de vide, on a corrompu votre sens commun qui le comprenait si nettement avant cette mauvaise impression qu'il faut corriger en recourant à votre première nature.» Qui a donc trompé, les sens ou l'instruction?

Nous avons un autre principe d'erreur, les maladies. Elles nous gâtent le jugement et le sens. Et si les grandes l'altèrent sensiblement, je ne doute pas que les petites n'y fassent impression à leur proportion.

Notre propre intérêt est encore un merveilleux instrument pour nous crever les yeux agréablement. Il n'est pas permis au plus équitable homme du monde d'être juge en sa cause. J'en sais qui, pour ne pas tomber dans cet amour-propre, ont été les plus injustes du monde à contrebiais. Le moyen sûr de perdre une affaire toute juste était de la leur faire recommander par leurs proches parents. La justice et la vérité sont deux pointes si subtiles que nos instruments sont trop mousses pour y toucher exactement. S'ils y arrivent, ils en écachent la pointe et appuient tout autour plus sur le faux que sur le vrai.

[Il faut commencer par là le chapitre des puissances trompeuses.] L'homme n'est qu'un sujet plein d'erreur naturelle, et ineffaçable sans la grâce. Rien ne lui montre la vérité. Tout l'abuse. Ces deux principes de vérité, la raison et les sens, outre qu'ils manquent chacun de sincérité, s'abusent réciproquement l'un l'autre; les sens abusent la raison par de fausses apparences, et cette même piperie qu'ils apportent à l'âme, ils la reçoivent d'elle à leur tour; elle s'en revanche. Les

Those, more or less, are the effects of that deceptive faculty which seems to have been given to us for the express purpose of necessarily leading us into error. We have many other sources for it.

Former impressions aren't the only ones able to deceive us; the charms of novelty have the same power. Thence arise all the disputes of men, who blame themselves either for following their false childhood impressions, or for running rashly after new ones. Let the man who steers a sane middle course show up and prove it. There is no principle, no matter how natural, and even lasting since childhood, that can't be considered as a false impression, coming either from one's education or one's senses.

"Because," people say, "you have believed since childhood that a chest was empty when you saw nothing in it, you thought that a vacuum was possible. It's an illusion of your senses, strengthened by habit, which science must correct." And the others say: "Because you were told in school that there is no vacuum, people have corrupted your common sense, which understood things so clearly before that incorrect impression, which must be rectified by referring to your pristine nature." So, which one was the deceiver, the senses or the education?

We have another source of error, illnesses. They spoil our judgment and our sensory perception. And if serious illnesses affect them noticeably, I have no doubt that minor ones also create impressions in proportion to their magnitude.

Our self-interest is another wonderful tool for blinding us pleasantly. The most fair-minded man in the world mustn't be a judge in his own cause. I know some men who, to avoid being the victims of this self-love, have been the most unjust people in the world, to counterbalance it. The surest way to damn a completely just cause was to have it commended to them by close relatives of theirs. Justice and truth are two points so fine that our instruments are too blunt to reach them precisely. If they come close, they flatten the point and bear down all around it, more on the wrong spot than the right spot.

[Here I must begin the chapter on deceptive forces.] Man is merely a creature filled with natural error, ineradicable without grace. Nothing points out the truth to him. Everything deceives him. Those two sources of truth, reason and sensory perception, not only lack sincerity, both of them, they also mutually deceive each other; the senses deceive reason through false semblances, and the same deception they offer to the soul they receive from it in turn; it revenges itself on

passions de l'âme les troublent et leur font des impressions fausses. Ils mentent et se trompent à l'envi.

Mais outre cette erreur qui vient par accident et par le manque d'intelligence entre ces facultés hétérogènes . . . [LG 41, B 82, L 44]

Nous ne nous tenons jamais au temps présent. Nous anticipons l'avenir comme trop lent à venir, comme pour hâter son cours, ou nous rappelons le passé pour l'arrêter comme trop prompt, si imprudents que nous errons dans les temps qui ne sont point nôtres, et ne pensons point au seul qui nous appartient, et si vains que nous songeons à ceux qui ne sont rien, et échappons sans réflexion le seul qui subsiste. C'est que le présent d'ordinaire nous blesse. Nous le cachons à notre vue parce qu'il nous afflige, et s'il nous est agréable nous regrettons de le voir échapper. Nous tâchons de le soutenir par l'avenir, et pensons à disposer les choses qui ne sont pas en notre puissance pour un temps où nous n'avons aucune assurance d'arriver.

Que chacun examine ses pensées. Il les trouvera toutes occupées au passé ou à l'avenir. Nous ne pensons presque point au présent, et si nous y pensons ce n'est que pour en prendre la lumière pour disposer de l'avenir. Le présent n'est jamais notre fin. Le passé et le présent sont nos moyens; le seul avenir est notre fin. Ainsi nous ne vivons jamais, mais nous espérons de vivre, et nous disposant toujours à être heureux il est inévitable que nous ne le soyons jamais. [LG 43, B 172, L 47]

L'esprit de ce souverain juge du monde n'est pas si indépendant qu'il ne soit sujet à être troublé par le premier tintamarre qui se fait autour de lui. Il ne faut pas le bruit d'un canon pour empêcher ses pensées. Il ne faut que le bruit d'une girouette ou d'une poulie. Ne vous étonnez point s'il ne raisonne pas bien à présent, une mouche bourdonne à ses oreilles: c'en est assez pour le rendre incapable de bon conseil. Si vous voulez qu'il puisse trouver la vérité, chassez cet animal qui tient sa raison en échec et trouble cette puissante intelligence qui gouverne les villes et les royaumes.

Le plaisant dieu que voilà! Ô ridicolosissime heroe! [LG 44, B 366, L 48]

Pourqui me tuez-vous? — Et quoi! Ne demeurez-vous pas de l'autre côté de l'eau? Mon ami, si vous demeuriez de ce côté je serais

them. The passions of the soul confuse the senses and give them false impressions. They lie and are deceived, back and forth.

But, besides that error which results from accident and from the lack of communication between these heterogeneous faculties, . . .

We never keep ourselves within the present time. We anticipate the future, thinking it too slow to arrive, as if we could make it put on speed, or else we recall the past in order to arrest its course, as being too quickly upon us. We are so imprudent that we roam in times that aren't ours, and we don't think about the only one that belongs to us; and we're so vain that we dwell on those which are nothing, while we flee unreflectingly from the only one that exists. This is because the present usually offends us. We hide it from our sight because it saddens us, and if we find it pleasant we are sorry to see it flit away. We try to hold onto it by means of the future, and we imagine we can arrange matters that lie beyond our power for a time which we have no assurance of reaching.

Let each of us examine his thoughts. He'll find them all concerned with the past or the future. We hardly think about the present at all, and, if we do, it's merely to borrow its light in order to arrange the future. The present is never our goal. The past and the present are our means, only the future is our end. And so, we never live, but only hope to live; always planning to be happy, it's inevitable that we never are.

The mind of this sovereign judge of the world is not so independent that it isn't liable to be disturbed by the first racket made around him. The noise of a cannon isn't needed to keep him from thinking. Merely the noise of a weathervane or a pulley. Don't be surprised if he isn't reasoning well at the moment: a fly is buzzing in his ears, and that's enough to render him unable to make a good decision. If you want to enable him to find truth, drive away that creature which is holding his reason in check and disturbing that mighty intellect which rules cities and kingdoms.

What a comical god! *O ridicolosissime heroe!*

"Why do you kill me?" "Well, don't you live on the other side of the river? My friend, if you lived on this side, I'd be a murderer and it

un assassin, et cela serait injuste de vous tuer de la sorte. Mais puisque vous demeurez de l'autre côté je suis un brave et cela est juste. [LG 47, B 293 & 154, L 51]

Nous sommes si malheureux que nous ne pouvons prendre plaisir à une chose qu'à condition de nous fâcher si elle réussit mal, ce que mille choses peuvent faire et font à toute heure. Qui aurait trouvé le secret de se réjouir du bien sans se fâcher du mal contraire aurait trouvé le point. C'est le mouvement perpétuel. [LG 52, B 181, L 56]

La Tyrannie consiste au désir de domination universel et hors de son ordre.

Diverses chambres de forts, de beaux, de bons esprits, de pieux, dont chacun règne chez soi, non ailleurs. Et quelquefois ils se rencontrent et le fort et le beau se battent sottement à qui sera le maître l'un de l'autre, car leur maîtrise est de divers genre. Ils ne s'entendent pas. Et leur faute est de vouloir régner partout. Rien ne le peut, non pas même la force: elle ne fait rien au royaume des savants, elle n'est maîtresse que des actions extérieures.

Tyrannie.

La tyrannie est de vouloir avoir par une voie ce qu'on ne peut avoir que par une autre. On rend différents devoirs aux différents mérites, devoir d'amour à l'agrément, devoir de crainte à la force, devoir de créance à la science.

On doit rendre ces devoirs-là, on est injuste de les refuser, et injuste d'en demander d'autres.

Ainsi ces discours sont faux et tyranniques: «Je suis beau, donc on doit me craindre; je suis fort, donc on doit m'aimer; je suis . . .» Et c'est de même être faux et tyrannique de dire: «Il n'est pas fort, donc je ne l'estimerai pas. Il n'est pas habile, donc je ne le craindrai pas.» [LG 54, B 332, L 58]

Sur quoi fondera-t-il l'économie du monde qu'il veut gouverner? Sera-ce sur le caprice de chaque particulier? Quelle confusion! Sera-ce sur la justice? Il l'ignore. Certainement s'il la connaissait il n'aurait pas établi cette maxime, la plus générale de toutes celles qui sont parmi les hommes, que chacun suive les mœurs de son pays. L'éclat

would be unjust to kill you this way. But since you live on the other side, I'm a brave fellow and it's just."

We are so unfortunate that we cannot take pleasure in anything, except on the condition that we will be vexed if it turns out badly, which can happen in a thousand cases and happens hourly. Whoever found the secret of rejoicing in good things without being vexed by the opposite evil would have hit on the main point. It's like perpetual motion.

Tyranny consists in the desire for universal domination, beyond one's due.

Various chambers of strong men, handsome ones, intelligent ones, pious ones, each reigning in his own realm, not elsewhere. And sometimes they meet, and the strong and the handsome foolishly fight over who will dominate the other, because their mastery is of different orders. They don't understand one another. And their fault is the wish to reign everywhere. Nothing can do so, not even force: it has no power in the realm of scholarship, it is mistress of outward actions alone.

Tyranny.

Tyranny is the wish to acquire in one way that which you can only acquire in another. Different kinds of homage are paid to different merits: the homage of love to charms, the homage of fear to force, the homage of credence to science.

These homages must be paid, it's unjust to refuse them and unjust to request different kinds.

And so, the following claims are false and tyrannical: "I am handsome, so I must be feared; I am strong, so I must be loved; I am. . . ." And it's just as false and tyrannical to say: "He isn't strong, so I won't esteem him. He isn't clever, so I won't fear him."

On what will he base the management of the world he wishes to govern? Will it be on the whims of each private party? What confusion! Will it be on justice? He doesn't know what it is. Surely, if he did know, he wouldn't have instituted the maxim (the most general of all those that exist among men) that everyone should follow the customs

de la véritable équité aurait assujetti tous les peuples. Et les législateurs n'auraient pas pris pour modèle, au lieu de cette justice constante, les fantaisies et les caprices des Perses et Allemands. On la verrait plantée par tous les États du monde, et dans tous les temps, au lieu qu'on ne voit rien de juste ou d'injuste qui ne change de qualité en changeant de climat. Trois degrés d'élévation du pôle renversent toute la jurisprudence. Un méridien décide de la vérité. En peu d'années de possession, les lois fondamentales changent, le droit a ses époques, l'entrée de Saturne au Lion nous marque l'origine d'un tel crime. Plaisante justice qu'une rivière borne! Vérité au-deçà des Pyrénées, erreur au-delà.

Ils confessent que la justice n'est pas dans ces coutumes, mais qu'elle réside dans les lois naturelles communes en tout pays. Certainement ils la soutiendraient opiniâtrement si la témérité du hasard qui a semé les lois humaines en avait rencontré au moins une qui fût universelle. Mais la plaisanterie est telle que le caprice des hommes s'est si bien diversifié qu'il n'y en a point.

Le larcin, l'inceste, le meurtre des enfants et des pères, tout a eu sa place entre les actions vertueuses. Se peut-il rien de plus plaisant qu'un homme ait droit de me tuer parce qu'il demeure au-delà de l'eau et que son prince a querelle contre le mien, quoique je n'en aie aucune avec lui?

Il y a sans doute des lois naturelles, mais cette belle raison corrompue a tout corrompu. *Nihil amplius nostrum est, quod nostrum dicimus artis est. Ex senatusconsultis et plebiscitis crimina exercentur. Ut olim vitiis sic nunc legibus laboramus.*

De cette confusion arrive que l'un dit que l'essence de la justice est l'autorité du législateur, l'autre la commodité du souverain, l'autre la coutume présente, et c'est le plus sûr. Rien suivant la seule raison n'est juste de soi, tout branle avec le temps. La coutume fait toute l'équité, par cette seule raison qu'elle est reçue. C'est le fondement mystique de son autorité. Qui la ramènera à son principe l'anéantit. Rien n'est si fautif que ces lois qui redressent les fautes. Qui leur obéit parce qu'elles sont justes, obéit à la justice qu'il imagine, mais non pas à l'essence de la loi. Elle est toute ramassée en soi. Elle est loi et rien davantage. Qui voudra en examiner le motif le trouvera si faible et si léger que s'il n'est accoutumé à contempler les prodiges de l'imagination humaine, il admirera qu'un siècle lui

of his own country. The glory of true equity would have subdued all the nations. And lawmakers wouldn't have taken as their model, instead of that firmly based justice, the fancies and whims of the Persians and Germans. We would find it established in every country in the world, for all time, whereas we see nothing either just or unjust that doesn't change its nature from place to place. Three more degrees of latitude overturn all jurisprudence. A meridian determines what is true. After just a few years of possession, fundamental laws change; legality has eras, the entrance of Saturn into Leo marks the origin of such and such a crime for us. A comical justice, which is bounded by a stream! Truth on this side of the Pyrenees, error on the other side.

They confess that justice resides not in these customs, but in the natural laws common to every land. Surely they would uphold it stubbornly if the rashness of chance in scattering human laws abroad had found at least one that was universal. But the joke is that the caprice of mankind has become so diversified that there is no such law.

Theft, incest, infanticide, and parricide, everything has had its place among virtuous actions. Is there anything funnier than that a man has the right to kill me because he lives across the river and his ruler has a claim against mine, even though I have nothing against *him*?

No doubt there are natural laws, but that lovely reason, once corrupted, has corrupted everything else. "Nothing is ours any more, what we call ours is an effect of art." "Crimes are committed as a result of senatorial decrees and public votes." "Just as we once suffered from vices, we now suffer from laws."[55]

As a result of this confusion, one man says that the essence of justice is the authority of the lawmaker; another, the convenience of the sovereign; another, present custom, which is closest to the truth. Following reason alone, nothing is just in itself, everything is jostled by the passage of time. Custom creates all equity merely because it is accepted. That is the mystical basis of its authority. Whoever traces it back to its source annihilates it. Nothing is as faulty as those laws which redress faults. Whoever obeys them because they are just obeys the justice that he imagines, but not the essence of the law. The law is entirely enclosed in itself. It is law and nothing more. Whoever wishes to examine its motives will find them so weak and slight that, if he is unaccustomed to contemplating the marvels of the human imagination, he will be amazed that

---

55. The three quotations are from (or based on) Cicero, Seneca, and Tacitus, respectively.

ait tant acquis de pompe et de révérence. L'art de fronder et de bouleverser les États est d'ébranler les coutumes établies, en sondant jusque dans leur source pour marquer leur défaut d'autorité et de justice. «Il faut, dit-on, recourir aux lois fondamentales et primitives de l'État qu'une coutume injuste a abolies.» C'est un jeu sûr pour tout perdre; rien ne sera juste à cette balance. Cependant le peuple prête aisément l'oreille à ces discours. Ils secouent le joug dès qu'ils le reconnaissent, et les grands en profitent à sa ruine, et à celle de ces curieux examinateurs des coutumes reçues. C'est pourquoi le plus sage législateur disait que pour le bien des hommes, il faut souvent les piper, et un autre bon politique: «*Cum veritatem qua liberetur ignoret, expedit quod fallatur.*» Il ne faut pas qu'il sente la vérité de l'usurpation, elle a été introduite autrefois sans raison, elle est devenue raisonnable. Il faut la faire regarder comme authentique, éternelle et en cacher le commencement si on ne veut qu'elle ne prenne bientôt fin. [LG 56, B 294 & 73, L 60 & 76]

Mien, tien.
«Ce chien est à moi», disaient ces pauvres enfants. «C'est là ma place au soleil.» Voilà le commencement et l'image de l'usurpation de toute la terre. [LG 60, B 295, L 64]

Diversité.
La théologie est une science, mais en même temps combien est-ce de sciences? Un homme est un suppôt, mais si on l'anatomise, que sera-ce? la tête, le cœur, l'estomac, les veines, chaque veine, chaque portion de veine, le sang, chaque humeur de sang.
Une ville, une campagne, de loin est une ville et une campagne, mais à mesure qu'on s'approche, ce sont des maisons, des arbres, des tuiles, des feuilles, des herbes, des fourmis, des jambes de fourmis, à l'infini. Tout cela s'enveloppe sous le nom de campagne. [LG 61, B 115, L 65]

Injustice.
Il est dangereux de dire au peuple que les lois ne sont pas justes, car il n'y obéit qu'à cause qu'il les croit justes. C'est pourquoi il lui faut

any period has accumulated such pomp and reverence for it. The art of rebelling and overturning governments is to make established customs totter by investigating their source and pointing out their lack of authority and justice. People say: "We must hark back to the fundamental, original laws of the State, which an unjust custom has abolished." That is a surefire way to ruin everything; nothing will come out right in those scales. And yet the populace lends a willing ear to such speeches. They shake off their yoke as soon as they become aware of it, and the magnates take advantage of it to their loss, and that of those inquisitive researchers into traditional custom. That is why the wisest of lawmakers[56] said that, for people's good, they must frequently be hoodwinked, and another good political scientist[57] said: "Since they are ignorant of the truth by which they might be set free, it is expedient that they be deceived." They mustn't be allowed to become aware of the usurpation of their rights, which was inaugurated without reason in the past but has now become reasonable. It must be made to look authentic and eternal, cloaking its beginnings, to avoid having it come to a speedy end.

Mine, thine.
"This dog is mine," those poor children said. "This is my spot in the sun." That's the beginning and the image of the usurpation of the whole earth.

Diversity.
Theology is a science, but, at the same time, how many sciences is it? Man is a single idea, but if you anatomize him, what do you find?: the head, the heart, the stomach, the veins, each individual vein, each portion of a vein, the blood, each humor in the blood.

A city, a countryside, from a distance is a city and a countryside, but the nearer you get, they become houses, trees, tiles, leaves, blades of grass, ants, ants' legs, and so on to infinity. All that is comprised under the name of countryside.

Injustice.
It's dangerous to tell the people that the laws aren't just, because they obey them merely because they believe them to be just. That's

---

56. Plato.   57. Saint Augustine.

dire en même temps qu'il y faut obéir parce qu'elles sont lois, comme il faut obéir aux supérieurs non pas parce qu'ils sont justes, mais parce qu'ils sont supérieurs. Par là voilà toute sédition prévenue, si on peut faire entendre cela et que proprement c'est la définition de la justice. [LG 62, B 326, L 66]

Quand je considère la petite durée de ma vie, absorbée devant l'éternité précédant et suivant («*memoria hospitis unius diei praetereuntis*»), le petit espace que je remplis et même que je vois, abîmé dans l'infinie immensité des espaces que j'ignore et qui m'ignorent, je m'effraie et m'étonne de me voir ici plutôt que là, car il n'y a point de raison pourquoi ici plutôt que là, pourquoi à présent plutôt que lors. Qui m'y a mis? Par l'ordre et la conduite de qui ce lieu et ce temps a-t-il été destiné à moi? [LG 64, B 205, L 68]

Si notre condition était véritablement heureuse, il ne faudrait pas nous divertir d'y penser. [LG 66, B 165, L 70]

Il faut se connaître soi-même. Quand cela ne servirait pas à trouver le vrai, cela au moins sert à régler sa vie, et il n'y a rien de plus juste. [LG 68, B 66, L 72]

Le respect est: «Incommodez-vous.»
Cela est vain en apparence, mais très juste, car c'est dire: «Je m'incommoderais bien si vous en aviez besoin, puisque je le fais bien sans que cela vous serve», outre que le respect est pour distinguer les grands. Or si le respect était d'être en fauteuil, on respecterait tout le monde et ainsi on ne distinguerait pas. Mais étant incommodé on distingue fort bien. [LG 75, B 317, L 80]

Le monde juge bien des choses, car il est dans l'ignorance naturelle qui est le vrai siège de l'homme. Les sciences ont deux extrémités qui se touchent, la première est la pure ignorance naturelle où se trouvent tous les hommes en naissant, l'autre extrémité est celle où arrivent les

why they must be told at the same time that the law must be obeyed because it's the law, just as superiors must be obeyed not because they're just but because they're superiors. In that way, all sedition is forestalled, if one can make this understood and can show people that it's the proper definition of justice.

When I contemplate the brevity of my life, absorbed in the face of the eternity preceding and following it ("the memory of a transient one-day guest"),[58] and the smallness of the space I fill and even see, lost in the infinite immensity of spaces that I know nothing of and that know nothing of me, I am frightened and astonished to find myself in this place rather than that, since there's no reason why it should be here rather than there, now rather than then. Who put me here? By whose order and direction have this place and this time been allotted to me?

If our state were really one of happiness, we wouldn't need to be distracted from thinking about it.

One must know oneself. If it didn't help us find truth, at least it would help us regulate our lives, and there's nothing more proper.

Respect means putting oneself out for others.

In appearance that's vain, but it's very proper, because it's tantamount to saying: "I'd inconvenience myself greatly if you needed it, since I'm doing so while it's of no use to you." Besides which, respect serves to single out great men for distinction. Now, if respect consisted of sitting in one's armchair, you'd be paying respect to everybody and thus not singling anybody out. But by inconveniencing yourself you make a very clear distinction.

The world judges correctly of things because it's in that state of natural ignorance which is the true location of man. The sciences have two ends that meet; the first is that pure natural ignorance in which all men find themselves at birth; the other end is the one reached by

58. Wisdom of Solomon 5:14.

grandes âmes qui, ayant parcouru tout ce que les hommes peuvent savoir, trouvent qu'ils ne savent rien et se rencontrent en cette même ignorance d'où ils étaient partis, mais c'est une ignorance savante qui se connaît. Ceux d'entre deux, qui sont sortis de l'ignorance naturelle et n'ont pu arriver à l'autre, ont quelque teinture de sotte science suffisante et font les entendus. Ceux-là troublent le monde et jugent mal de tout.

Le peuple et les habiles composent le train du monde; ceux-là le méprisent et sont méprisés. Ils jugent mal de toutes choses, et le monde en juge bien. [LG 77, B 327 & 79, L 83 & 84]

C'est l'effet de la force, non de la coutume, car ceux qui sont capables d'inventer sont rares. Les plus forts en nombre ne veulent que suivre et refusent la gloire à ces inventeurs qui la cherchent par leurs inventions et s'ils s'obstinent à la vouloir obtenir et à mépriser ceux qui n'inventent pas, les autres leur donneront des noms ridicules, leur donneraient des coups de bâton. Qu'on ne se pique donc pas de cette subtilité, ou qu'on se contente en soi-même. [LG 81, B 302, L 88]

Raison des effets.

Gradation. Le peuple honore les personnes de grande naissance; les demi-habiles les méprisent disant que la naissance n'est pas un avantage de la personne mais du hasard. Les habiles les honorent, non par la pensée du peuple, mais par la pensée de derrière. Les dévots qui ont plus de zèle que de science les méprisent malgré cette considération qui les fait honorer par les habiles, parce qu'ils en jugent par une nouvelle lumière que la piété leur donne, mais les chrétiens parfaits les honorent par une autre lumière supérieure.

Ainsi se vont les opinions succédantes du pour au contre selon qu'on a de lumière. [LG 83, B 337, L 90]

D'où vient qu'un boiteux ne nous irrite pas et un esprit boiteux nous irrite? A cause qu'un boiteux reconnaît que nous allons droit et qu'un esprit boiteux dit que c'est nous qui boitons. Sans cela nous en aurions pitié et non colère.

Épictète demande bien plus fortement: «Pourquoi ne nous fâchons-nous pas si on dit que nous avons mal à la tête, et que nous nous fâchons de ce qu'on dit que nous raisonnons mal ou que nous choisissons mal?»

great souls who, after studying all that men can know, discover that they know nothing and find themselves in the same ignorance they started out from; but now it's a learned ignorance aware of its limitations. Those in between, who have left their natural ignorance but have been unable to attain the other, have some tinge of foolish, self-satisfied knowledge and act as if they knew it all. Those people disturb the world and judge everything incorrectly.

The general populace and the truly clever make up the routine of the world; those half-learned folk scorn it and are held in scorn. They judge everything wrongly and the world judges it correctly.

It's a result of force, not of habit, because those who are able to invent are rare. The strongest in number have no wish but to follow and deny glory to those inventors who seek it with their inventions, and if they persist in their desire to obtain it and in their contempt for those who do not invent, the others will give them laughable names, and would like to give them blows with a stick. Let people not pride themselves on that subtlety, or else let them be contented with themselves.

Cause of effects.

Gradation. The populace honors people of high birth; the half-clever scorn them, saying that birth is not a personal advantage but one of chance. The clever honor them, not for the reason that the populace does, but from a thought in back of their mind. The pious who have more zeal than knowledge scorn them despite the reflection that makes the clever honor them, because they judge them by a new light which their piety gives them, but perfect Christians honor them by another, higher light.

And so, the opinions succeed one another from "for" to "against" in accordance with the kind of light one possesses.

How is it that a lame man doesn't irritate us, while a lame mind does? Because a lame man acknowledges that we are walking normally, while those with a lame mind say that we're the ones who are limping. Otherwise we'd be sorry for them, not angry.

Epictetus asks, much more forcefully: "Why don't we get annoyed when we're told we have a headache, while we do get annoyed when told that we reason badly or make bad choices?"

Ce qui cause cela est que nous sommes bien certains que nous n'avons pas mal à la tête et que nous ne sommes pas boiteux, mais nous ne sommes pas si assurés que nous choisissons le vrai, de sorte que n'en ayant d'assurance qu'à cause que nous le voyons de toute notre vue, quand un autre voit de toute sa vue le contraire, cela nous met en suspens et nous étonne. Et encore plus quand mille autres se moquent de notre choix, car il faut préférer nos lumières à celles de tant d'autres, et cela est hardi et difficile. Il n'y a jamais cette contradiction dans les sens touchant un boiteux.

L'homme est ainsi fait qu'à force de lui dire qu'il est un sot, il le croit; et à force de se le dire à soi-même on se le fait croire, car l'homme fait lui seul une conversation intérieure, qu'il importe de bien régler. «*Corrumpunt bonos mores colloquia prava.*» Il faut se tenir en silence autant qu'on peut, et ne s'entretenir que de Dieu qu'on sait être la vérité; et ainsi on se le persuade à soi-même. [LG 91, B 80 & 536, L 98 & 99]

Si un animal faisait par esprit ce qu'il fait par instinct, et s'il parlait par esprit ce qu'il parle par instinct pour la chasse et pour avertir ses camarades que la proie est trouvée ou perdue, il parlerait bien aussi pour des choses où il a plus d'affection, comme pour dire: «Rongez cette corde qui me blesse et où je ne puis atteindre.» [LG 96, B 342, L 105]

Nous connaissons la vérité non seulement par la raison mais encore par le cœur. C'est de cette dernière sorte que nous connaissons les premiers principes et c'est en vain que le raisonnement, qui n'y a point de part, essaie de les combattre. Les pyrrhoniens, qui n'ont que cela pour objet, y travaillent inutilement. Nous savons que nous ne rêvons point, quelque impuissance où nous soyons de le prouver par raison; cette impuissance ne conclut autre chose que la faiblesse de notre raison, mais non pas l'incertitude de toutes nos connaissances, comme ils le prétendent. Car la connaissance des premiers principes, comme qu'il y a espace, temps, mouvement, nombres, est aussi ferme qu'aucune de celles que nos raisonnements nous donnent, et c'est sur ces connaissances du cœur et de l'instinct qu'il faut que la raison s'appuie et qu'elle y fonde tout son discours. Le cœur sent qu'il y a trois

The reason for this is that we're quite sure that we don't have a headache and that we aren't lame, but we're not so certain that we are making correct choices; so that, our certainty depending entirely on our own clear view of our condition, when someone else sees the opposite with *his* clear view, we waver and are dumbfounded. And even more so, when a thousand others laugh at our choice, because we must prefer our own understanding to that of so many others, and this is bold and difficult. That contradiction in sensory perception never arises in the case of a lame man.

Man is so constituted that, by dint of telling him he's a fool you'll make him believe it, and by dint of saying so to himself he makes himself believe it, because man carries on an inner conversation with himself, which it's important to regulate properly. "Evil communications corrupt good manners."[59] It's necessary to maintain inner silence as much as possible, and converse only with God, whom one knows to be the truth, and thus one will be convinced of it oneself.

If an animal did by intelligence what it does by instinct, and spoke by intelligence what it speaks by instinct with regard to hunting, to notify its comrades that the prey has been sighted or lost, it would surely also speak with regard to things closer to its inner feelings, for example to say: "Gnaw this rope which is wounding me, and which I can't reach."

We know the truth not only with our reason but also with our heart. It's in the latter way that we know the first principles, and it's in vain that reasoning, which has no share in them, tries to combat them. The skeptics, who have no other object, strive for that to no avail. We know that we aren't dreaming, no matter how powerless we are to prove it by reason; this powerlessness allows of no other conclusion than the weakness of our reason, not the uncertainty of our knowledge, as they claim. Because knowledge of the first principles, such as the existence of space, time, motion, and numbers, is as firm as any knowledge that our reasoning gives us, and it is by that knowledge, derived from the heart and the instinct, that reason must support itself, basing its entire argument on it. The heart senses that space has three dimensions and that numbers are infinite, and then

59. I Corinthians 15:33.

dimensions dans l'espace et que les nombres sont infinis et la raison démontre ensuite qu'il n'y a point deux nombres carrés dont l'un soit double de l'autre. Les principes se sentent, les propositions se concluent et le tout avec certitude quoique par différentes voies. Et il est aussi inutile et aussi ridicule que la raison demande au cœur des preuves de ses premiers principes pour vouloir y consentir, qu'il serait ridicule que le cœur demandât à la raison un sentiment de toutes les propositions qu'elle démontre pour vouloir les recevoir.

Cette impuissance ne doit donc servir qu'à humilier la raison, qui voudrait juger de tout, mais non pas à combattre notre certitude comme s'il n'y avait que la raison capable de nous instruire. Plût à Dieu que nous n'en eussions au contraire jamais besoin et que nous connussions toutes choses par instinct et par sentiment! Mais la nature nous a refusé ce bien; elle ne nous a au contraire donné que très peu de connaissances de cette sorte; toutes les autres ne peuvent être acquises que par raisonnement.

Et c'est pourquoi ceux à qui Dieu a donné la Religion par sentiment du cœur sont bienheureux et bien légitimement persuadés; mais à ceux qui ne l'ont pas, nous ne pouvons la donner que par raisonnement, en attendant que Dieu la leur donne par sentiment de cœur, sans quoi la foi n'est qu'humaine et inutile pour le salut. [LG 101, B 282, L 110]

Je puis bien concevoir un homme sans mains, pieds, tête, car ce n'est que l'expérience qui nous apprend que la tête est plus nécessaire que les pieds. Mais je ne puis concevoir l'homme sans pensée. Ce serait une pierre ou une brute. [LG 102, B 339, L 111]

Roseau pensant.

Ce n'est point de l'espace que je dois chercher ma dignité, mais c'est du règlement de ma pensée. Je n'aurais point davantage en possédant des terres. Par l'espace, l'univers me comprend et m'engloutit comme un point; par la pensée, je le comprends. [LG 104, B 348, L 113]

La grandeur de l'homme est grande en ce qu'il se connaît misérable; un arbre ne se connaît pas misérable.

C'est donc être misérable que de se connaître misérable, mais c'est être grand que de connaître qu'on est misérable. [LG 105, B 397, L 114]

reason demonstrates that there cannot be a square number that is double another square number. The principles are intuited, the logical propositions are demonstrated, and all of this with certainty, though by different routes. And it is just as useless and ridiculous for reason to demand that the heart give it proofs of its first principles, before agreeing to them, as it would be ridiculous for the heart to demand that reason intuit all the propositions it demonstrates, before accepting them.

Thus, this powerlessness should serve merely to humble our reason, which would like to be judge of all things, and not to question our certainty, as if only reason were able to instruct us. On the contrary, how I wish that we never had need of it and that we could know everything by instinct and feelings! But nature has refused us that benefit, and has, on the contrary, given us far too little knowledge of that sort; all other knowledge can be acquired only through reasoning.

And that's why those to whom God has given religion through the feelings of their heart are fortunate and of a truly legitimate persuasion; but to those who do not possess this, we can give it only through reasoning, while waiting for God to give it to them through the feelings of their heart, without which faith is merely human and useless for salvation.

I can readily conceive of a man without hands, feet, or head, because it is only experience which teaches us that the head is more necessary than the feet. But I can't conceive of a man without the power of thought. He would be a stone or a brutish animal.

Thinking reed.

It is not in the notion of space that I must seek my dignity, but in the regulation of my thought. I wouldn't own more if I possessed landed property. By means of space the universe grasps me, swallowing me up like a speck; by means of thought I grasp the universe.

The greatness of man is great because he is aware of his wretchedness; a tree doesn't know that it's wretched.

Thus; to recognize oneself as wretched is to be wretched, but to know that one is wretched is to be great.

La grandeur de l'homme.

La grandeur de l'homme est si visible qu'elle se tire même de sa misère, car ce qui est nature aux animaux nous l'appelons misère en l'homme; par où nous reconnaissons que sa nature étant aujourd'hui pareille à celle des animaux, il est déchu d'une meilleure nature qui lui était propre autrefois.

Car qui se trouve malheureux de n'être pas roi sinon un roi dépossédé? Trouvait-on Paul Émile malheureux de n'être pas consul? Au contraire, tout le monde trouvait qu'il était heureux de l'avoir été, parce que sa condition n'était pas de l'être toujours. Mais on trouvait Persée si malheureux de n'être plus roi, parce que sa condition était de l'être toujours, qu'on trouvait étrange de ce qu'il supportait la vie. Qui se trouve malheureux de n'avoir qu'une bouche et qui ne se trouverait malheureux de n'avoir qu'un œil? On ne s'est peut-être jamais avisé de s'affliger de n'avoir pas trois yeux, mais on est inconsolable de n'en point avoir. [LG 108, B 409, L 117]

Contrariétés.

Après avoir montré la bassesse et la grandeur de l'homme.

Que l'homme maintenant s'estime son prix. Qu'il s'aime, car il y a en lui une nature capable de bien; mais qu'il n'aime pas pour cela les bassesses qui y sont. Qu'il se méprise, parce que cette capacité est vide; mais qu'il ne méprise pas pour cela cette capacité naturelle. Qu'il se haïsse, qu'il s'aime: il a en lui la capacité de connaître la vérité et d'être heureux; mais il n'a point de vérité, ou constante, ou satisfaisante.

Je voudrais donc porter l'homme à désirer d'en trouver, à être prêt et dégagé de passions, pour la suivre où il la trouvera, sachant combien sa connaissance s'est obscurcie par les passions; je voudrais bien qu'il haït en soi la concupiscence qui le détermine d'elle-même, afin qu'elle ne l'aveuglât point pour faire son choix, et qu'elle ne l'arrêtât point quand il aura choisi. [LG 110, B 423, L 119]

Nous sommes si présomptueux que nous voudrions être connus de toute la terre et même des gens qui viendront quand nous ne serons plus. Et nous sommes si vains que l'estime de cinq ou six personnes qui nous environnent nous amuse et nous contente. [LG 111, B 148, L 120]

Man's greatness.

Man's greatness is so visible that it is derived even from his wretchedness, because what in animals is nature we call wretchedness in man; from this we recognize that if his nature today is similar to that of the animals, he has declined from a better nature that characterized him in the past.

Because, who is unhappy not to be a king except a dispossessed king? Was Aemilius Paullus[60] thought to be unhappy because he was no longer consul? On the contrary, everyone considered that he was happy because he had held that office, since it was one that nobody could hold permanently. But Perseus was seen to be so unhappy because he was no longer king, since kingship is a permanent position, that it was thought strange that he consented to go on living. Who is unhappy because he has only one mouth, and who wouldn't be unhappy at having only one eye? Perhaps no one has ever taken it into his head to be sorrowful because he didn't have three eyes, but people are inconsolable when they have none.

Opposites.

After showing the baseness and greatness of man.

Let man now esteem himself at his due worth. Let him love himself, because there is in him a nature capable of good; but let him not for that reason love the base qualities in himself. Let him hold himself in contempt, because that capacity is unfulfilled; but let him not for that reason hold that natural capacity in contempt. Let him hate himself, let him love himself: he has within him the capacity to know the truth and be happy; but he possesses no truth that is either constant or satisfying.

Thus, I'd like to urge man to desire to find such a truth, to free himself of passions and be ready to follow it wherever he finds it, knowing to what an extent his knowledge has been darkened by passions; I'd really like him to hate in himself the sensual desires that determine his actions, so that they do not blind him when making a choice and do not stop him once he has chosen.

We are so presumptuous that we'd like to be known throughout the world, and even by those who will come after we are gone. And we have so much vanity that the esteem of five or six people in our vicinity delights us and satisfies us.

---

60. The Roman general who conquered Perseus, king of Epirus, in 168 B.C.

Il est dangereux de trop faire croire à l'homme combien il est égal aux bêtes, sans lui montrer sa grandeur. Il est encore dangereux de lui trop faire voir sa grandeur sans sa bassesse. Il est encore plus dangereux de lui laisser ignorer l'un et l'autre, mais il est très avantageux de lui représenter l'un et l'autre.

Il ne faut pas que l'homme croie qu'il est égal aux bêtes, ni aux anges, ni qu'il ignore l'un et l'autre, mais qu'il sache l'un et l'autre. [LG 112, B 418, L 121]

Les pères craignent que l'amour naturel des enfants ne s'efface. Quelle est donc cette nature sujette à être effacée?

La coutume est une seconde nature qui détruit la première. Mais qu'est-ce que nature? Pourquoi la coutume n'est-elle pas naturelle? J'ai grand peur que cette nature ne soit elle-même qu'une première coutume, comme la coutume est une seconde nature. [LG 117, B 93, L 126]

Les principales forces des pyrrhoniens, je laisse les moindres, sont que nous n'avons aucune certitude de la vérité de ces principes, hors la foi et la révélation, sinon en ce que nous les sentons naturellement en nous. Or ce sentiment naturel n'est pas une preuve convaincante de leur vérité, puisque, n'y ayant point de certitude hors la foi si l'homme est créé par un dieu bon, par un démon méchant ou à l'aventure, il est en doute si ces principes nous sont donnés ou véritables, ou faux, ou incertains selon notre origine.

De plus que personne n'a d'assurance hors de la foi s'il veille ou s'il dort, vu que durant le sommeil on croit veiller aussi fermement que nous faisons. On croit voir les espaces, les figures, les mouvements, on sent couler le temps, on le mesure, et enfin on agit de même qu'éveillé. De sorte que, la moitié de la vie se passant en sommeil, par notre propre aveu ou quoi qu'il nous en paraisse, nous n'avons aucune idée du vrai, tous nos sentiments étant alors des illusions. Qui sait si cette autre moitié de la vie où nous pensons veiller n'est pas un autre sommeil un peu différent du premier, dont nous nous éveillons quand nous pensons dormir?

Voilà les principales forces de part et d'autre, je laisse les moindres comme les discours qu'ont faits les pyrrhoniens contre les impressions de la coutume, de l'éducation, des mœurs des pays, et les autres choses semblables qui, quoiqu'elles entraînent la plus grande partie des hommes communs qui ne dogmatisent que sur ces vains fonde-

It's dangerous to make people believe too strongly that they are like animals, without showing them their greatness. It's also dangerous to show them their greatness in too strong colors, without pointing out their baseness. It's even more dangerous to let them be unaware of both, but it's very beneficial to indicate both qualities.

A man shouldn't believe that he is either like the animals or like the angels, nor should he be unaware of both associations; he ought to be aware of both.

Fathers fear lest their children's natural love should wear off. But what is this nature that is liable to be worn off?

Custom is a second nature, which destroys the first. But what is nature? Why isn't custom natural? I very much fear that this nature is itself merely a first custom, just as custom is a second nature.

The chief strength of the skeptics (I omit the lesser ones) is that we have no certainty of the truth of these principles, outside of faith and revelation, except that we sense them within us by nature. Now, this natural feeling is not a conclusive proof that they are true, since, there being no certainty outside of faith whether man is created by a good god, by a wicked devil, or at random, there is doubt whether these principles given to us are true, false, or uncertain, depending on our origin.

Moreover, no one has any assurance outside of faith whether he is waking or sleeping, since while we sleep we believe as firmly as we do that we're awake. We think we see spaces, figures, and movements, we feel time elapsing, we measure it, and, in short, we perform actions just as we do while awake. So that, half of our life being spent asleep, by our own admission or however it seems to us, we have no notion of truth, all our feelings then being illusions. Who knows whether this other half of life, in which we think we're awake, isn't another sleep a little different from the first, from which we awaken when we think we're sleeping?

Those are the principal strengths of both factions; I omit the lesser ones, such as the arguments the skeptics have made against impressions received from habit, upbringing, local customs, and other similar things which, though they lead astray the majority of ordinary people who establish dogma merely on these vain foundations, are

ments, sont renversées par le moindre souffle des pyrrhoniens. On n'a qu'à voir leurs livres; si l'on n'en est pas assez persuadé, on le deviendra bien vite et peut-être trop.

Je m'arrête à l'unique fort des dogmatistes qui est qu'en parlant de bonne foi et sincèrement, on ne peut douter des principes naturels.

Contre quoi les pyrrhoniens opposent, en un mot, l'incertitude de notre origine qui enferme celle de notre nature. A quoi les dogmatistes sont encore à répondre depuis que le monde dure.

Voilà la guerre ouverte entre les hommes, où il faut que chacun prenne parti, et se range nécessairement ou au dogmatisme ou au pyrrhonisme. Car qui pensera demeurer neutre sera pyrrhonien par excellence. Cette neutralité est l'essence de la cabale. Qui n'est pas contre eux est excellemment pour eux; ils ne sont pas pour eux-mêmes; ils sont neutres et indifférents, suspendus à tout sans s'excepter.

Que fera donc l'homme dans cet état? Doutera-t-il de tout? Doutera-t-il s'il veille, si on le pince, si on le brûle? Doutera-t-il s'il doute? Doutera-t-il s'il est? On n'en peut venir là, et je mets en fait qu'il n'y a jamais eu de pyrrhonien effectif parfait. La nature soutient la raison impuissante et l'empêche d'extravaguer jusqu'à ce point.

Dira-t-il donc au contraire qu'il possède certainement la vérité, lui qui, si peu qu'on le pousse, ne peut en montrer aucun titre et est forcé de lâcher prise?

Quelle chimère est-ce donc que l'homme? quelle nouveauté, quel monstre, quel chaos, quel sujet de contradictions, quel prodige? Juge de toutes choses, imbécile ver de terre, dépositaire du vrai, cloaque d'incertitude et d'erreur, gloire et rebut de l'univers.

Qui démêlera cet embrouillement?

La nature confond les pyrrhoniens et la raison confond les dogmatiques. Que deviendrez-vous donc, ô homme qui cherchez quelle est votre véritable condition par votre raison naturelle? Vous ne pouvez fuir une de ces sectes ni subsister dans aucune.

Connaissez donc, superbe, quel paradoxe vous êtes à vous-même. Humiliez-vous, raison impuissante! Taisez-vous, nature imbécile, apprenez que l'homme passe infiniment l'homme et entendez de votre maître votre condition véritable que vous ignorez.

Écoutez Dieu.

Car enfin, si l'homme n'avait jamais été corrompu, il jouirait dans son innocence et de la vérité et de la félicité avec assurance. Et si

swept away by the slightest breath of the skeptics. You have only to consult their books, if you aren't sufficiently convinced of this, and you very quickly will be, perhaps too much so.

I shall dwell on the sole strong point of the dogmatists, which is that, when speaking in good faith and sincerely, it is impossible to doubt the natural principles.

To which the skeptics oppose, in one word, the uncertainty of our origin, which entails that of our nature. To which the dogmatists have yet to reply ever since the world has existed.

There you have war declared between the factions, a war in which everyone must take sides and of necessity ally himself with either the dogmatists or the skeptics. Because anyone who thinks he can remain neutral will be a skeptic par excellence. This neutrality is the essence of cabal. Whoever isn't against them is preeminently for them; they aren't for themselves; they are neutral and indifferent, wavering about everything, including themselves.

Then, what is man to do in this state? Shall he doubt everything? Shall he doubt whether he's awake, whether he's pinched, whether he's burned? Shall he doubt whether he doubts? Shall he doubt whether he exists? It's impossible to go that far, and I lay it down as a fact that there has never actually been a total skeptic. Nature upholds our powerless reason and prevents it from going that far astray.

Then, shall he say, on the contrary, that he surely possesses the truth?—he who, if prodded ever so little, cannot show any claim to it and is forced to loose his hold!

Then, what sort of chimera is man, what novelty, what monster, what chaos, what subject of contradictions, what prodigy? The judge of all things, an idiotic earthworm, the depository of truth, a sewer of uncertainty and error, the glory and rubbish of the universe.

Who will untangle this knot?

Nature refutes the skeptics and reason refutes the dogmatists. So, what is to become of you, man, you who seek after your true state by means of your natural reason? You cannot flee from one of these factions or remain in either of them.

Therefore, haughty one, know what a paradox you are to yourself! Humble yourself, powerless reason! Be silent, feeble nature! Learn that man infinitely surpasses man, and let your Master inform you of your true state, of which you are unaware!

Listen to God.

Because, in short, if man had never been corrupted, he would in his innocence enjoy both the truth and felicity with a feeling of certainty.

l'homme n'avait jamais été que corrompu, il n'aurait aucune idée ni
de la vérité ni de la béatitude. Mais, malheureux que nous sommes, et
plus que s'il n'y avait point de grandeur dans notre condition, nous
avons une idée du bonheur et ne pouvons y arriver, nous sentons une
image de la vérité et ne possédons que le mensonge, incapables
d'ignorer absolument et de savoir certainement, tant il est manifeste
que nous avons été dans un degré de perfection dont nous sommes
malheureusement déchus.

Chose étonnante, cependant, que le mystère le plus éloigné de notre
connaissance, qui est celui de la transmission du péché, soit une chose
sans laquelle nous ne pouvons avoir aucune connaissance de nous-même!

Car il est sans doute qu'il n'y a rien qui choque plus notre raison
que de dire que le péché du premier homme ait rendu coupables ceux
qui, étant si éloignés de cette source, semblent incapables d'y participer. Cet écoulement ne nous paraît pas seulement impossible, il
nous semble même très injuste: car qu'y a-t-il de plus contraire aux règles de notre misérable justice que de damner éternellement un en-
fant incapable de volonté pour un péché où il paraît avoir si peu de
part qu'il est commis six mille ans avant qu'il fût en être?
Certainement, rien ne nous heurte plus rudement que cette doctrine,
et cependant sans ce mystère, le plus incompréhensible de tous, nous
sommes incompréhensibles à nous-mêmes. Le nœud de notre condition prend ses replis et ses tours dans cet abîme. De sorte que
l'homme est plus inconcevable sans ce mystère que ce mystère n'est
inconcevable à l'homme. [LG 122, B 434, L 131]

Divertissement.
Les hommes n'ayant pu guérir la mort, la misère, l'ignorance, ils se
sont avisés, pour se rendre heureux, de n'y point penser.

Nonobstant ces misères il veut être heureux et ne veut être
qu'heureux, et ne peut ne vouloir pas l'être.

Mais comment s'y prendra-t-il? Il faudrait pour bien faire qu'il se
rendît immortel, mais ne le pouvant il s'est avisé de s'empêcher d'y
penser. [LG 124, B 168 & 169, L 133 & 134]

Divertissement.
Quand je m'y suis mis quelquefois à considérer les diverses agitations
des hommes et les périls et les peines où ils s'exposent dans la cour, dans
la guerre, d'où naissent tant de querelles, de passions, d'entreprises

And if man had never been anything but merely corrupted, he would never have any notion either of truth nor beatitude. But, unhappy creatures that we are, more so than if there were no greatness in our state, we do have a notion of happiness but cannot reach it, we sense an image of the truth but possess only the lie, incapable as we are of either total ignorance or firm knowledge; it's so obvious that we were once at a degree of perfection from which we have unfortunately declined.

Yet it is amazing that the mystery most remote from our knowledge, that of the transmission of sin, is something without which we can have no knowledge of ourselves!

For there is no doubt that nothing shocks our reason more than the statement that the sin of the first man laid guilt upon those who, being so distant from that source, are seemingly ineligible to share in it. This steady flow of guilt not only seems impossible to us, it even seems very unjust: because, what is more opposed to the rules of our wretched justice than the eternal damnation of a child still incapable of willpower for a sin in which he seems to have so little share, it having been committed six thousand years before he was born? Certainly, nothing jolts us more violently than that doctrine, and yet without that mystery, the most incomprehensible of all, we are incomprehensible to ourselves. The knot of our condition derives its folds and twists from that abyss. And so, man is more inconceivable without that mystery than that mystery is inconceivable to man.

Distraction.

Man, having been unable to find cures for death, poverty, and ignorance, decided, in order to be happy, not to think about them.

In spite of these misfortunes, he wishes to be happy and wants only to be happy, and cannot avoid wishing to be so.

But how is he to go about it? To do it properly he'd have to make himself immortal, but, unable to do so, he has decided to prevent himself from thinking about it.

Distraction.

When at times I have applied myself to contemplate the various bustling activities of men and the perils and pains which they risk at court or at war, which give rise to so many disputes, passions, bold and

hardies et souvent mauvaises, j'ai dit souvent que tout le malheur des hommes vient d'une seule chose, qui est de ne savoir pas demeurer en repos dans une chambre. Un homme qui a assez de bien pour vivre, s'il savait demeurer chez soi avec plaisir, n'en sortirait pas pour aller sur la mer ou au siège d'une place, ou n'achèterait une charge à l'armée si cher que parce qu'on trouverait insupportable de ne bouger de la ville, et on ne recherche les conversations et les divertissements des jeux que parce qu'on ne peut demeurer chez soi avec plaisir.

Mais quand j'ai pensé de plus près et qu'après avoir trouvé la cause de tous nos malheurs, j'ai voulu en découvrir les raisons, j'ai trouvé qu'il y en a une bien effective, qui consiste dans le malheur naturel de notre condition faible et mortelle, et si misérable que rien ne peut nous consoler lorsque nous y pensons de près.

Quelque condition qu'on se figure où l'on assemble tous les biens qui peuvent nous appartenir, la royauté est le plus beau poste du monde, et cependant qu'on s'en imagine accompagné de toutes les satisfactions qui peuvent le toucher. S'il est sans divertissement, et qu'on le laisse considérer et faire réflexion sur ce qu'il est, cette félicité languissante ne le soutiendra point; il tombera par nécessité dans les vues qui le menacent des révoltes qui peuvent arriver et enfin de la mort et des maladies qui sont inévitables, de sorte que s'il est sans ce qu'on appelle divertissement, le voilà malheureux, et plus malheureux que le moindre de ses sujets qui joue et qui se divertit. H.

De là vient que le jeu et la conversation des femmes, la guerre, les grands emplois sont si recherchés. Ce n'est pas qu'il y ait en effet du bonheur, ni qu'on s'imagine que la vraie béatitude soit d'avoir l'argent qu'on peut gagner au jeu, ou dans le lièvre qu'on court; on n'en voudrait pas s'il était offert. [Raison pour quoi on aime mieux la chasse que la prise.] Ce n'est pas cet usage mol et paisible et qui nous laisse penser à notre malheureuse condition qu'on recherche ni les dangers de la guerre ni la peine des emplois, mais c'est le tracas qui nous détourne d'y penser et nous divertit.

De là vient que les hommes aiment tant le bruit et le remuement. De là vient que la prison est un supplice si horrible, de là vient que le plaisir de la solitude est une chose incompréhensible. Et c'est enfin le plus grand sujet de félicité de la condition des rois, de ce qu'on essaie sans cesse à les divertir et à leur procurer toutes sortes de plaisirs. [Le roi est environné de gens qui ne pensent qu'à divertir le roi et à l'em-

often bad undertakings, I've often said that all of man's unhappiness comes from one thing: not knowing how to remain calmly in one room. A man who has enough wealth to live on, if he knew how to stay home pleasurably, wouldn't leave to go to sea or to besiege a town or a fortress; nor would he purchase a rank in the army at such a high price, were it not that he'd find it unbearable not to get out of town; people seek out social intercourse and the distraction of gaming merely because they can't stay home pleasurably.

But when I thought about this more carefully and when, having found the source of all our unhappiness, I wanted to discover the reasons for it, I found that there is one very cogent one, which consists in the natural unhappiness of our weak, mortal state, which is so wretched that nothing can console us when we think about it seriously.

No matter what status can be imagined in which we can assemble all the good things that can belong to us, kingship is the most beautiful rank in the world, but nevertheless, let us picture a king accompanied by every contentment available to him. If he has no distractions, and is left to consider and reflect on what he is, this languishing felicity will not support him; of necessity he will lapse into visions which threaten him with the revolts that might occur and finally with death and inevitable maladies, so that, if he is without what are called distractions, he will be unhappy, unhappier than the least of his subjects who enjoys games and pastimes. H.[61]

That is why gaming and socializing with women, war, and high positions are so sought after. It's not that they entail true happiness, or that people think true bliss means having the money that can be won at cards, or lies in the hare that they course; they wouldn't want the hare if it were offered to them free. [That's why the hunt itself is preferred to the quarry.] It isn't that soft, peaceful way of life, which allows us to think about our unhappy state, that people seek after, nor is it the dangers of war or the nuisances that go with office holding: it's the hubbub which keeps us from thinking about it and distracts us.

That is why people like noise and bustle so much. That is why prison is such a horrible punishment, that is why pleasure in solitude is something incomprehensible. And, in short, the greatest reason why the state of royalty is blissful is that people are constantly trying to entertain kings and procure them all sorts of pleasures. [The king is surrounded by people whose only thought is to amuse him and keep him

---

61. The letters found here and there in Pascal's text indicate subdivisions, or else are abbreviations for possible chapter titles.

pêcher de penser à lui. Car il est malheureux, tout roi qu'il est, s'il y pense.]

Voilà tout ce que les hommes ont pu inventer pour se rendre heureux; et ceux qui font sur cela les philosophes et qui croient que le monde est bien peu raisonnable de passer tout le jour à courir après un lièvre qu'ils ne voudraient pas avoir acheté, ne connaissent guère notre nature. Ce lièvre ne nous garantirait pas de la vue de la mort et des misères qui nous en détournent, mais la chasse nous en garantit. [Le conseil qu'on donnait à Pyrrhus de prendre le repos qu'il allait chercher par tant de fatigues recevait bien des difficultés.] A. [La vanité, le plaisir de la montrer aux autres.] Et ainsi quand on leur reproche que ce qu'ils recherchent avec tant d'ardeur ne saurait les satisfaire, s'ils répondaient, comme ils devraient le faire s'ils y pensaient bien, qu'ils ne recherchent en cela qu'une occupation violente et impétueuse qui les détourne de penser à soi, et que c'est pour cela qu'ils se proposent un objet attirant qui les charme et les attire avec ardeur, ils laisseraient leurs adversaires sans repartie. [La danse, il faut bien penser où l'on mettra ses pieds.] Mais ils ne répondent pas cela parce qu'ils ne se connaissent pas eux-mêmes. Ils ne savent pas que ce n'est que la chasse et non pas la prise qu'ils recherchent. [Le gentilhomme croit sincèrement que la chasse est un plaisir grand et un plaisir royal, mais son piqueur n'est pas de ce sentiment-là.] Ils s'imaginent que s'ils avaient obtenu cette charge, ils s'en reposeraient ensuite avec plaisir et ne sentent pas la nature insatiable de leur cupidité; ils croient chercher sincèrement le repos, et ne cherchent en effet que l'agitation. Ils ont un instinct secret qui les porte à chercher le divertissement et l'occupation au dehors, qui vient du ressentiment de leurs misères continuelles. Et ils ont un autre instinct secret qui reste de la grandeur de notre première nature, qui leur fait connaître que le bonheur n'est en effet que dans le repos et non pas dans le tumulte, et de ces deux instincts contraires ils se forment en eux un projet confus qui se cache à leur vue dans le fond de leur âme, qui les porte à tendre au repos par l'agitation, et à se figurer toujours que la satisfaction qu'ils n'ont point leur arrivera si, en surmontant quelques difficultés qu'ils envisagent, ils peuvent s'ouvrir par là la porte au repos. Ainsi s'écoule toute la vie; on cherche le repos en combattant quelques obstacles et, si on les a surmontés, le repos devient insupportable, par l'ennui qu'il engendre; il en faut sortir et mendier le tumulte. Car, ou l'on pense aux misères qu'on a ou à celles qui nous

from thinking about himself. For he is unhappy, king though he be, if he thinks about it.]

That is all that men have been able to invent to make themselves happy; and those who pose as philosophers on that subject, and who believe that people are quite lacking in reason when they spend all day coursing a hare that they wouldn't buy in the market, are scarcely familiar with our nature. That hare wouldn't keep us safe from the contemplation of death and the miseries that turn us from it, but the hunt does. [The advice given to Pyrrhus,[62] to take at once the ease he was going to seek by means of so many labors, met with many difficulties.] A. [Vanity, the pleasure of showing it to others.] And so, when they are blamed for seeking with such ardor something that can't satisfy them, if they replied, as they should if they thought about it properly, that in so doing they were merely seeking a violent, impetuous occupation to keep them from thinking about themselves, and were for that reason setting themselves an attractive goal to fascinate and allure them ardently, they would leave their adversaries without a word to say in return. [Dance, one must think carefully about where to set one's feet.] But they don't make that reply because they don't know themselves. They don't know that it's only the hunt and not the quarry that they seek. [A gentleman sincerely believes that hunting is a great and a royal pleasure, but his huntsman is not of that opinion.] They imagine that if they had obtained a certain office, they would then relax pleasurably; they don't feel the insatiable nature of their cupidity; they sincerely think they are seeking repose, whereas in actuality they are only seeking hustle and bustle. They have a secret instinct that leads them to seek distraction and occupation outside themselves, an instinct stemming from the deep sensation of their continual misery. And they have another secret instinct, a remnant of that greatness of our pristine nature, which informs them that happiness actually lies only in repose, not in hubbub; and from those two opposing instincts they form in their minds a confused plan, hidden from their view in the depths of their souls, which leads them to strive for repose by means of hubbub, and to imagine always that the contentment they lack will come to them if, by overcoming a few difficulties which they envisage, they can thereby open the door to repose for themselves. Their whole life goes by in that way; they seek repose by attacking a few obstacles and, if they overcome them, the repose becomes unbearable by reason of the boredom it creates: they've got to get out of it and go begging for hubbub. Because we think either about the miseries we have or those which

---

62. King of Macedonia in the years around 300 B.C.

menacent. Et quand on se verrait même assez à l'abri de toutes parts, l'ennui, de son autorité privée, ne laisserait pas de sortir du fond du cœur où il a des racines naturelles, et de remplir l'esprit de son venin. B.

Ainsi l'homme est si malheureux qu'il s'ennuierait même sans aucune cause d'ennui par l'état propre de sa complexion. Et il est si vain qu'étant plein de mille causes essentielles d'ennui, la moindre chose comme un billard et une balle qu'il pousse suffisent pour le divertir.

[Mais, direz-vous, quel objet a-t-il en tout cela? Celui de se vanter demain entre ses amis de ce qu'il a mieux joué qu'un autre. Ainsi les autres suent dans leur cabinet pour montrer aux savants qu'ils ont résolu une question d'algèbre qu'on n'aurait pu trouver jusqu'ici, et tant d'autres s'exposent aux derniers périls pour se vanter ensuite d'une place qu'ils auront prise aussi sottement à mon gré. Et enfin les autres se tuent pour remarquer toutes ces choses, non point pour en devenir plus sages, mais seulement pour montrer qu'ils les savent. Et ceux-là sont les plus sots de la bande, puisqu'ils le sont avec connaissance, au lieu qu'on peut penser des autres qu'ils ne le seraient plus s'ils avaient cette connaissance.

Tel homme passe sa vie sans ennui en jouant tous les jours peu de chose. Donnez-lui tous les matins l'argent qu'il peut gagner chaque jour, à la charge qu'il ne joue point, vous le rendez malheureux. On dira peut-être que c'est qu'il recherche l'amusement du jeu et non pas le gain. Faites-le donc jouer pour rien, il ne s'y échauffera point et s'y ennuiera: ce n'est donc pas l'amusement seul qu'il recherche, un amusement languissant et sans passion l'ennuiera. Il faut qu'il s'y échauffe, et qu'il se pipe lui-même en s'imaginant qu'il serait heureux de gagner ce qu'il ne voudrait pas qu'on lui donnât à condition de ne point jouer, afin qu'il se forme un sujet de passion et qu'il excite sur cela son désir, sa colère, sa crainte pour l'objet qu'il s'est formé, comme les enfants qui s'effraient du visage qu'ils ont barbouillé.] C.

D'où vient que cet homme qui a perdu depuis peu de mois son fils unique et qui, accablé de procès et de querelles, était ce matin si troublé, n'y pense plus maintenant? Ne vous en étonnez pas, il est tout occupé à voir par où passera ce sanglier que les chiens poursuivent avec tant d'ardeur depuis six heures: il n'en faut pas davantage. L'homme, quelque plein de tristesse qu'il soit, si on peut gagner sur lui de le faire entrer en quelque divertissement, le voilà heureux pendant ce temps-là; et l'homme, quelque heureux qu'il soit, s'il n'est diverti et occupé par quelque passion ou quelque amusement qui empêche l'ennui de

threaten us. And even if we found ourselves well sheltered all around, boredom, with its private authority, would not fail to emerge from the bottom of our hearts, where it has natural roots, and to fill our minds with its venom. B.

Thus, man is so unfortunate that he'd become bored even with no cause for boredom, because of the very state of his constitution. And he's so frivolous that, filled as he is with a thousand essential causes of boredom, the slightest thing, such as a billiard cue and a ball to push with it, are enough to distract him.

[But, you'll say, what is his purpose in all this? That of boasting to his friends the next day that he played better than someone else. Thus, other people sweat in their study in order to show scholars that they've solved a problem in algebra for which no solution had yet been found, and many others risk utmost peril in order to boast later on about a fortress they've stormed, quite foolishly to my way of thinking. And, lastly, others knock themselves out noting down all these things, not to become any wiser thereby but merely to show that they know them. And the last group are the biggest fools of the lot, because they are aware that they are, whereas it's possible to think that the others would no longer be such fools if they had that awareness.

A given man spends his life without boredom by wagering a small amount daily. Give him every morning the money he could win that day, on the condition that he refrain from gambling, and you'll make him miserable. You might say it's because he is seeking the distraction of gambling, not any profit. Make him play for no stakes, then; he won't get excited and he'll get bored: so, it isn't the distraction alone that he seeks; in fact, a tepid, passionless distraction will bore him. He must get excited at it, he must fool himself by imagining that he'd be happy to win something he'd turn down if it were given to him on the condition he refrain from gambling; he does this to create a subject of passion for himself and thereby to excite his desire, anger, and fear over the object he has thus created, just as children get frightened by the daubs they themselves have painted on their faces.] C.

How is it that a man who has lost his only son a few months previously, and who, overwhelmed with lawsuits and disputes, was so troubled this morning, is no longer thinking of all that? Don't be amazed by this, all his attention is focused on the direction that will be taken by the boar that his hounds have been pursuing so ardently for six hours; nothing more is necessary. No matter how filled with sadness a man is, if he can be persuaded to partake of some diversion, he'll be happy during that time; and no matter how happy he may be,

se répandre, sera bientôt chagrin et malheureux. Sans divertissement, il n'y a point de joie; avec le divertissement, il n'y a point de tristesse; et c'est aussi ce qui forme le bonheur des personnes. D. de grande condition qu'ils ont un nombre de personnes qui les divertissent et qu'ils ont le pouvoir de se maintenir en cet état.

Prenez-y garde, qu'est-ce autre chose d'être surintendant, chancelier, premier président, sinon d'être en une condition où l'on a le matin un grand nombre de gens qui viennent de tous côtés pour ne leur laisser pas une heure en la journée où ils puissent penser à eux-mêmes. Et quand ils sont dans la disgrâce et qu'on les renvoie à leurs maisons des champs où ils ne manquent ni de biens ni de domestiques pour les assister dans leurs besoins, ils ne laissent pas d'être misérables et abandonnés parce que personne ne les empêche de songer à eux. [LG 126, B 139, L 136]

Divertissement.

La dignité royale n'est-elle pas assez grande d'elle-même pour celui qui la possède pour le rendre heureux par la seule vue de ce qu'il est? Faudra-t-il le divertir de cette pensée comme les gens du commun? Je vois bien que c'est rendre un homme heureux de le divertir de la vue de ses misères domestiques pour remplir toute sa pensée du soin de bien danser, mais en sera-t-il de même d'un roi et sera-t-il plus heureux en s'attachant à ces vains amusements qu'à la vue de sa grandeur? Et quel objet plus satisfaisant pourrait-on donner à son esprit? Ne serait-ce donc pas faire tort à sa joie d'occuper son âme à penser à ajuster ses pas à la cadence d'un air ou à placer adroitement une barre, au lieu de le laisser jouir en repos de la contemplation de la gloire majestueuse qui l'environne? Qu'on en fasse l'épreuve, qu'on laisse un roi tout seul sans aucune satisfaction des sens, sans aucun soin dans l'esprit, sans compagnies, penser à lui tout à loisir, et l'on verra qu'un roi sans divertissement est un homme plein de misères. Aussi on évite cela soigneusement et il ne manque jamais d'y avoir auprès des personnes des rois un grand nombre de gens qui veillent à faire succéder le divertissement à leurs affaires et qui observent tout le temps de leur loisir pour leur fournir des plaisirs et des jeux en sorte qu'il n'y ait point de vide. C'est-à-dire qu'ils sont environnés de personnes qui ont un soin merveilleux de prendre garde que le roi ne soit seul et en état de penser à soi, sachant bien qu'il sera misérable, tout roi qu'il est, s'il y pense.

if he isn't distracted and busied by some passion or amusement which keeps boredom from spreading, he'll soon be morose and unhappy. Without distraction there's no joy; with distraction there's no sadness; and also, that which creates the happiness (D.) of people of high rank is their having a number of people who distract them, and they have the power to maintain themselves in that state.

Look closely: what else is being a finance minister, a chancelor, or a chief justice except being in a position to have a lot of people coming from all sides every morning and not leaving an hour in the day when you can think about yourself? And when such men fall into disfavor and are rusticated to their homes in the provinces, where they lack neither wealth nor servants to attend to their needs, they invariably feel miserable and deserted because no one is keeping them from thinking about themselves.

Distraction.

Isn't royal dignity great enough in itself to make its possessor happy at the mere sight of what he is? Is it still necessary to distract his thoughts from that, as it is for commoners? I see clearly that a man is made happy when his thoughts are distracted from the sight of his domestic miseries because they're filled with the concern of dancing well, but will the same hold true of a king, and will he be made happier by indulging in these frivolous pastimes than by contemplating his own majesty? What more satisfying theme could his mind be given? Wouldn't it thus be a hindrance to his joy to busy his mind with the thought of adapting his steps to the cadence of a melody or skillfully hurling an iron rod, instead of letting him enjoy in peace the contemplation of the majestic glory surrounding him? Put it to the test, leave a king all alone without any sensory satisfaction, without a care in his mind, without retinue, and let him think about himself at leisure, and you'll find that a king without distractions is a man full of misery. And so, this is sedulously avoided, and one never fails to find a large number of people around a king, whose duty it is to mingle pastimes with his business and constantly strive during his leisure hours to supply him with pleasures and games, so there is no vacuum. That is, kings are surrounded by people who take scrupulous care not to leave him alone in a state where he might think about himself, because they're well aware he'd be miserable, king though he be, if he thought about it.

Je ne parle point en tout cela des rois chrétiens comme chrétiens, mais seulement comme rois. [LG 127, B 142, L 137]

Divertissement.

On charge les hommes dès l'enfance du soin de leur honneur, de leur bien, de leurs amis, et encore du bien et de l'honneur de leurs amis, on les accable d'affaires, de l'apprentissage des langues et d'exercices, et on leur fait entendre qu'ils ne sauraient être heureux sans que leur santé, leur honneur, leur fortune, et celles de leurs amis soient en bon état, et qu'une seule chose qui manque les rendra malheureux. Ainsi on leur donne des charges et des affaires qui les font tracasser dès la pointe du jour.

— Voilà, direz-vous, une étrange manière de les rendre heureux; que pourrait-on faire de mieux pour les rendre malheureux?

— Comment? Ce qu'on pourrait faire? Il ne faudrait que leur ôter tous ces soins, car alors ils se verraient, ils penseraient à ce qu'ils sont, d'où ils viennent, où ils vont, et ainsi on ne peut trop les occuper et les détourner. Et c'est pourquoi, après leur avoir tant préparé d'affaires, s'ils ont quelque temps de relâche, on leur conseille de l'employer à se divertir, à jouer, et s'occuper toujours tout entiers.

Que le cœur de l'homme est creux et plein d'ordure! [LG 129, B 143, L 139]

Philosophes.

Ils croient que Dieu est seul digne d'être aimé et d'être admiré, et ont désiré d'être aimés et admirés des hommes, et ils ne connaissent pas leur corruption. S'ils se sentent pleins de sentiments pour l'aimer et l'adorer, et qu'ils y trouvent leur joie principale, qu'ils s'estiment bons, à la bonne heure! Mais s'ils s'y trouvent répugnants, s'ils n'ont aucune pente qu'à se vouloir établir dans l'estime des hommes, et que pour toute perfection, ils fassent seulement que, sans forcer les hommes, ils leur fassent trouver leur bonheur à les aimer, je dirai que cette perfection est horrible. Quoi! ils ont connu Dieu et n'ont pas désiré uniquement que les hommes l'aimassent, mais que les hommes s'arrêtassent à eux. Ils ont voulu être l'objet du bonheur volontaire des hommes. [LG 132, B 463, L 142]

Philosophes.

In all this, I'm speaking about Christian kings not as Christians, but merely as kings.

Distraction.

From childhood men are burdened with a concern for their honor, their property, their friends, and even with their friends' property and honor; they are weighed down with business, with the learning of languages and other training, and they are given to understand that they can't be happy unless their health, their honor, their fortune, and those of their friends, are in good condition, and that a single thing missing will make them unhappy. Thus they are given offices and tasks which make them fuss about from the break of day.

You may say: "That's an odd way to make them happy; what more could you do to make them unhappy?"

What!? What could you do? All you'd need to do is take away all those cares, and then they'd see themselves, they'd think about what they are, where they come from, where they're going; and so, you can't give them too much to busy themselves with, to distract them. And that's why, after having prepared so much business for them, if they have any time off, their friends advise them to spend it in pastimes and games, always occupying their minds completely.

How hollow man's heart is and how full of filth!

Philosophers.

They think that God alone is worthy to be loved and admired, but *they* have desired to be loved and admired by men, and they don't realize how perverted that is. If they feel filled with the urge to love and worship him, and find their chief joy in that, let them consider themselves good people. Fine! But if they find themselves reluctant to do so, if they have no other inclination than to desire to obtain the esteem of men, and if, as the height of perfection, they merely bring it about that, without compelling men, they make them find their happiness in loving them, I say that such perfection is horrible. What!? They've known God and haven't formed the sole desire that men should love him, but wish men to dwell on them and love them! They have wished to be the object of men's voluntary happiness.

Philosophers.

Nous sommes pleins de choses qui nous jettent au dehors.

Notre instinct nous fait sentir qu'il faut chercher notre bonheur hors de nous. Nos passions nous poussent au dehors, quand même les objets ne s'offriraient pas pour les exciter. Les objets du dehors nous tentent d'eux-mêmes et nous appellent quand même nous n'y pensons pas. Et ainsi les philosophes ont beau dire: «rentrez-vous en vous-mêmes, vous y trouverez votre bien», on ne les croit pas et ceux qui les croient sont les plus vides et les plus sots. [LG 133, B 464, L 143]

Seconde partie.

Que l'homme sans la foi ne peut connaître le vrai bien ni la justice.

Tous les hommes recherchent d'être heureux. Cela est sans exception, quelques différents moyens qu'ils y emploient. Ils tendent tous à ce but. Ce qui fait que les uns vont à la guerre et que les autres n'y vont pas est ce même désir qui est dans tous les deux accompagné de différentes vues. La volonté ne fait jamais la moindre démarche que vers cet objet. C'est le motif de toutes les actions de tous les hommes, jusqu'à ceux qui vont se pendre.

Et cependant depuis un si grand nombre d'années jamais personne, sans la foi, n'est arrivé à ce point où tous visent continuellement. Tous se plaignent, princes, sujets, nobles, roturiers, vieux, jeunes, forts, faibles, savants, ignorants, sains, malades, de tous pays, de tous les temps, de tous âges et de toutes conditions.

Une épreuve si longue, si continuelle et si uniforme devrait bien nous convaincre de notre impuissance d'arriver au bien par nos efforts. Mais l'exemple nous instruit peu. Il n'est jamais si parfaitement semblable qu'il n'y ait quelque délicate différence, et c'est de là que nous attendons que notre attente ne sera pas déçue en cette occasion comme en l'autre; et ainsi, le présent ne nous satisfaisant jamais, l'expérience nous pipe, et de malheur en malheur nous mène jusqu'à la mort qui en est un comble éternel.

Qu'est-ce donc que nous crie cette avidité et cette impuissance sinon qu'il y a eu autrefois dans l'homme un véritable bonheur, dont il ne lui reste maintenant que la marque et la trace toute vide, et qu'il essaie inutilement de remplir de tout ce qui l'environne, recherchant des choses absentes le secours qu'il n'obtient pas des présentes, mais qui en sont toutes incapables parce que ce gouffre infini ne peut être rempli que par un objet infini et immuable, c'est-à-dire que par Dieu même.

Lui seul est son véritable bien. Et depuis qu'il l'a quitté, c'est une

We are filled with things that draw us outside of ourselves.

Our instinct makes us sense that we must seek our happiness outside ourselves. Our passions impel us outwards, even when there is no object in view to excite them. The objects outside us tempt us in themselves and beckon to us even when we don't think about them. And so, the philosophers say in vain: "Look inside yourselves, and you'll find what's good for you there." People don't believe them, and those who do believe them are the emptiest and most foolish.

Second part.

That without faith man cannot know true good or justice.

All men long to be happy. There is no exception to that, no matter how their methods of doing so differ. They all aim for that goal. That which makes some go off to war, and others not, is that same desire, present in both of them but accompanied by differing viewpoints. Their will never takes a single step except toward that object. It is the motive of all the actions of all men, even those about to hang themselves.

And yet, in the course of all these years no one yet, without faith, has arrived at that point which everyone constantly aims for. Everyone laments, rulers, subjects, noblemen, commoners, old, young, strong, weak, learned, ignorant, healthy, sick, of all countries, of all times, of all ages, and of all walks in life.

An experiment carried on for so long, with such continuity and uniformity, really ought to convince us of our powerlessness to reach the good through our own efforts. But example doesn't teach us much. It is never so completely similar to our own situation that some subtle difference can't be found, and therefore we expect that our hopes will not be disappointed this time around as they were in the past; and so, the present never satisfying us, experience hoodwinks us, and leads us from one misfortune to another until death, which is their eternal culmination.

What is it, then, that this avidity and this powerlessness proclaim to us except that man once possessed true happiness, only a sign and empty trace of which remain to him now, and which he attempts in vain to fill with all that surrounds him, seeking from absent things the aid he doesn't receive from those at hand? But all these things are unable to help because that infinite gulf can only be filled by an infinite, unchanging object, that is: by God himself.

He alone is man's true good. And ever since man abandoned him,

chose étrange qu'il n'y a rien dans la nature qui n'ait été capable de lui en tenir la place, astres, ciel, terre, éléments, plantes, choux, poireaux, animaux, insectes, veaux, serpents, fièvre, peste, guerre, famine, vices, adultère, inceste. Et, depuis qu'il a perdu le vrai bien, tout également peut lui paraître tel, jusqu'à sa destruction propre, quoique si contraire à Dieu, à la raison et à la nature tout ensemble.

Les uns le cherchent dans l'autorité, les autres dans les curiosités et dans les sciences, les autres dans les voluptés.

D'autres qui en ont en effet plus approché ont considéré qu'il est nécessaire que ce bien universel que tous les hommes désirent ne soit dans aucune des choses particulières qui ne peuvent être possédées que par un seul et qui, étant partagées, affligent plus leurs possesseurs par le manque de la partie qu'ils n'ont pas qu'elles ne les contentent par la jouissance de celle qui lui appartient. Ils ont compris que le vrai bien devait être tel que tous pussent le posséder à la fois sans diminution et sans envie, et que personne ne le pût perdre contre son gré; et leur raison est que, ce désir étant naturel à l'homme, puisqu'il est nécessairement dans tous et qu'il ne peut pas ne le pas avoir, ils en concluent . . . [LG 138, B 425, L 148]

Le dernier acte est sanglant, quelque belle que soit la comédie en tout le reste. On jette enfin de la terre sur la tête et en voilà pour jamais. [LG 154, B 210, L 165]

Nous courons sans souci dans le précipice après que nous avons mis quelque chose devant nous pour nous empêcher de le voir. [LG 155, B 183, L 166]

La conduite de Dieu, qui dispose toutes choses avec douceur, est de mettre la religion dans l'esprit par les raisons et dans le cœur par la grâce; mais de la vouloir mettre dans l'esprit et dans le cœur par la force et par les menaces, ce n'est pas y mettre la religion mais la terreur. *Terrorem potius quam religionem.* [LG 161, B 185, L 172]

Si on soumet tout à la raison, notre religion n'aura rien de mystérieux et de surnaturel.

it's strange to see that nothing in nature has been able to take his place for him, neither the heavenly bodies, the sky, earth, elements, plants, cabbages, leeks, animals, insects, calves, snakes, fever, plague, war, famine, vices, adultery, nor incest. And ever since he has lost the true good, anything whatsoever can represent it for him, even his own destruction, no matter how contrary to God, reason, and nature combined.

Some seek the good in authority, others in curiosities and sciences, others in physical pleasures.

Others, who have actually come closer to it, have thought that, of necessity, this universal good desired by all men cannot reside in any of those individual things which can only be possessed by one person, and which, when divided up, sadden their owners by the lack of the part they don't have, more than they satisfy them by the enjoyment of the part that they do own. These people have understood that the true good must be of such a nature that all men can possess it at the same time without its being diminished and without their feeling envy, so that no one could lose it against his will; their reason is that, this desire being natural to man, since of necessity it is found in everyone and no one can fail to have it, they conclude from this. . . .

The last act is bloody, however delightful all the rest of the play may be. At the end, earth is thrown on one's head and that's that forever.

We dash heedlessly into the precipice after having placed something in front of us to hinder us from seeing it.

The conduct of God, who arranges all things gently, is to put religion in our mind by means of logical thought, and in our heart by means of grace; the desire to put it in our mind and heart by force and by threats means implanting not religion, but terror: *terrorem potius quam religionem.*

If everything is submitted to reason, our religion will contain nothing mysterious or supernatural.

Si on choque les principes de la raison, notre religion sera absurde et ridicule. [LG 162, B 273, L 173]

Jésus-Christ a fait des miracles et les apôtres ensuite. Et les premiers saints en grand nombre, parce que, les prophéties n'étant pas encore accomplies, et s'accomplissant par eux, rien ne témoignait que les miracles. Il était prédit que le Messie convertirait les nations. Comment cette prophétie se fût-elle accomplie sans la conversion des nations? Et comment les nations se fussent-elles converties au Messie, ne voyant pas ce dernier effet des prophéties qui le prouvent? Avant donc qu'il ait été mort, ressuscité et converti les nations, tout n'était pas accompli et ainsi il a fallu des miracles pendant tout ce temps. Maintenant il n'en faut plus contre les Juifs, car les prophéties accomplies sont un miracle subsistant. [LG 169, B 838, L 180]

La foi dit bien ce que les sens ne disent pas, mais non pas le contraire de ce qu'ils voient; elle est au-dessus, et non pas contre. [LG 174, B 265, L 185]

La dernière démarche de la raison est de reconnaître qu'il y a une infinité de choses qui la surpassent. Elle n'est que faible si elle ne va jusqu'à connaître cela.

Que si les choses naturelles la surpassent, que dira-t-on des surnaturelles? [LG 177, B 267, L 188]

H. 9.
Disproportion de l'homme.
Que l'homme contemple donc la nature entière dans sa haute et pleine majesté, qu'il éloigne sa vue des objets bas qui l'environnent. Qu'il regarde cette éclatante lumière mise comme une lampe éternelle pour éclairer l'univers, que la terre lui paraisse comme un point au prix du vaste tour que cet astre décrit, et qu'il s'étonne de ce que ce vaste tour lui-même n'est qu'une pointe très délicate à l'égard de celui que ces astres qui roulent dans le firmament embrassent. Mais si notre vue s'arrête là, que l'imagination passe outre, elle se lassera plutôt de concevoir que la nature de fournir. Tout le monde visible

If the principles of reason are jolted, our religion will be absurd and laughable.

Jesus Christ performed miracles, and so did the Apostles later on. And the earliest saints performed many, because, the prophecies not yet having been fulfilled but becoming fulfilled through them, there was nothing to give testimony except the miracles. It was foretold that the Messiah would convert the foreign nations. How could that prophecy have been fulfilled unless the nations were actually converted? And how could the nations have been converted to the Messiah without seeing this final outcome of the prophecies which prove it? Thus, before he had been dead and resuscitated, and had converted the nations, all was not yet fulfilled, and therefore miracles were necessary during all that time. Now none are needed any longer against the Jews, because the fulfillment of the prophecies is a permanent miracle.

Faith speaks clearly what our senses fail to tell us, but it doesn't state the opposite of what they see; it is above them, but not in opposition to them.

The last step taken by reason is to acknowledge that there are an infinity of things which go beyond it. It is weak only if it doesn't reach that point of recognition.

Now, if natural things go beyond it, what shall we say about supernatural things?

H.9.
Lack of proportion in man.
Thus, let man contemplate all of nature in its lofty, complete majesty, let him raise his eyes far from the low objects that surround him. Let him look at that blazing light set like an eternal lamp to illuminate the universe, let the earth appear to him like a speck in comparison with the vast orbit which that star describes, and let him be amazed at the thought that this vast orbit is itself merely a very tiny speck compared to that embraced by the stars that roll in the firmament. But if our eyes stop there, let our imagination go beyond, and it will grow weary with conceiving things sooner than nature will grow

n'est qu'un trait imperceptible dans l'ample sein de la nature. Nulle idée n'en approche; nous avons beau enfler nos conceptions au-delà des espaces imaginables, nous n'enfantons que des atomes, au prix de la réalité des choses. C'est une sphère infinie dont le centre est partout, la circonférence nulle part. Enfin c'est le plus grand caractère sensible de la toute-puissance de Dieu que notre imagination se perde dans cette pensée.

Que l'homme étant revenu à soi considère ce qu'il est au prix de ce qui est, qu'il se regarde comme égaré dans ce canton détourné de la nature; et que, de ce petiti cachot où il se trouve logé, j'entends l'univers, il apprenne à estimer la terre, les royaumes, les villes et soi-même son juste prix.

Qu'est-ce qu'un homme dans l'infini?

Mais pour lui présenter un autre prodige aussi étonnant, qu'il recherche dans ce qu'il connaît les choses les plus délicates, qu'un ciron lui offre dans la petitesse de son corps des parties incomparablement plus petites, des jambes avec des jointures, des veines dans ses jambes, du sang dans ses veines, des humeurs dans ce sang, des gouttes dans ces humeurs, des vapeurs dans ces gouttes; que, divisant encore ces dernières choses, il épuise ses forces en ces conceptions, et que le dernier objet où il peut arriver soit maintenant celui de notre discours. Il pensera peut-être que c'est là l'extrême petitesse de la nature.

Je veux lui faire voir là-dedans un abîme nouveau. Je lui veux peindre non seulement l'univers visible, mais l'immensité qu'on peut concevoir de la nature dans l'enceinte de ce raccourci d'atome; qu'il y voie une infinité d'univers, dont chacun a son firmament, ses planètes, sa terre, en la même proportion que le monde visible, dans cette terre des animaux, et enfin des cirons dans lesquels il retrouvera ce que les premiers ont donné, et trouvant encore dans les autres la même chose sans fin et sans repos, qu'il se perde dans ces merveilles aussi étonnantes dans leur petitesse que les autres par leur étendue; car qui n'admirera que notre corps, qui tantôt n'était pas perceptible dans l'univers imperceptible lui-même dans le sein du tout, soit à présent un colosse, un monde ou plutôt un tout à l'égard du néant où l'on ne peut arriver? Qui se considérera de la sorte s'effraiera de soi-même et, se considérant soutenu dans la masse que la nature lui a donnée entre ces deux abîmes de l'infini et du néant, il tremblera dans la vue de ces merveilles, et je crois que, sa curiosité se changeant en admiration, il sera plus disposé à les contempler en silence qu'à les rechercher avez présomption.

weary supplying them. The entire visible world is only an imperceptible jot in the broad bosom of nature. No idea comes near it; it is in
vain that we puff up our conceptions beyond imaginable space, we
give birth only to atoms, compared to the reality of things. It's an infinite sphere, of which the center is everywhere and the circumference
nowhere. In short, the greatest perceivable mark of the almightiness
of God is that our imagination gets lost in the thought of this.

Returning to himself, let man consider what he is in comparison to
all that is; let him regard himself as a stray wanderer in this remote
district of nature; and from this little dungeon where he finds himself
lodged—I mean the universe—let him learn to value the earth, its
kingdoms, its cities, and himself at their true worth.

What is a man in infinity?

But, to present him with another marvel equally astonishing, let
him examine the tiniest things within his ken, let a cheese mite show
him, within the smallness of its body, parts that are incomparably
smaller, legs with their joints, veins in those legs, blood in those veins,
humors in that blood, drops in those humors, vapors in those drops;
let him, as he continues to subdivide these last things, exhaust his
strength in these conceptions, and let the final object he can reach be
now the subject of our argument. Perhaps he will think he has found
the smallest thing in nature.

But, within that, I wish to show him a new abyss. I wish to paint for
him not merely the visible universe, but also the immensity of nature
conceivable within the precincts of this abridgment of an atom; let
him see in it an infinity of universes, each with its own firmament,
planets, and earth, in the same ratio as the visible world; on this earth
let him see animals, and finally cheese mites, in which he will redis-
cover what the earlier mites had to show; finding in these new mites,
as well, that same restless infinity, let him become lost in these wonders, which are just as amazing in their smallness as the others are in
their magnitude; for who will not be astonished that our body, which
a while ago wasn't perceptible within a universe itself imperceptible
within the totality of things, is now a colossus, a world, or, rather, a totality, compared to the nothingness which no one can reach? Anyone
who looks at himself this way will be frightened at himself and, considering himself supported, in the mass which nature has allotted to
him, between these two abysses of infinity and nothingness, he will
tremble at the sight of these wonders; and I believe that, when his curiosity changes to wonderment, he will be more disposed to contemplating them in silence than to investigating them presumptuously.

Car enfin qu'est-ce qu'un homme dans la nature? Un néant à l'é-gard de l'infini, un tout à l'égard du néant, un milieu entre rien et tout, infiniment éloigné de comprendre les extrêmes. La fin des choses et leurs principes sont pour lui invinciblement cachés dans un secret impénétrable.

Également incapable de voir le néant d'où il est tiré et l'infini où il est englouti, que fera-t-il donc, sinon d'apercevoir quelque apparence du milieu des choses dans un désespoir éternel de connaître ni leur principe ni leur fin? Toutes choses sont sorties du néant et portées jusqu'à l'infini. Qui suivra ces étonnantes démarches? L'auteur de ces merveilles les comprend. Tout autre ne le peut faire.

Manque d'avoir contemplé ces infinis, les hommes se sont portés témérairement à la recherche de la nature comme s'ils avaient quelque proportion avec elle.

C'est une chose étrange qu'ils ont voulu comprendre les principes des choses et de là arriver jusqu'à connaître tout, par une présomption aussi infinie que leur objet. Car il est sans doute qu'on ne peut former ce dessein sans une présomption ou sans une capacité infinie, comme la nature.

Quand on est instruit, on comprend que, la nature ayant gravé son image et celle de son auteur dans toutes choses, elles tiennent presque toutes de sa double infinité. C'est ainsi que nous voyons que toutes les sciences sont infinies en l'étendue de leurs recherches, car qui doute que la géométrie, par exemple, a une infinité d'infinités de propositions à exposer? Elles sont aussi infinies dans la multitude et la délicatesse de leurs principes, car qui ne voit que ceux qu'on propose pour les derniers ne se soutiennent pas d'eux-mêmes et qu'ils sont appuyés sur d'autres qui, en ayant d'autres pour appui, ne souffrent jamais de dernier?

Mais nous faisons des derniers qui paraissent à la raison comme on fait dans les choses matérielles où nous appelons un point indivisible celui au-delà duquel nos sens n'aperçoivent plus rien, quoique divisible infiniment et par sa nature.

De ces deux infinis des sciences, celui de grandeur est bien plus sensible, et c'est pourquoi il est arrivé à peu de personnes de prétendre connaître toutes choses. «Je vais parler de tout», disait Démocrite.

Mais l'infinité en petitesse est bien moins visible. Les philosophes ont bien plutôt prétendu d'y arriver, et c'est là où tous ont achoppé. C'est ce qui a donné lieu à ces titres si ordinaires, *Des principes des choses, Des principes de la philosophie*, et aux semblables aussi

For, in the last analysis, what is a man within nature? A nothingness compared to infinity, a totality compared to nothingness, a halfway mark between nothing and everything, infinitely far from an understanding of the extremes. The end of things and their sources are invincibly hidden from him in an impenetrable mystery.

Equally unable to see the nothingness from which he was drawn and the infinity in which he is engulfed, what then will he do, except to perceive some semblance of the midway point of things, in eternal despair of knowing either their beginning or their end? All things have emerged from nothingness and are carried all the way to infinity. Who will follow those amazing courses? The Author of those wonders understands them. No one else can.

For want of having contemplated these infinities, men have rashly undertaken research into nature as if they stood in some ratio to it.

It's strange to see that they have tried to understand the beginnings of things, and from there to reach the point of knowing everything, with a presumption just as infinite as their aim. Because there is no doubt that such a plan cannot be formulated without a presumption or a capability as infinite as nature.

When a man is educated, he understands that, nature having engraved its image and that of its Author on all things, almost all of them partake of its twofold infinity. Thus, we see that every science is infinite in the extent of its research, for who doubts that geometry, for example, has an infinity of infinities of theorems to propound? They are also infinite in the great number and the fineness of their principles, for who does not see that the principles set forth as being the final ones don't support themselves, but are supported by others which, having yet others for support, never allow of a final one?

But we go about with the final ones that our reason can attain just as we go about with material things, when we call indivisible a point beyond which our senses perceive nothing more, even though it is divisible infinitely and by its nature.

Of these two infinities in sciences, that of magnitude is much more perceptible, and that's why very few people have claimed to know everything. "I am going to speak about everything," Democritus said.

But the infinity of smallness is much less visible. Philosophers have indeed claimed to have reached it, and that has been the stumbling block for all of them. That is what has given rise to those very frequently occurring titles such as *On the Principles of Things, On the Principles of Philosophy,* and the similar ones, just as pompous in

fastueux en effet, quoique moins en apparence, que cet autre qui crève les yeux: *De omni scibili.*

On se croit naturellement bien plus capable d'arriver au centre des choses que d'embrasser leur circonférence, et l'étendue visible du monde nous surpasse visiblement. Mais, comme c'est nous qui surpassons les petites choses, nous nous croyons plus capables de les posséder, et cependant il ne faut pas moins de capacité pour aller jusqu'au néant que jusqu'au tout. Il la faut infinie pour l'un et l'autre, et il me semble que qui aurait compris les derniers principes des choses pourrait aussi arriver jusqu'à connaître l'infini. L'un dépend de l'autre, et l'un conduit à l'autre. Ces extrémités se touchent et se réunissent à force de s'être éloignées, et se retrouvent en Dieu, et en Dieu seulement.

Connaissons donc notre portée. Nous sommes quelque chose et nous ne sommes pas tout. Ce que nous avons d'être nous dérobe la connaissance des premiers principes qui naissent du néant, et le peu que nous avons d'être nous cache la vue de l'infini.

Notre intelligence tient dans l'ordre des choses intelligibles le même rang que notre corps dans l'étendue de la nature.

Bornés en tout genre, cet état qui tient le milieu entre deux extrêmes se trouve en toutes nos puissances. Nos sens n'aperçoivent rien d'extrême, trop de bruit nous assourdit, trop de lumière éblouit, trop de distance et trop de proximité empêche la vue. Trop de longueur et trop de brièveté du discours l'obscurcit, trop de vérité nous étonne. J'en sais qui ne peuvent comprendre que qui de zéro ôte 4 reste zéro. Les premiers principes ont trop d'évidence pour nous; trop de plaisir incommode, trop de consonances déplaisent dans la musique, et trop de bienfaits irritent. Nous voulons avoir de quoi surpasser la dette. «*Beneficia eo usque laeta sunt dum videntur exsolvi posse; ubi multum antevenere, pro gratia odium redditur.*» Nous ne sentons ni l'extrême chaud, ni l'extrême froid; les qualités excessives nous sont ennemies et non pas sensibles, nous ne les sentons plus, nous les souffrons. Trop de jeunesse et trop de vieillesse empêche l'esprit, trop et trop peu d'instruction.

Enfin les choses extrêmes sont pour nous comme si elles n'étaient point et nous ne sommes point à leur égard; elles nous échappent ou nous à elles.

Voilà notre état véritable. C'est ce qui nous rend incapables de savoir certainement et d'ignorer absolument. Nous voguons sur un

reality, though less so in appearance, as that other most glaring one: *On Everything Knowable.*

People naturally believe they are much better able to reach the center of things than to embrace their circumference, and the visible extent of the world visibly surpasses us. But, since it is we who surpass the little things, we think we are better able to possess them; yet, all the same, no less ability is needed to arrive at nothingness than at the totality. Infinite ability is needed for the one and the other, and it seems to me that whoever understood the final principles of things could also succeed in knowing the infinite. One depends on the other, and one leads to the other. These ends meet and join up by dint of having moved apart; they are found together again in God, and in God alone.

Thus, let us recognize the extent of our grasp. We are something and we aren't everything. The amount of being that we possess robs us of the knowledge of the first principles, which arise from nothingness, and the smallness of our share of being hides the view of the infinite from us.

Within the order of intelligible things our intelligence has the same rank that our body does within the extent of nature.

Circumscribed in every way, this state midway between two extremes is to be found in all our capabilities. Our senses perceive nothing extreme, too much noise deafens us, too much light dazzles us, too great a distance and too great a proximity hinder us from seeing. Excessive length and excessive brevity in a logical argument make it obscure, too much truth dumbfounds us. I know people who can't understand that 4 subtracted from nothing leaves nothing. The first principles are too clear for us; too much undesirable pleasure, too many consonant chords are displeasing in music, and too many benefactions annoy us. We want to be able to repay the debt with interest. "Benefactions are welcome when they can clearly be repaid; when they exceed that point, the mark of our gratitude is hatred."[63] We feel neither extreme heat nor extreme cold; excessive qualities are inimical to us and not perceptible; we no longer feel them, we suffer from them. Too much youth and too much age hinder the mind, as do too much or too little education.

In short, extreme things for us are as if they didn't exist, and we don't exist for them; they escape us, or we escape them.

That is our true state. That is what makes us unable to know with certainty or to be absolutely ignorant. We are floating on a vast

---

63. Tacitus.

milieu vaste, toujours incertains et flottants, poussés d'un bout vers l'autre; quelque terme où nous pensions nous attacher et nous affermir, il branle, et nous quitte, et si nous le suivons il échappe à nos prises, nous glisse et fuit d'une fuite éternelle; rien ne s'arrête pour nous. C'est l'état qui nous est naturel et toutefois le plus contraire à notre inclination. Nous brûlons du désir de trouver une assiette ferme, et une dernière base constante pour y édifier une tour qui s'éléve à l'infini, mais tout notre fondement craque et la terre s'ouvre jusqu'aux abîmes.

Ne cherchons donc point d'assurance et de fermeté; notre raison est toujours déçue par l'inconstance des apparences: rien ne peut fixer le fini entre les deux infinis qui l'enferment et le fuient.

Cela étant bien compris, je crois qu'on se tiendra en repos, chacun dans l'état où la nature l'a placé.

Ce milieu qui nous est échu en partage étant toujours distant des extrêmes, qu'importe qu'un autre ait un peu plus d'intelligence des choses; s'il en a, il les prend un peu de plus haut; n'est-il pas toujours infiniment éloigné du bout? Et la durée de notre vie n'est-elle pas également infime dans l'éternité pour durer dix ans davantage? Dans la vue de ces infinis, tous les finis sont égaux, et je ne vois pas pourquoi asseoir son imagination plutôt sur un que sur l'autre.

La seule comparaison que nous faisons de nous au fini nous fait peine.

Si l'homme s'étudiait le premier, il verrait combien il est incapable de passer outre. Comment se pourrait-il qu'une partie connût le Tout? Mais il aspirera peut-être à connaître au moins les parties avec lesquelles il a de la proportion. Mais les parties du monde ont toutes un tel rapport et un tel enchaînement l'une avec l'autre que je crois impossible de connaître l'une sans l'autre et sans le Tout.

L'homme par exemple a rapport à tout ce qu'il connaît. Il a besoin de lieu pour le contenir, de temps pour durer, de mouvement pour vivre, d'éléments pour le composer, de chaleur et d'aliments pour se nourrir, d'air pour respirer. Il voit la lumière, il sent les corps, enfin tout tombe sous son alliance. Il faut donc, pour connaître l'homme, savoir d'où vient qu'il a besoin d'air pour subsister et, pour connaître l'air, savoir par où il a ce rapport à la vie de l'homme, etc.

La flamme ne subsiste point sans l'air; donc, pour connaître l'un, il faut connaître l'autre.

Donc, toutes choses étant causées et causantes, aidées et aidantes, médiates et immédiates, et toutes s'entretenant par un lien naturel et insensible qui lie les plus éloignées et les plus différentes, je tiens im-

middle ground, always uncertain and wavering, shunted from one end
to the other; no matter what terminal point we try to attach ourselves
to, to steady ourselves, it's shaky and abandons us, and if we pursue it
it eludes our grasp, glides away, and flees in an eternal flight; nothing
stands still for us. It's the state that is natural to us, and yet the one
most opposed to our inclinations. We burn with the desire to find solid
ground and a definitive constant basis on which to build a tower loom-
ing to infinity, but all our foundations crack, and the earth opens all
the way to the abyss.

Thus, let us not seek assurance and firmness; our reason is always
disappointed by the inconstancy of appearances; nothing can fix the finite between the two infinites that enclose it and flee from it.

This being clearly understood, I think people will stay put, each one
in the state where nature has placed him.

This middle ground that has fallen to our lot being always distant
from the extremes, what does it matter if someone else has a little
more understanding of things? If he has, he has a slightly greater
overview of them, but isn't he always infinitely distant from the ex-
tremity? And isn't our life span just as negligible in eternity even if it
lasts ten years more? In the sight of all these infinities, all finite things
are equal, and I don't see why one's imagination should be fixed on
any one of them rather than any other.

The mere comparison that we make between ourselves and the finite saddens us.

If man studied himself first, he'd see how unable he is to go beyond
himself. How could a part possibly know the whole? But perhaps he
will aspire to know at least the parts with which he stands in a ratio. But
all parts of the world are so interrelated and interlinked that I think it
impossible to know one without knowing the others and the whole.

Man, for example, is related to everything he knows. He needs a
place to contain him, time to exist in, motion for life, elements to compose him, warmth and food to nourish him, air to breathe. He sees the
light, he feels bodies; in short, everything is allied to him. Therefore,
in order to know man, one must know how it is that he needs air to
stay alive, and, in order to know air, one must know whereby it has this
relationship to man's life, etc.

A flame cannot exist without air; thus, to know one of them, you
must know the other.

Therefore, all things being caused and causing others, aided and
aiding, mediate and immediate, and all interlinked by a natural, imperceptible bond which joins the most distant and the most different,

possible de connaître les parties sans connaître le tout, non plus que de connaître le tout sans connaître particulièrement les parties.

Et ce qui achève notre impuissance à connaître les choses est qu'elles sont simples en elles-mêmes et que nous sommes composés de deux natures opposées et de divers genre, d'âme et de corps. Car il est impossible que la partie qui raisonne en nous soit autre que spirituelle; et quand on prétendrait que nous serions simplement corporels, cela nous exclurait bien davantage de la connaissance des choses, n'y ayant rien de si inconcevable que de dire que la matière se connaît soi-même. Il ne nous est pas possible de connaître comment elle se connaîtrait.

Et ainsi, si nous sommes simples matériels, nous ne pouvons rien du tout connaître, et si nous sommes composés d'esprit et de matière, nous ne pouvons connaître parfaitement les choses simples, spirituelles ou corporelles.

De là vient que presque tous les philosophes confondent les idées de ces choses et parlent des choses corporelles spirituellement et des spirituelles corporellement, car ils disent hardiment que les corps tendent en bas, qu'ils aspirent à leur centre, qu'ils fuient leur destruction, qu'ils craignent le vide, qu'ils ont des inclinations, des sympathies, des antipathies, qui sont toutes choses qui n'appartiennent qu'aux esprits. Et, en parlant des esprits, ils les considèrent comme en un lieu, et leur attribuent le mouvement d'une place à une autre, qui sont choses qui n'appartiennent qu'aux corps.

Au lieu de recevoir les idées de ces choses pures, nous les teignons de nos qualités et empreignons notre être composé de toutes les choses simples que nous contemplons.

Qui ne croirait à nous voir composer toutes choses d'esprit et de corps que ce mélange-là nous serait bien compréhensible? C'est néanmoins la chose qu'on comprend le moins; l'homme est à lui-même le plus prodigieux objet de la nature, car il ne peut concevoir ce que c'est que corps et encore moins ce que c'est qu'esprit, et moins qu'aucune chose comment un corps peut être uni avec un esprit. C'est là le comble de ses difficultés et cependant c'est son propre être: *«modus quo corporibus adhaerent spiritus comprehendi ab homine non potest, et hoc tamen homo est»*.

Enfin, pour consommer la preuve de notre faiblesse, je finirai par ces deux considérations . . . [LG 185, B 72, L 199]

I consider it no more possible to know the parts without knowing the whole than it is to know the whole without knowing its individual parts.

And that which caps our powerlessness to know the things is that they are simple in themselves, whereas we are composed of two natures that are opposed and different in kind: soul and body. For it's impossible that the part of us which reasons is anything but spiritual; if we were to claim that we are purely corporal, that would shut us out much more from the knowledge of things, nothing being so inconceivable as to say that matter knows itself. It isn't possible for us to know in what way it could know itself.

And so, if we are simple and material, we can't know anything at all, and if we're composed of spirit and matter, we can't have perfect knowledge of uncomposed, simple things, be they spiritual or corporal.

That's why nearly all philosophers confuse the ideas of these things and speak about corporal things spiritually and spiritual things corporally, for they state boldly that bodies gravitate downward, that they seek their center, that they shun their destruction, that they abhor a vacuum, that they have inclinations, sympathies, and antipathies, which are all things that pertain only to spirits. And, when speaking about spirits, they consider them as located in a space, and attribute to them motion from one place to another, which are things that pertain only to bodies.

Instead of receiving the ideas of these things in their purity, we dye them with our own qualities and imprint our composed being with all the uncomposed things we contemplate.

Who, seeing us compose all things of spirit and body, wouldn't believe that we clearly understood the mixture? And yet it's what we understand least; man is to himself the most amazing thing in nature, for he can't conceive what the body is, much less what the spirit is, and least of all how a body can be joined to a spirit. That is the height of his difficulties, and yet it is his very being: "the way in which spirits adhere to bodies cannot be understood by man, and yet this is man."[64]

Finally, to complete the proof of our debility, I shall conclude with these two considerations. . . .

---

64. Saint Augustine.

H. 3.

L'homme n'est qu'un roseau, le plus faible de la nature, mais c'est un roseau pensant. Il ne faut pas que l'univers entier s'arme pour l'écraser; une vapeur, une goutte d'eau suffit pour le tuer. Mais quand l'univers l'écraserait, l'homme serait encore plus noble que ce qui le tue puisqu'il sait qu'il meurt et l'avantage que l'univers a sur lui, l'univers n'en sait rien.

Toute notre dignité consiste donc en la pensée. C'est de là qu'il faut nous relever et non de l'espace et de la durée, que nous ne saurions remplir.

Travaillons donc à bien penser: voilà le principe de la morale. [LG 186, B 347, L 200]

Le silence éternel de ces espaces infinis m'effraie. [LG 187, B 206, L 201]

S'il y a un seul principe de tout, une seule fin de tout, — tout par lui, tout pour lui — il faut donc que la vraie religion nous enseigne à n'adorer que lui et à n'aimer que lui. Mais comme nous nous trouvons dans l'impuissance d'adorer ce que nous ne connaissons pas et d'aimer autre chose que nous, il faut que la religion qui instruit de ces devoirs nous instruise aussi de ces impuissances, et qu'elle nous apprenne aussi les remèdes. Elle nous apprend que par un homme tout a été perdu et la liaison rompue entre Dieu et nous, et que par un homme la liaison est réparée. Nous naissons si contraires à cet amour de Dieu et il est si nécessaire, qu'il faut que nous naissions coupables, ou Dieu serait injuste. [LG 191, B 489, L 205]

Sans ces divines connaissances, qu'ont pu faire les hommes sinon ou s'élever dans le sentiment intérieur qui leur reste de leur grandeur passée, ou s'abattre dans la vue de leur faiblesse présente? Car ne voyant pas la vérité entière, ils n'ont pu arriver à une parfaite vertu; les uns considérant la nature comme incorrompue, les autres comme irréparable, ils n'ont pu fuir ou l'orgueil ou la paresse qui sont les deux sources de tous les vices, puisqu'il ne peut sinon ou s'y abandonner par lâcheté, ou en sortir par l'orgueil. Car s'ils connaissaient l'excellence de l'homme, ils en ignorent la corruption, de sorte qu'ils évitaient bien la paresse, mais ils se perdaient dans la superbe, et s'ils reconnaissent l'infirmité de la nature, ils en ignorent la dignité, de sorte

H.3.

Man is only a reed, the weakest thing in nature, but he's a thinking reed. It isn't necessary for the whole universe to take up arms to crush him: a vapor, a drop of water is enough to kill him. But even if the universe crushed him, man would still be more noble than that which kills him, since he knows that he dies and that the universe has an advantage over him, but the universe knows nothing of this.

All our dignity, therefore, consists in thought. It is on that account that we must exalt ourselves, not from notions of space or time, which we cannot fill out.

Thus, let us strive to think clearly: that is the source of morality.

The eternal silence of those infinite spaces frightens me.

If there is a single origin of everything and a single end of everything—all through him, all for him—then true religion must teach us to worship only him and love only him. But since we find ourselves powerless to worship that which we do not know or to love anything but ourselves, religion, which instructs men in such duties, must also teach us about that powerlessness and also teach us remedies for it. It teaches us that all was lost, and the bond between God and us broken, through one man, and that the bond was restored by another. We are born in such opposition to this love of God, and it is so necessary, that it must be concluded that we are born guilty, or else God would be unjust.

Without this divine knowledge, what else have men been able to do than either to exalt themselves in the inner sensation left to them of their erstwhile greatness, or to become dejected at the sight of their present debility? For, not seeing the truth entire, they have been unable to attain perfect virtue; some considering nature to be uncorrupted, others as irreparable, they have been unable to avoid either pride, or else spiritual sloth, which are the two sources of all the vices, since all man can do is either abandon himself to them out of laxity or emerge from them through pride. For, if people knew the excellence of man, they were unaware of his corruption, so that they succeeded in avoiding sloth, but were sunk in haughtiness; and if they recognized

qu'ils pouvaient bien éviter la vanité, mais c'était en se précipitant dans le désespoir.

De là viennent les diverses sectes des stoïques et des épicuriens, des dogmatistes et des académiciens, etc.

La seule religion chrétienne a pu guérir ces deux vices, non pas en chassant l'un par l'autre par la sagesse de la terre, mais en chassant l'un et l'autre par la simplicité de l'Évangile. Car elle apprend aux justes qu'elle élève jusqu'à la participation de la divinité même qu'en ce sublime état ils portent encore la source de toute la corruption qui les rend durant toute la vie sujets à l'erreur, à la misère, à la mort, au péché; et elle crie aux plus impies qu'ils sont capables de la grâce de leur rédempteur. Ainsi, donnant à trembler à ceux qu'elle justifie et consolant ceux qu'elle condamne, elle tempère avec tant de justesse la crainte avec l'espérance par cette double capacité qui est commune à tous et de la grâce et du péché, qu'elle abaisse infiniment plus que la seule raison ne peut faire, mais sans désespérer, et qu'elle élève infiniment plus que l'orgueil de la nature, mais sans enfler, faisant bien voir par là qu'étant seule exempte d'erreur et de vice, il n'appartient qu'à elle et d'instruire et de corriger les hommes.

Qui peut donc refuser à ces célestes lumières de les croire et de les adorer? Car n'est-il pas plus clair que le jour que nous sentons en nous-mêmes des caractères ineffaçables d'excellence et n'est-il pas aussi véritable que nous éprouvons à toute heure les effets de notre déplorable condition?

Que nous crie donc ce chaos et cette confusion monstrueuse sinon la vérité de ces deux états avec une voix si puissante qu'il est impossible de résister? [LG 194, B 435, L 208]

Qui jugera de la religion des Juifs par les grossiers la connaîtra mal. Elle est visible dans les saints livres et dans la tradition des prophètes qui ont assez fait entendre qu'ils n'entendaient pas la loi à la lettre. Ainsi notre religion est divine dans l'Évangile, les apôtres et la tradition, mais elle est ridicule dans ceux qui la traitent mal.

Le Messie selon les Juifs charnels doit être un grand prince temporel. Jésus-Christ selon les chrétiens charnels est venu nous dispenser d'aimer Dieu, et nous donner des sacrements qui opèrent tout sans nous; ni l'un ni l'autre n'est la religion chrétienne ni juive.

Les vrais Juifs et les vrais chrétiens ont toujours attendu un Messie qui les ferait aimer Dieu et par cet amour triompher de leurs ennemis. [LG 270, B 607, L 287]

the infirmity of nature, they were unaware of its dignity, so that they were able to avoid vanity, but only by plunging into despair.

That's the origin of the various sects of the Stoics and Epicureans, the dogmatists and the academicians, etc.

Only the Christian religion has been able to cure these two vices, not by driving one out by means of the other, in accordance with worldly wisdom, but by driving out both of them through the simplicity of the Gospels. For they teach the just, whom they raise all the way to sharing in godhead itself, that in this sublime state they still contain the source of all corruption, which makes them subject all their life to error, misery, death, and sin; and they proclaim to the godless that they are capable of their Redeemer's grace. Thus, giving cause to tremble to those whom they justify, and comforting those they condemn, they temper fear with hope so equitably (through that twofold capacity, common to all, for both grace and sin) that they lower us infinitely more than our unaided reason can, but without driving us to despair, and they exalt us infinitely more than the pride of our nature, but without puffing us up, thereby clearly demonstrating that, the Gospels alone being free of error and vice, only they can properly instruct and correct men.

So, who can refuse credence to this heavenly message, who can fail to worship it? For, isn't it clearer than daylight that we sense within ourselves indelible marks of excellence, and isn't it also true that we constantly experience the results of our deplorable state?

What do this chaos and this monstrous confusion proclaim to us, if not the truth of these two states, and in a voice so powerful that it's impossible to resist?

Anyone who judges the Jewish religion by its coarsest followers doesn't know it properly. It can be seen in the holy books and in the tradition of the prophets, who made it clear enough that they didn't take the law literally. And so, our religion is divine in the Gospels, the Apostles, and tradition, but it is laughable in those who handle it improperly.

According to the fleshly Jews, the Messiah had to be a great temporal ruler. According to worldly Christians, Jesus Christ came to excuse us from loving God, and to give us sacraments that operate without any input from us; neither of these views is either the Christian or the Jewish religion.

The true Jews and the true Christians have always awaited a Messiah who would make them love God and, through that love, triumph over their enemies.

Quelle différence entre un soldat et un chartreux quant à l'obéissance! Car ils sont également obéissants et dépendants, et dans des exercices également pénibles, mais le soldat espère toujours devenir maître et ne le devient jamais, car les capitaines et princes mêmes sont toujours esclaves et dépendants, mais il l'espère toujours, et travaille toujours à y venir, au lieu que le chartreux fait vœu de n'être jamais que dépendant; ainsi ils ne diffèrent pas dans la servitude perpétuelle, que tous deux ont toujours, mais dans l'espérance que l'un a toujours et l'autre jamais. [LG 337, B 539, L 356]

Il faut n'aimer que Dieu et ne haïr que soi.

Si le pied avait toujours ignoré qu'il appartînt au corps et qu'il y eût un corps dont il dépendît, s'il n'avait eu que la connaissance et l'amour de soi et qu'il vînt à connaître qu'il appartient à un corps duquel il dépend, quel regret, quelle confusion de sa vie passée, d'avoir été inutile au corps qui lui a influé la vie, qui l'eût anéanti s'il l'eût rejeté et séparé de soi, comme il se séparait de lui! Quelles prières d'y être conservé! Et avec quelle soumission se laisserait-il gouverner à la volonté qui régit le corps, jusqu'à consentir à être retranché s'il le faut! Ou il perdrait sa qualité de membre; car il faut que tout membre veuille bien périr pour le corps qui est le seul pour qui tout est. [LG 353, B 476, L 373]

«Si j'avais vu un miracle, disent-ils, je me convertirais.» Comment assurent-ils qu'ils feraient ce qu'ils ignorent? Ils s'imaginent que cette conversion consiste en une adoration qui se fait de Dieu comme un commerce et une conversation, telle qu'ils se la figurent. La conversion véritable consiste à s'anéantir devant cet être universel qu'on a irrité tant de fois et qui peut vous perdre légitimement à toute heure, à reconnaître qu'on ne peut rien sans lui et qu'on n'a rien mérité de lui que sa disgrâce. Elle consiste à connaître qu'il y a une opposition invincible entre Dieu et nous, et que sans un médiateur il ne peut y avoir de commerce. [LG 358, B 470, L 378]

Il est injuste qu'on s'attache à moi, quoiqu'on le fasse avec plaisir et volontairement. Je tromperais ceux à qui j'en ferais naître le désir, car

What a difference there is between a soldier and a Carthusian monk when it comes to obedience! They are equally obedient and dependent, and their exercises are equally difficult, but the soldier always has hopes of becoming a master, though he never does, because even captains and rulers are always slaves and dependents, but he keeps hoping and keeps striving to get there; whereas the Carthusian takes a vow never to be anything but a dependent. Thus, they don't differ in their perpetual servitude, which both of them always undergo, but in the hope which one of them has always, and the other never.

One must love only God and hate only oneself.

If the foot had always been unaware that it belonged to the body and there was a body on which it depended, if it had only had the awareness and love of itself, and it came to know that it belonged to a body on which it depended, what regrets, what embarrassment at its past life, for having been of no use to the body that breathed life into it, that would have destroyed it if it had rejected it and separated it from itself, the way the foot had separated itself from it! What prayers it would utter to be kept as part of the body! And with what submission it would let itself be ruled by the will that directs the body, to the point of consenting to being cut off, if necessary! Or else it would lose its standing as a member; because every member must be willing to die for the body, which is the only thing for which everything exists.

"If I saw a miracle," they say, "I'd convert." How can they assure us that they'd do something they know nothing about? They imagine that this conversion consists in a worship of God, like a business transaction or other dealings they may picture. True conversion consists in obliterating oneself before that universal Being who has been vexed so often, and who can legitimately destroy you at any time—in recognizing that you can do nothing without him and that you have deserved nothing of him but his bad graces. It consists in knowing that there is a invincible opposition between God and us, and that without a mediator we can have no dealings with him.

It would be wrong of anyone to become attached to me, even if he did so with pleasure, and voluntarily. I would disappoint those in whom I

je ne suis la fin de personne et n'ai pas de quoi les satisfaire. Ne suis-je pas prêt à mourir? Et ainsi l'objet de leur attachement mourra. Donc, comme je serais coupable de faire croire une fausseté, quoique je la persuadasse doucement, et qu'on la crût avec plaisir, et qu'en cela on me fît plaisir, de même, je suis coupable si je me fais aimer et si j'attire les gens à s'attacher à moi. Je dois avertir ceux qui seraient prêts à consentir au mensonge qu'ils ne le doivent pas croire, quelque avantage qui m'en revînt, et, de même, qu'ils ne doivent pas s'attacher à moi, car il faut qu'ils passent leur vie et leurs soins à plaire à Dieu ou à le chercher. [LG 375, B 471, L 396]

Je blâme également et ceux qui prennent parti de louer l'homme, et ceux qui le prennent de le blâmer, et ceux qui le prennent de se divertir, et je ne puis approuver que ceux qui cherchent en gémissant. [LG 384, B 421, L 405]

Cette guerre intérieure de la raison contre les passions a fait que ceux qui ont voulu avoir la paix se sont partagés en deux sectes. Les uns ont voulu renoncer aux passions et devenir dieux, les autres ont voulu renoncer à la raison et devenir bête brute. Des Barreaux. Mais ils ne l'ont pu ni les uns ni les autres, et la raison demeure toujours, qui accuse la bassesse et l'injustice des passions et qui trouble le repos de ceux qui s'y abandonnent. Et les passions sont toujours vivantes dans ceux qui y veulent renoncer. [LG 389, B 413, L 410]

Les hommes sont si nécessairement fous que ce serait être fou par un autre tour de folie de n'être pas fou. [LG 391, B 414, L 412]

Qui voudra connaître à plein la vanité de l'homme n'a qu'à considérer les causes et les effets de l'amour. La cause en est un je ne sais quoi. Corneille. Et les effets en sont effroyables. Ce je ne sais quoi, si peu de chose qu'on ne peut le reconnaître, remue toute la terre, les princes, les armées, le monde entier.

Le nez de Cléopâtre, s'il eût été plus court, toute la face de la terre aurait changé. [LG 392, B 162, L 413]

might awaken that wish, because I am no one's goal and I have nothing to satisfy anyone with. Am I not ready to die? And so, the object of their attachment will die. Thus, since I would be at fault if I made someone believe a lie, even if I used gentle persuasion and the lie was believed with pleasure, and I was given pleasure thereby, similarly I am at fault if I make myself loved and if I lure people to become attached to me. I must warn those who'd be ready to agree to the lie that they shouldn't believe it, no matter what I might gain from it, and similarly that they shouldn't become attached to me, because they ought to spend their lives and employ their cares in pleasing God or in seeking him.

I blame both those who take the course of praising man and those who set about reproaching him, and those who set about amusing themselves, and I can approve only of those who seek while moaning in sorrow.

This inner war between reason and the passions has brought it about that those who have chosen peace are divided into two factions. One party has wanted to renounce the passions and become gods, the other one has wanted to renounce reason and become brutish animals. Des Barreaux.[65] But neither side has succeeded, and reason still remains, accusing the baseness and injustice of the passions and troubling the repose of those who abandon themselves to them. And the passions are still alive in those who wish to renounce them.

Men are mad by such necessity that it would be mad, in another way of madness, not to be mad.

Whoever wishes to know man's vanity fully need only consider the causes and effects of love. The cause is an indefinable trifle. Corneille.[66] And the effects are frightful. That indefinable trifle, so inconsequential that you can't recognize it, shakes the whole earth, rulers, armies, the entire world.

If Cleopatra's nose had been shorter, the whole face of the earth would have changed.

---

65. A notorious atheist.   66. More than one of his plays exemplifies this.

Misère.

La seule chose qui nous console de nos misères est le divertissement. Et cependant c'est la plus grande de nos misères. Car c'est cela
qui nous empêche principalement de songer à nous, et qui nous fait
perdre insensiblement. Sans cela nous serions dans l'ennui, et cet
ennui nous pousserait à chercher un moyen plus solide d'en sortir,
mais le divertissement nous amuse et nous fait arriver insensiblement
à la mort. [LG 393, B 171, L 414]

Infini rien.

Notre âme est jetée dans le corps, où elle trouve nombre, temps,
dimensions; elle raisonne là-dessus et appelle cela nature, nécessité,
et ne peut croire autre chose.

L'unité jointe à l'infini ne l'augmente de rien, non plus que un pied
à une mesure infinie; le fini s'anéantit en présence de l'infini et devient un pur néant. [Ainsi notre esprit devant Dieu, ainsi notre justice
devant la justice divine. Il n'y a pas si grande disproportion entre notre
justice et celle de Dieu qu'entre l'unité et l'infini.

Il faut que la justice de Dieu soit énorme comme sa miséricorde.
Or la justice envers les réprouvés est moins énorme et doit moins
choquer que la miséricorde envers les élus.]

Nous connaissons qu'il y a un infini, et ignorons sa nature, comme
nous savons qu'il est faux que les nombres soient finis. Donc il est vrai
qu'il y a un infini en nombre, mais nous ne savons pas ce qu'il est. Il
est faux qu'il soit pair, il est faux qu'il soit impair; car en ajoutant l'u-
nité il ne change point de nature. Cependant c'est un nombre, et tout
nombre est pair ou impair. Il est vrai que cela s'entend de tout nombre fini. [Ainsi on peut bien connaître qu'il y a un Dieu sans savoir ce
qu'il est.]

Nous connaissons donc l'existence et la nature du fini parce que
nous sommes finis et étendus comme lui.

Nous connaissons l'existence de l'infini et ignorons sa nature, parce
qu'il a étendue comme nous, mais non pas des bornes comme nous.

Mais nous ne connaissons ni l'existence ni la nature de Dieu, parce
qu'il n'a ni étendue ni bornes. [N'y a-t-il point une vérité substantielle,
voyant tant de choses vraies qui ne sont point la vérité même?]

Misery.

The only thing that comforts us in our misery is distraction. And yet, it is the greatest of our miseries. Because it is chiefly distraction which prevents us from thinking about ourselves and ruins us by imperceptible degrees. Without it we'd be bored, and that boredom would prod us to find a surer way of getting out of it, but distractions entertain us and imperceptibly bring us to the point of death.

Infinity/nothing.

Our soul is cast into the body, where it finds number, time, and dimensions; it reasons about this and calls it nature and necessity, and can't believe anything different.

A unit added to infinity doesn't increase it, any more than one foot increases an infinite measure; the finite is annihilated in the presence of the infinite and becomes pure nothingness. [Thus, our spirit before God; thus, our justice before divine justice. The lack of proportion between our justice and God's is not as great as that between the unit and infinity.

God's justice must be as immense as his mercy. Now, justice administered to the damned is less immense and ought to be less shocking than mercy toward the elect.]

We recognize that there is an infinite, but we don't know its nature, just as we know that it's untrue that numbers are finite. Thus, it's true that there is an infinity in number, but we don't know what it is. It's not true that it's even, it's not true that it's odd, because when we add a unit, its nature doesn't change. Yet it's a number, and every number is even or odd. It's true that this is understood of every finite number. [Thus, it's quite possible to know that God exists without knowing his nature.]

Therefore we know the existence and the nature of the finite because we are finite, and have extension, like it.

We know the existence of the infinite but don't know its nature, because it has extension like us, but not boundaries, the way we do.

But we know neither the existence nor the nature of God, because he has neither extension nor boundaries. [Doesn't a substantial truth exist, in view of so many true things that aren't truth itself?]

Mais par la foi nous connaissons son existence, par la gloire nous connaîtrons sa nature.

Or j'ai déjà montré qu'on peut bien connaître l'existence d'une chose sans connaître sa nature.

Parlons maintenant selon les lumières naturelles.

S'il y a un Dieu, il est infiniment incompréhensible, puisque, n'ayant ni parties ni bornes, il n'a nul rapport à nous. Nous sommes donc incapables de connaître ni ce qu'il est, ni s'il est. Cela étant, qui osera entreprendre de résoudre cette question? Ce n'est pas nous, qui n'avons aucun rapport à lui.

Qui blâmera donc les chrétiens de ne pouvoir rendre raison de leur créance, eux qui professent une religion dont ils ne peuvent rendre raison? Ils déclarent en l'exposant au monde que c'est une sottise, *stultitiam,* et puis vous vous plaignez de ce qu'ils ne la prouvent pas. [La seule science qui est contre le sens commun et la nature des hommes est la seule qui ait toujours subsisté parmi les hommes.] S'ils la prouvaient, ils ne tiendraient pas parole. C'est en manquant de preuve qu'ils ne manquent pas de sens. — Oui, mais encore que cela excuse ceux qui l'offrent telle, et que cela les ôte du blâme de la produire sans raison, cela n'excuse pas ceux qui la reçoivent. — Examinons donc ce point, et disons: Dieu est ou il n'est pas; mais de quel côté pencherons-nous? La raison n'y peut rien déterminer. Il y a un chaos infini qui nous sépare. Il se joue un jeu à l'extrémité de cette distance infinie, où il arrivera croix ou pile. Que gagerez-vous? Par raison, vous ne pouvez faire ni l'un ni l'autre; par raison, vous ne pouvez défendre nul des deux.

Ne blâmez donc pas de fausseté ceux qui ont pris un choix, car vous n'en savez rien. — Non, mais je les blâmerai d'avoir fait non ce choix, mais un choix, car encore que celui qui prend croix et l'autre soient en pareille faute, ils sont tous deux en faute; le juste est de ne point parier.

— Oui, mais il faut parier. Cela n'est pas volontaire, vous êtes embarqué. Lequel prendrez-vous donc? Voyons, puisqu'il faut choisir, voyons ce qui vous intéresse le moins. Vous avez deux choses à perdre, le vrai et le bien, et deux choses à engager, votre raison et votre volonté, votre connaissance et votre béatitude, et votre nature deux choses à fuir, l'erreur et la misère. Votre raison n'est pas plus blessée, puisqu'il faut nécessairement choisir, en choisissant l'un que l'autre. Voilà un point vidé. Mais votre béatitude? Pesons le gain et la perte en prenant croix que Dieu est. Estimons ces deux cas: si

But through faith we know his existence, when we are in glory we shall know his nature.

Now, I have already shown that it's quite possible to know the existence of a thing without knowing its nature.

Now let's speak in accordance with our natural understanding.

If there is a God, he is infinitely incomprehensible, since, having neither parts nor boundaries, he stands in no ratio to us. Thus, we are unable to know either his nature or his existence. That being the case, who will dare undertake to resolve this problem? Not we men, who stand in no ratio to him.

Who, then, will find fault with Christians for their inability to account for their beliefs, since they profess a religion of which no account can be rendered? When they manifest it to the world, they declare it to be a kind of foolishness, *stultitiam,* and then you complain about their not proving it! [The only body of knowledge that is opposed to common sense and human nature is the only one that has always endured among men.] If they proved it, they wouldn't be keeping their word. It's by lacking a proof that they don't lack sense. "Yes, but even though that may excuse those who offer such a religion and frees them of the blame of propounding it without reason, it doesn't excuse those who accept it." Let's examine that point, then, and let's say that God does or does not exist; but which view shall we favor? Reason cannot decide such an issue. There is an infinite abyss separating us. A coin is tossed at one end of that infinite distance, which will turn up heads or tails. What will you wager? Relying merely on your reason, you can't bet either way; by reason alone, you can't defend either choice.

Thus, don't accuse of incorrect behavior those who have made a choice, because you know nothing about it. "No, but I'll blame them, not for having made *that* choice, but for having made *any* choice, because, even if the man who picks heads and the other man are equally at fault, still both are at fault; the right thing is not to bet at all."

Yes, but it's necessary to bet. It isn't voluntary, you're launched on the waters. So, which one will you take? Come now, since you must choose, let's consider which one is of less import to you. You have two things to lose, the true and the good, and two things to stake, your reason and your will, your knowledge and your bliss, and your nature has two things to shun, error and misery. Since you absolutely must choose, your reason isn't offended by one choice more than by the other. There's one point settled. But your bliss? Let's weigh the gain and the loss if you take heads: that God exists. Let's evaluate these two cases: if you win, you win all, and

vous gagnez, vous gagnez tout, et si vous perdez, vous ne perdez rien; gagez donc qu'il est sans hésiter. [On a bien de l'obligation à ceux qui avertissent des défauts, car ils mortifient, ils apprennent qu'on a été méprisé, ils n'empêchent pas qu'on ne le soit à l'avenir, car on a bien d'autres défauts pour l'être. Ils préparent l'exercice de la correction, et l'exemption d'un défaut.] Cela est admirable. — Oui, il faut gager, mais je gage peut-être trop. — Voyons, puisqu'il y a pareil hasard de gain et de perte, si vous n'aviez qu'à gagner deux vies pour une, vous pourriez encore gager, mais s'il y en avait trois à gagner, il faudrait jouer (puisque vous êtes dans la nécessité de jouer) et vous seriez imprudent, lorsque vous êtes forcé à jouer, de ne pas hasarder votre vie pour en gagner trois à un jeu où il y a pareil hasard de perte et de gain. Mais il y a une éternité de vie et de bonheur. Et cela étant, quand il y aurait une infinité de hasards dont un seul serait pour vous, vous auriez encore raison de gager un pour avoir deux, et vous agirez de mauvais sens, en étant obligé à jouer, de refuser de jouer une vie contre trois à un jeu où d'une infinité de hasards il y en a un pour vous, s'il y avait une infinité de vie infiniment heureuse à gagner; mais il y a ici une infinité de vie infiniment heureuse à gagner, un hasard de gain contre un nombre fini de hasards de perte, et ce que vous jouez est fini. Cela ôte tout parti partout où est l'infini et où il n'y a pas infinité de hasards de perte contre celui de gain. Il n'y a point à balancer, il faut tout donner. Et ainsi quand on est forcé à jouer, il faut renoncer à la raison pour garder la vie plutôt que de la hasarder pour le gain infini aussi prêt à arriver que la perte du néant.

Car il ne sert de rien de dire qu'il est incertain si on gagnera, et qu'il est certain qu'on hasarde, et que l'infinie distance qui est entre la *certitude* de ce qu'on expose et l'*incertitude* de ce qu'on gagnera égale le bien fini qu'on expose certainement à l'infini qui est incertain. Cela n'est pas ainsi. Tout joueur hasarde avec certitude pour gagner avec incertitude, et néanmoins il hasarde certainement le fini pour gagner incertainement le fini, sans pécher contre la raison. Il n'y a pas infinité de distance entre cette certitude de ce qu'on s'expose et l'incertitude du gain; cela est faux. Il y a, à la vérité, infinité entre la certitude de gagner et la certitude de perdre, mais l'incertitude de gagner est proportionnée à la certitude de ce qu'on hasarde selon la proportion des hasards de gain et de perte. Et de là vient que s'il y a autant de hasards d'un côté que de l'autre, le parti est à jouer égal contre égal. Et alors la certitude de ce qu'on s'expose est égale à l'incertitude du gain, tant s'en faut qu'elle en soit infiniment distante. Et ainsi notre proposition

if you lose, you lose nothing; so, consider that you needn't hesitate. [You should be very grateful to those who point out your faults because they mortify you, they teach you that you've been held in contempt; they don't prevent you from being so in the future, because you will still have plenty of other faults with which to earn contempt. They prepare you for the practice of self-correction and ridding yourself of a fault.] It's a wonderful situation! "Yes, I must wager, but perhaps the stakes are too high." Let's see now, since the chances of winning and losing are even, if all you had to win was two lives for one, you could still bet, but if there were three to be won, you'd have to wager (since you're compelled to) and you'd be un-wise, being forced to wager, not to risk your life in order to gain three when the chances of losing and winning are even. But there's an eternity of life and happiness. That being the case, even if there were an infinite number of chances, with only one in your favor, you'd still be right to wager one to win two, and, being obliged to bet, you'll be acting foolishly if you refuse to stake one life against three when, out of an infinite num-ber of chances, there's one in your favor (provided that there was an in-finity of infinitely happy life to be won); but in this case there *is* an infin-ity of infinitely happy life to be won, there's one chance of winning against a finite number of chances of losing, and your stake is finite. No hesita-tion is appropriate wherever infinity is involved and there do not exist an infinite number of chances of losing as opposed to a chance of winning. You mustn't waver, you must give all. And so, when forced to play, one must renounce one's reason to save one's life rather than risk it, because the infinite gain is as liable to occur as the loss of nothingness.

For, it's no use saying that you aren't sure of winning though you're sure of your risk, or that the infinite distance between the certainty of what you're staking and the uncertainty of what you might gain makes the finite good you're certainly staking equal to the uncertain infinity. That's not true. Every gambler takes a risk that's certain in order to make an uncertain gain, and yet he will stake a finite amount that's certain in order to make an uncertain finite gain, and he won't offend reason by so doing. There isn't an infinite distance between the cer-tainty of his risk and the uncertainty of his gain; that's wrong. Actually, there's an infinity between the certainty of winning and the certainty of losing, but the uncertainty of winning is in proportion to the cer-tainty of the stake according to the ratio of the chances of winning and losing. Therefore, if there are the same number of chances on both sides, the course is to play with equal stakes. Then the certainty of the risk is equal to the uncertainty of the gain, far from its being infinitely distant from it. And so, our proposition has an infinite force behind it,

est dans une force infinie, quand il y a le fini à hasarder, à un jeu où il y a pareils hasards de gain que de perte, et l'infini à gagner.

Cela est démonstratif et, si les hommes sont capables de quelque vérité, celle-là l'est.

— Je le confesse, je l'avoue, mais encore n'y a-t-il point moyen de voir le dessous du jeu? — Oui, l'Écriture et le reste, etc. — Oui, mais j'ai les mains liées et la bouche muette, on me force à parier, et je ne suis pas en liberté, on ne me relâche pas, et je suis fait d'une telle sorte que je ne puis croire. Que voulez-vous donc que je fasse? — Il est vrai, mais apprenez au moins que votre impuissance à croire vient de vos passions, puisque la raison vous y porte et que néanmoins vous ne le pouvez. Travaillez donc non pas à vous convaincre par l'augmentation des preuves de Dieu, mais par la diminution de vos passions. Vous voulez aller à la foi et vous n'en savez pas le chemin. Vous voulez vous guérir de l'infidélité et vous en demandez les remèdes, apprenez de ceux, etc., qui ont été liés comme vous et qui parient maintenant tout leur bien. Ce sont gens qui savent ce chemin que vous voudriez suivre et guéris d'un mal dont vous voulez guérir; suivez la manière par où ils ont commencé. C'est en faisant tout comme s'ils croyaient, en prenant de l'eau bénite, en faisant dire des messes, etc. Naturellement même cela vous fera croire et vous abêtira. — Mais c'est ce que je crains. — Et pourquoi? Qu'avez-vous à perdre? Mais pour vous montrer que cela y mène, c'est que cela diminue les passions qui sont vos grands obstacles, etc.

Fin de ce discours.

Or quel mal vous arrivera-t-il en prenant ce parti? Vous serez fidèle, honnête, humble, reconnaissant, bienfaisant, ami, sincère, véritable ... A la vérité, vous ne serez point dans les plaisirs empestés, dans la gloire, dans les délices, mais n'en aurez-vous point d'autres?

Je vous dis que vous y gagnerez en cette vie, et que, à chaque pas que vous ferez dans ce chemin, vous verrez tant de certitude du gain, et tant de néant de ce que vous hasardez, que vous connaîtrez à la fin que vous avez parié pour une chose certaine, infinie, pour laquelle vous n'avez rien donné.

— Ô ce discours me transporte, me ravit, etc. — Si ce discours vous plaît et vous semble fort, sachez qu'il est fait par un homme qui s'est mis à genoux auparavant et après, pour prier cet être infini et sans parties, auquel il soumet tout le sien, de se soumettre aussi le vôtre pour votre propre bien et pour sa gloire, et qu'ainsi la force s'accorde avec cette bassesse.

when the stake is finite, when there are equal chances of winning and losing, and when there's infinity to be won.

That is conclusive and, if men are capable of receiving any truth, there's one true statement!

"I admit it, I avow it, but isn't there any way of 'looking behind the scenes'?" Yes, the Scriptures and all that, etc. "Yes, but my hands are tied and my lips are silenced, I'm being forced to bet and I'm not at liberty, they won't let me go, and my nature is such that I can't believe. What, then, would you have me do?" It's true, but at least learn that your inability to believe arises from your passions, since reason induces you to believe but you still can't. So, don't strive to persuade yourself by accumulating proofs of God's existence, strive to diminish your passions. You wish to attain faith, but you don't know the path. You wish to cure yourself of being irreligious and you're asking for remedies; learn from those, etc., who were tied and bound like you and who are now staking all they own. They are people who know the path you'd like to follow, people cured of an ailment of which you'd like to be cured; follow the way in which they began. It was by acting exactly as if they believed, by taking holy water, by having masses said, etc. In a natural way, even that will make you believe and will make you like the animals, who rely not on reason but on their inborn feelings. "But that's what I fear." Why? What do you have to lose? But, to show you that this leads to the goal, it diminishes the passions, which are your great obstacles, etc.

End of this argument.

Now, what harm will come to you by taking this course? You'll be faithful, honorable, humble, grateful, benevolent, friendly, sincere, truthful. . . . Indeed, you won't be amid plague-ridden pleasures, fame, and delights, but won't you have others?

I tell you that you will gain thereby even in this life, and that, with every step you take on this path, you'll see so much certainty of winning, and so much nothingness in what you're risking, that you'll finally know you've bet on a sure thing, an infinite thing, for which you've given nothing.

"Oh, this argument delights me, charms me, etc." If you find this argument pleasing and powerful, I'll have you know it was made by a man who knelt down before and after, to beseech that infinite, indivisible Being, to whom he submits all that is his, to accept in submission all that is yours, as well, for your own good and for his glory, so that strength may harmonize with this baseness.[67]

---

67. The two bracketed passages that follow are marginal additions by Pascal to passages occurring slightly earlier in this fragment; to include them *in situ* would have disturbed Pascal's argumentation.

[C'est le cœur qui sent Dieu et non la raison. Voilà ce que c'est que la foi. Dieu sensible au cœur, non à la raison.

Le cœur a ses raisons que la raison ne connaît point; on le sait en mille choses.

Je dis que le cœur aime l'être universel naturellement et soi-même naturellement, selon qu'il s'y adonne, et il se durcit contre l'un ou l'autre à son choix. Vous avez rejeté l'un et conservé l'autre; est-ce par raison que vous vous aimez?]

[La coutume est notre nature. Qui s'accoutume à la foi la croit, et ne peut plus ne pas craindre l'enfer, et ne croit autre chose.

Qui s'accoutume à croire que le roi est terrible, etc.

Qui doute donc que notre âme, étant accoutumée à voir nombre, espace, mouvement, croie cela et rien que cela?

Croyez-vous qu'il soit impossible que Dieu soit infini, sans parties? — Oui. — Je vous veux donc faire voir une chose infinie et indivisible: c'est un point se mouvant partout d'une vitesse infinie.

Car il est un en tous lieux et tout entier en chaque endroit.

Que cet effet de nature qui vous semblait impossible auparavant vous fasse connaître qu'il peut y en avoir d'autres que vous ne connaissez pas encore. Ne tirez pas cette conséquence de votre apprentissage, qu'il ne vous reste rien à savoir, mais qu'il vous reste infiniment à savoir.

Il est faux que nous soyons dignes que les autres nous aiment. Il est injuste que nous le voulions. Si nous naissions raisonnables et indifférents, et connaissant nous et connaissant nous et les autres, nous ne donnerions point cette inclination à notre volonté. Nous naissons pourtant avec elle, nous naissons donc injustes.

Car tout tend à soi: cela est contre tout ordre.

Il faut tendre au général, et la pente vers soi est le commencement de tout désordre, en guerre, en police, en économie, dans le corps particulier de l'homme.

La volonté est donc dépravée. Si les membres des communautés naturelles et civiles tendent au bien du corps, les communautés elles-mêmes doivent tendre à un autre corps plus général dont elles sont membres. L'on doit donc tendre au général. Nous naissons donc injustes et dépravés.

Nulle religion que la nôtre n'a enseigné que l'homme naît en péché, nulle secte de philosophes ne l'a dit, nulle n'a donc dit vrai.

Nulle secte ni religion n'a toujours été sur la terre que la religion chrétienne.

Il n'y a que la religion chrétienne qui rende l'homme *aimable* et

[It's our heart which senses God, not our reason. That's what faith is. God perceptible to the heart, not to the reason.

The heart has its reasons which reason does not know: one knows this from a thousand things.

I say that the heart loves the universal Being by nature, and loves itself by nature, accordingly as it surrenders itself to him; and it becomes hardened against one or the other as it chooses. You have rejected one and kept the other; is it through reason that you love yourself?]

[Custom is our nature. A man who accustoms himself to the faith believes it, and can no longer fail to fear hell, and he doesn't believe differently.

A man who accustoms himself to believing that the king is awesome, etc.

So, who doubts that our soul, being accustomed to seeing number, space, and motion, believes in them and in nothing else?

Do you think it's impossible that God is infinite and indivisible? "Yes." Then I want to show you something infinite and indivisible: a point moving everywhere at infinite speed.

Because it is one in all places and entire in each spot.

Let this natural phenomenon, which seemed impossible to you before, teach you that there may be others you don't yet know. Don't draw the conclusion from your apprenticeship that there's nothing left for you to learn, but that you have an infinity of things still to learn.

It's not true that we're worthy to have others love us. It's not right for us to wish it. If we were born endowed with reason and indifferent, knowing ourselves and the others, we wouldn't give this inclination to our will. Yet we're born with it, and thus are born unjust.

Because everything tends toward itself; this is contrary to all order.

We must tend toward the general, and the inclination toward oneself is the beginning of all disorder, in war, in government, in running a household, in the individual body of man.

Thus, our will is depraved. If the members of natural and civil communities seek the corporate good, the communities themselves should gravitate toward another, more general body of which they are members. Thus, one should tend toward the general. And so we are born unjust and depraved.

No religion but ours has taught that man is born in sin, no school of philosophers has said this, hence none has spoken the truth.

No sect or religion has always been on earth but the Christian religion.

Only the Christian religion can make man *lovable* and *happy* at one

heureux tout ensemble; dans l'honnêteté, on ne peut être aimable et heureux ensemble.]

[LG 397; B 233, 89, 231, 606, 477, 535, 277, 278, 604, 542; L 418–426]

Qu'ils apprennent au moins quelle est la religion qu'ils combattent avant que de la combattre. Si cette religion se vantait d'avoir une vue claire de Dieu, et de la posséder à découvert et sans voile, ce serait la combattre que de dire qu'on ne voit rien dans le monde qui la montre avec cette évidence. Mais puisqu'elle dit au contraire que les hommes sont dans les ténèbres, et dans l'éloignement de Dieu, qu'il s'est caché à leur connaissance, que c'est même le nom qu'il se donne dans les Écritures, *Deus absconditus;* et enfin si elle travaille également à établir ces deux choses: que Dieu a établi des marques sensibles dans l'Église pour se faire reconnaître à ceux qui le chercheraient sincèrement; et qu'il les a couvertes néanmoins de telle sorte qu'il ne sera aperçu que de ceux qui le cherchent de tout leur cœur, quel avantage peuvent-ils tirer lorsque, dans la négligence où ils font profession d'être de chercher la vérité, ils crient que rien ne la leur montre, puisque cette obscurité où ils sont et qu'ils objectent à l'Église ne fait qu'établir une des choses qu'elle soutient sans toucher à l'autre, et établit sa doctrine bien loin de la ruiner?

Il faudrait pour la combattre qu'ils criassent qu'ils ont fait tous leurs efforts pour chercher partout et même dans ce que l'Église propose pour s'en instruire mais sans aucune satisfaction. S'ils parlaient de la sorte, ils combattraient à la vérité une de ces prétentions. Mais j'espère montrer ici qu'il n'y a personne raisonnable qui puisse parler de la sorte et j'ose même dire que jamais personne ne l'a fait. On sait assez de quelle manière agissent ceux qui sont dans cet esprit. Ils croient avoir fait de grands efforts pour s'instruire lorsqu'ils ont employé quelques heures à la lecture de quelque livre de l'Écriture, et qu'ils ont interrogé quelque ecclésiastique sur les vérités de la foi. Après cela, ils se vantent d'avoir cherché sans succès dans les livres et parmi les hommes. Mais en vérité, je leur dirais ce que j'ai dit souvent, que cette négligence n'est pas supportable. Il ne s'agit pas ici de l'intérêt léger de quelque personne étrangère pour en user de cette façon; il s'agit de nous-mêmes et de notre tout.

L'immortalité de l'âme est une chose qui nous importe si fort, qui

and the same time; as an ordinary lay citizen, one cannot be lovable and happy at the same time.]

Let them at least learn the nature of the religion they combat before they combat it. If that religion boasted of having a clear sight of God and of possessing this openly and unveiled, the way to combat it would be to say that nothing is seen in this world which shows this so manifestly. But since, on the contrary, it says that men are in darkness and distant from God, who has concealed himself from their ken, that this is even the name he gives himself in the Scriptures, "a hidden God";[68] and, lastly, since it strives to establish these two things equally: that God has set visible marks on the Church to make himself recognized by those who seek him sincerely, and that nevertheless he has covered up those marks in such a way that he will be perceived only by those who seek him with all their heart—what advantage can the opponents of the Church gain when, professing as they do to be behindhand in seeking the truth, they proclaim that nothing shows it to them, since that darkness in which they are situated, and which they hold against the Church, merely confirms one of the things it maintains, without affecting the other, and confirms its doctrine, far from impugning it?

To combat it they would need to proclaim that they have made every effort to seek everywhere, even in what the Church expounds, in order to learn the truth, but have never been satisfied. If they spoke that way, they'd indeed be combating one of those claims. But I hope to show here that there is no reasonable person who can speak that way, and I even venture to say that nobody ever has done so. It is quite well known in what manner those who share this opinion behave. They think they've made great efforts to learn the truth when they've spent a few hours reading some book of the Scriptures and interrogating some churchman about the verities of the faith. After that, they boast of having sought unsuccessfully in books and among men. But, in truth, I'd say to them what I've often said, that such negligence is unbearable. This isn't a matter of some slight benefit to a stranger, which might excuse such doings; it concerns ourselves and our all.

The immortality of the soul is something of such great import to us,

---

68. Isaiah 45:15: "Thou art a God that hidest thyself."

nous touche si profondément, qu'il faut avoir perdu tout sentiment pour être dans l'indifférence de savoir ce qui en est. Toutes nos actions et nos pensées doivent prendre des routes si différentes, selon qu'il y aura des biens éternels à espérer ou non, qu'il est impossible de faire une démarche avec sens et jugement qu'en la réglant par la vue de ce point qui doit être notre dernier objet.

Ainsi notre premier intérêt et notre premier devoir est de nous éclaircir sur ce sujet, d'où dépend toute notre conduite. Et c'est pourquoi, entre ceux qui n'en sont pas persuadés, je fais une extrême différence de ceux qui travaillent de toutes leurs forces à s'en instruire, à ceux qui vivent sans s'en mettre en peine et sans y penser.

Je ne puis avoir que de la compassion pour ceux qui gémissent sincèrement dans ce doute, qui le regardent comme le dernier des malheurs, et qui, n'épargnant rien pour en sortir, font de cette recherche leurs principales et leurs plus sérieuses occupations.

Mais pour ceux qui passent leur vie sans penser à cette dernière fin de la vie, et qui, par cette seule raison qu'ils ne trouvent pas en eux-mêmes les lumières qui les en persuadent, négligent de les chercher ailleurs, et d'examiner à fond si cette opinion est de celles que le peuple reçoit par une simplicité crédule, ou de celles qui, quoique obscures d'elles-mêmes, ont néanmoins un fondement très solide et inébranlable, je les considère d'une manière toute différente.

Cette négligence en une affaire où il s'agit d'eux-mêmes, de leur éternité, de leur tout, m'irrite plus qu'elle ne m'attendrit; elle m'étonne et m'épouvante; c'est un monstre pour moi. Je ne dis pas ceci par le zèle pieux d'une dévotion spirituelle. J'entends au contraire qu'on doit avoir ce sentiment par un principe d'intérêt humain et par un intérêt d'amour-propre: il ne faut pour cela que voir ce que voient les personnes les moins éclairées.

Il ne faut pas avoir l'âme fort élevée pour comprendre qu'il n'y a point ici de satisfaction véritable et solide, que tous nos plaisirs ne sont que vanité, que nos maux sont infinis, et qu'enfin la mort, qui nous menace à chaque instant, doit infailliblement nous mettre, dans peu d'années, dans l'horrible nécessité d'être éternellement ou anéantis ou malheureux.

Il n'y a rien de plus réel que cela, ni de plus terrible. Faisons tant que nous voudrons les braves: voilà la fin qui attend la plus belle vie du monde. Qu'on fasse réflexion là-dessus, et qu'on dise ensuite s'il n'est pas indubitable qu'il n'y a de bien en cette vie qu'en l'espérance d'une autre vie, qu'on n'est heureux qu'à mesure qu'on s'en approche, et que, comme il n'y aura plus de malheurs pour ceux qui avaient une

touching us so deeply, that one must have lost all ability to feel to be so indifferent about knowing the truth of the matter. All our actions and thoughts ought to take such different routes, depending on whether or not there are eternal benefits to be hoped for, that it's impossible to take any step with sense and judgment without directing it with a view to that goal, which should be our ultimate aim.

Thus, our foremost concern and our foremost duty is to enlighten ourselves on this subject, on which all our behavior depends. That's why, among those who aren't convinced of it, I make a very clear distinction between those who strive with all their might to learn the truth and those who live without troubling themselves over it or thinking about it.

I can feel only compassion for those who groan sincerely in this doubt, who regard it as the greatest of disasters, and who, sparing no effort to dispel it, make this quest their chief and most earnest occupation.

But as for those who spend their lives without thinking of this ultimate aim of life, who, merely because they cannot find in themselves the insight that will convince them of it, take no trouble to seek it elsewhere, or to examine thoroughly whether this is an opinion common people accept out of a gullible simplicity or one which, though obscure in itself, still has a very solid and unshakable basis—I consider *them* in a quite different way.

This negligence in a matter where they themselves are concerned, their eternal status, their all, irritates me more than it touches my heart; it amazes me and frightens me: I find it monstrous. I'm not saying this out of the pious zeal of a spiritual devotee. On the contrary, my viewpoint is that one should derive that feeling from the principle of human concern and from self-love; for that, one need only see what the least enlightened people see.

It isn't necessary to have a highly exalted soul to understand that here in this world there can be no true and solid satisfaction, that all our pleasures are merely vanity, that our woes are infinite, and that, finally, death, which threatens us every moment, must without fail put us, in very few years, face to face with the horrible necessity to be either destroyed or unhappy, eternally.

There's nothing more real than that, or more terrible. Let's play the brave man as much as we like: that's the end awaiting the most beautiful life in the world. Let men reflect on that, and then let them say whether it's not indubitable that there is no good in this life except in hopes for another life, that a man is only happy to the extent that he approaches it, and that, just as there will be no more misfortunes for

entière assurance de l'éternité, il n'y a point aussi de bonheur pour ceux qui n'en ont aucune lumière.

C'est donc assurément un grand mal que d'être dans ce doute; mais c'est au moins un devoir indispensable de chercher quand on est dans ce doute; et ainsi celui qui doute et qui ne cherche pas est tout ensemble et bien malheureux et bien injuste. Que s'il est avec cela tranquille et satisfait, qu'il en fasse profession et enfin qu'il en fasse vanité et que ce soit de cet état même qu'il fasse le sujet de sa joie et de sa vanité, je n'ai point de termes pour qualifier une si extravagante créature.

Où peut-on prendre ces sentiments? Quel sujet de joie trouve-t-on à n'attendre plus que des misères sans ressource? Quel sujet de vanité de se voir dans des obscurités impénétrables, et comment se peut-il faire que ce raisonnement-ci se passe dans un homme raisonnable?

«Je ne sais qui m'a mis au monde, ni ce que c'est que le monde, ni que moi-même; je suis dans une ignorance terrible de toutes choses; je ne sais ce que c'est que mon corps, que mes sens, que mon âme et cette partie même de moi qui pense ce que je dis, qui fait réflexion sur tout et sur elle-même, et ne se connaît non plus que le reste. Je vois ces effroyables espaces de l'univers qui m'enferment, et je me trouve attaché à un coin de cette vaste étendue, sans que je sache pourquoi je suis plutôt placé en ce lieu qu'en un autre, ni pourquoi ce peu de temps qui m'est donné à vivre m'est assigné à ce point plutôt qu'en un autre de toute l'éternité qui m'a précédé et de toute celle qui me suit.

«Je ne vois que des infinités de toutes parts qui m'enferment comme un atome et comme une ombre qui ne dure qu'un instant sans retour.

«Tout ce que je connais est que je dois bientôt mourir; mais ce que j'ignore le plus est cette mort même que je ne saurais éviter.

«Comme je ne sais d'où je viens, aussi je ne sais où je vais; et je sais seulement qu'en sortant de ce monde, je tombe pour jamais ou dans le néant, ou dans les mains d'un Dieu irrité, sans savoir à laquelle de ces deux conditions je dois être éternellement en partage. Voilà mon état, plein de faiblesse et d'incertitude. Et, de tout cela, je conclus que je dois donc passer tous les jours de ma vie sans songer à chercher ce qui doit m'arriver. Peut-être que je pourrais trouver quelque éclaircissement dans mes doutes; mais je n'en veux pas prendre la peine, ni faire un pas pour le chercher; et après, en traitant avec mépris ceux qui se travailleront de ce soin, je veux aller, sans prévoyance et sans crainte, tenter un si grand événement, et me laisser mollement conduire à la mort, dans l'incertitude de l'éternité de ma condition future.» [Quelque certitude qu'ils eussent, c'est un sujet de désespoir plutôt que de vanité.]

those who were fully confident in eternity, there is no happiness for those who have no such insight.

It is therefore surely a great misfortune to be in this doubt; but it's at least an indispensable duty to seek when in this doubt; and so, the man who doubts but fails to seek is very unhappy and very unjust at one and the same time. If he is still calm and contented, if he proclaims it, and, finally, if he boasts of it and makes that very condition the subject of his joy and vanity, I have no terms with which to characterize such an outlandish creature.

Where can one derive such feelings from? What reason for joy is to be found in having nothing left to expect but miseries that can't be aided? What cause for vanity, seeing oneself in impenetrable darkness? And how can a rational man reason in such a way?

"I don't know who put me in the world, or what the world is, or what I myself am; I am terribly unaware of everything; I don't know what my body is, what my senses are, or my soul, or that very part of me which thinks the things I say, reflects on everything and on itself, and doesn't know itself any more than the rest. I see this frightening space of the universe that encloses me, and I find myself tied to one corner of that vast extent without knowing why I have been placed here rather than elsewhere, or why this brief span of time allotted to my life has been assigned to me at this point rather than another out of all the eternity that preceded me and all that follows.

"I see only infinities on all sides, enclosing me like an atom and like a shadow that lasts only an instant and never returns.

"All I know is that I must soon die, but what I am most ignorant of is this very death which I can't avoid.

"Just as I don't know where I come from, I don't know where I'm going; I know only that, when leaving this world, I shall fall forever either into nothingness or into the hands of an angry God, without knowing which of these conditions will eternally fall to my lot. That's my state, full of weakness and uncertainty. And from all this I conclude that I thus must spend all the days of my life without a thought of investigating what must happen to me. Perhaps I might find some enlightenment for my doubts; but I don't want to take the trouble, or take one step to investigate; afterwards, while heaping scorn on those who will labor with this concern, I shall go, unprepared and unfearing, to attempt so great an event, allowing myself to be led to death laxly, uncertain of the eternity of my future state." [Whatever certainty they may have, it's a reason for despair rather than for vanity.]

Qui souhaiterait d'avoir pour ami un homme qui discourt de cette manière? Qui le choisirait entre les autres pour lui communiquer ses affaires? Qui aurait recours à lui dans ses afflictions?

Et enfin à quel usage de la vie le pourrait-on destiner?

En vérité, il est glorieux à la religion d'avoir pour ennemis des hommes si déraisonnables; et leur opposition lui est si peu dangereuse qu'elle sert au contraire à l'établissement de ses vérités. Car la foi chrétienne ne va presque qu'à établir ces deux choses: la corruption de la nature, et la rédemption de Jésus-Christ. Or, je soutiens que s'ils ne servent pas à montrer la vérité de la rédemption par la sainteté de leurs mœurs, ils servent au moins admirablement à montrer la corruption de la nature par des sentiments si dénaturés.

Rien n'est si important à l'homme que son état; rien ne lui est si redoutable que l'éternité. Et ainsi, qu'il se trouve des hommes indifférents à la perte de leur être, et au péril d'une éternité de misères, cela n'est point naturel. Ils sont tout autres à l'égard de toutes les autres choses: ils craignent jusqu'aux plus légères, ils les prévoient, ils les sentent; et ce même homme qui passe tant de jours et de nuits dans la rage et dans le désespoir pour la perte d'une charge ou pour quelque offense imaginaire à son honneur, c'est celui-là même qui sait qu'il va tout perdre par la mort, sans inquiétude et sans émotion. C'est une chose monstrueuse de voir dans un même cœur et en même temps cette sensibilité pour les moindres choses et cette étrange insensibilité pour les plus grandes.

C'est un enchantement incompréhensible, et un assoupissement surnaturel, qui marque une force toute-puissante qui le cause.

Il faut qu'il y ait un étrange renversement dans la nature de l'homme pour faire gloire d'être dans cet état, dans lequel il semble incroyable qu'une seule personne puisse être. Cependant l'expérience m'en fait voir un si grand nombre que cela serait surprenant, si nous ne savions que la plupart de ceux qui s'en mêlent se contrefont et ne sont pas tels en effet. Ce sont des gens qui ont ouï dire que les belles manières du monde consistent à faire ainsi l'emporté. C'est ce qu'ils appellent avoir secoué le joug, et qu'ils essaient d'imiter. Mais il ne serait pas difficile de leur faire entendre combien ils s'abusent en cherchant par là de l'estime. Ce n'est pas le moyen d'en acquérir, je dis même parmi les personnes du monde qui jugent sainement des choses et qui savent que la seule voie d'y réussir est de se faire paraître honnête, fidèle, judicieux et capable de servir utilement son ami, parce que les hommes n'aiment naturellement que ce qui leur peut être utile. Or, quel avantage y a-t-il pour nous à ouïr dire à un homme qui nous dit qu'il a donc secoué le joug, qu'il ne croit pas qu'il y ait un Dieu qui veille sur ses actions, qu'il se considère comme

Who would wish to have for a friend a man who argues in this fashion? Who would choose him from among others to talk over serious matters with? Who would seek his aid in times of sorrow?

And, lastly, to what station in life could he be appointed?

Truly, it's glorious to our religion to have for enemies men who are so irrational; their opposition imperils it so little that, on the contrary, it helps confirm its truth. Because Christian faith, more or less, tends to confirm these two things only: the corruption of nature and its redemption through Jesus Christ. Now, I maintain that if such people don't help show the truth of redemption by the sanctity of their ways, they at least help admirably to show the corruption of nature by their unnatural feelings.

Nothing matters as much to man as his state; nothing is as dreadful to him as eternity. And so, it is unnatural that there should be men indifferent to the loss of their being and in peril of an eternity of misery. They're quite different with regard to everything else: they fear even the slightest things, they foresee them, they sense them; and the same man who spends so many days and nights in rage and despair because he has lost his position, or has suffered some imaginary slight to his honor, knows that he will lose everything at death but is calm and emotionless. It's monstrous to see in a single heart at a single time this sensitivity to minor things and this odd insensitivity to the important ones.

It's an incomprehensible evil spell, a supernatural numbness, indicating an all-powerful force as its cause.

There has to be an odd imbalance in human nature to boast of being in that state, in which it seems unbelievable that even one person could remain. Yet, experience shows me so many of them that it would be surprising, if we didn't know that most of those who dabble in it disguise their real feelings and aren't really that way. They're people who've heard that fine manners in society consist in acting like that sort of fanatic. That's what they call "throwing off the yoke," and what they try to imitate. But it wouldn't be hard to make them understand how wrong they are in seeking esteem in that fashion. That isn't the way to win it, even among those people in society who judge matters sanely and know that the only way to succeed is to make oneself seem honorable, faithful, judicious, and able to serve one's friend usefully, because by nature men like only that which can be useful to them. Now, what benefit do we derive from hearing a man tell us he has "thrown off the yoke," that he doesn't believe there's a God watching over his actions, that he considers himself to be the sole master of

seul maître de sa conduite, et qu'il ne pense en rendre compte qu'à soi-même? Pense-t-il nous avoir porté par là à avoir désormais bien de la confiance en lui, et en attendre des consolations, des conseils et des secours dans tous les besoins de la vie? Prétendent-ils nous avoir bien réjoui, de nous dire qu'ils tiennent que notre âme n'est qu'un peu de vent et de fumée, et encore de nous le dire d'un ton de voix fier et content? Est-ce donc une chose à dire gaiement? Et n'est-ce pas une chose à dire tristement, au contraire, comme la chose du monde la plus triste?

S'ils y pensaient sérieusement, ils verraient que cela est si mal pris, si contraire au bon sens, si opposé à l'honnêteté et si éloigné en toutes manières de ce bon air qu'ils cherchent qu'ils seraient plutôt capables de redresser que de corrompre ceux qui auraient quelque inclination à les suivre. Et en effet, faites-leur rendre compte de leurs sentiments et des raisons qu'ils ont de douter de la religion; ils vous diront des choses si faibles et si basses qu'ils vous persuaderont du contraire. C'était ce que leur disait un jour fort à propos une personne: «Si vous continuez à discourir de la sorte, leur disait-il, en vérité vous me convertirez.» Et il avait raison, car qui n'aurait horreur de se voir dans des sentiments où l'on a pour compagnons des personnes si méprisables?

Ainsi ceux qui ne font que feindre ces sentiments seraient bien malheureux de contraindre leur naturel pour se rendre les plus impertinents des hommes. S'ils sont fâchés dans le fond de leur cœur de n'avoir pas plus de lumière, qu'ils ne le dissimulent pas: cette déclaration ne sera point honteuse. Il n'y a de honte qu'à n'en point avoir. Rien n'accuse davantage une extrême faiblesse d'esprit que de ne pas connaître quel est le malheur d'un homme sans Dieu; rien ne marque davantage une mauvaise disposition du cœur que de ne pas souhaiter la vérité des promesses éternelles; rien n'est plus lâche que de faire le brave contre Dieu. Qu'ils laissent donc ces impiétés à ceux qui sont assez mal nés pour en être véritablement capables; qu'ils soient au moins honnêtes gens s'ils ne peuvent être chrétiens, et qu'ils reconnaissent enfin qu'il n'y a que deux sortes de personnes qu'on puisse appeler raisonnables: ou ceux qui servent Dieu de tout leur cœur parce qu'ils le connaissent, ou ceux qui le cherchent de tout leur cœur parce qu'ils ne le connaissent pas.

Mais pour ceux qui vivent sans le connaître et sans le chercher, ils se jugent eux-mêmes si peu dignes de leur soin qu'ils ne sont pas dignes du soin des autres, et qu'il faut avoir toute la charité de la religion qu'ils méprisent pour ne les pas mépriser jusqu'à les abandonner dans leur folie. Mais, parce que cette religion nous oblige à les regarder toujours, tant qu'ils seront en cette vie, comme capables de la grâce qui peut les éclairer, et de croire qu'ils peuvent être dans peu

his conduct, and that he doesn't intend to account for it to anyone but himself? Does he think that, by saying this, he has led us to trust him implicitly thereafter, to expect consolation from him, advice and assistance in all the needs of life? Do such people claim they have really delighted us when they tell us they maintain that our soul is merely a puff of wind and smoke, and even say it in a proud, contented tone of voice? Is that a thing to be said blithely? Isn't it, on the contrary, a thing to be said in sorrow, as being the saddest thing in the world?

If they thought it over seriously, they'd see that this is so inappropriate, so contrary to good sense, so opposed to honorability, and so far removed in every way from that worldly air they seek, that they would sooner be able to improve than to corrupt those with any inclination to follow them. And, indeed, have them give an account of their opinions and their reasons for doubting religion; they'll tell you things so feeble and base that they'll convince you of the opposite. That's what someone was telling them one day, most properly: "If you continue to argue this way, you'll actually convert me." And he was right, because who wouldn't dread to share the opinions of such contemptible people?

Thus, those who merely feign these opinions would be very unfortunate if they stifled their natural impulses and became the most impertinent of men. If they're vexed at the bottom of their heart because they have no greater insight, let them not conceal this: such a declaration won't be shameful. Shame lies only in not having any. Nothing indicates an extremely weak mind as much as not knowing the unhappiness of a man without God; nothing signals an evil disposition of the heart as much as not wishing for the truth of the eternal promises; nothing is as cowardly as putting on bravado against God. Thus, let them abandon these impieties to those who are lowly enough born to be truly capable of them; let them at least be honorable people, if they can't be Christians, and let them recognize at last that only two sorts of people can be called rational: those who serve God with all their heart because they know him, or those who seek him with all their heart because they don't know him.

But as for those who live without knowing him or seeking him, they deem themselves so unworthy of concern for themselves that they aren't worthy of the concern of others, and that one must possess all the charity of the religion they scorn, not to scorn them to the point of deserting them in their folly. But, because this religion obliges us to have regard for them always, as long as they are in this life, since they are capable of the grace that can enlighten them, and it obliges us to

de temps plus remplis de foi que nous ne sommes, et que nous pouvons au contraire tomber dans l'aveuglement où ils sont, il faut faire pour eux ce que nous voudrions qu'on fît pour nous si nous étions à leur place, et les appeler à avoir pitié d'eux-mêmes, et à faire au moins quelques pas pour tenter s'ils ne trouveront pas de lumières. Qu'ils donnent à cette lecture quelques-unes de ces heures qu'ils emploient si inutilement ailleurs: quelque aversion qu'ils y apportent, peut-être rencontreront-ils quelque chose, et pour le moins ils n'y perdront pas beaucoup. Mais pour ceux qui y apportent une sincérité parfaite et un véritable désir de rencontrer la vérité, j'espère qu'ils auront satisfaction, et qu'ils seront convaincus des preuves d'une religion si divine, que j'ai ramassées ici, et dans lesquelles j'ai suivi à peu près cet ordre ... [LG 398, B 194, L 427]

Avant que d'entrer dans les preuves de la religion chrétienne, je trouve nécessaire de représenter l'injustice des hommes qui vivent dans l'indifférence de chercher la vérité d'une chose qui leur est si importante et qui les touche de si près.

De tous leurs égarements, c'est sans doute celui qui les convainc le plus de folie et d'aveuglement, et dans lequel il est le plus facile de les confondre par les premières vues du sens commun et par les sentiments de la nature. Car il est indubitable que le temps de cette vie n'est qu'un instant, que l'état de la mort est éternel de quelque nature qu'il puisse être, et qu'ainsi toutes nos actions et nos pensées doivent prendre des routes si différentes selon l'état de cette éternité, qu'il est impossible de faire une démarche avec sens et jugement qu'en la réglant par la vue de ce point qui doit être notre dernier objet.

Il n'y a rien de plus visible que cela et qu'ainsi, selon les principes de la raison, la conduite des hommes est tout à fait déraisonnable, s'ils ne prennent une autre voie. Que l'on juge donc là-dessus de ceux qui vivent sans songer à cette dernière fin de la vie, qui se laissent conduire à leurs inclinations et à leurs plaisirs sans réflexion et sans inquiétude, et, comme s'ils pouvaient anéantir l'éternité en en détournant leur pensée, ne pensent à se rendre heureux que dans cet instant seulement.

Cependant, cette éternité subsiste, et la mort, qui la doit ouvrir et qui les menace à toute heure, les doit mettre infailliblement dans peu de temps dans l'horrible nécessité d'être éternellement ou anéantis ou malheureux, sans qu'ils sachent laquelle de ces éternités leur est à jamais préparée.

believe that, before very long, they may be more filled with faith than we are, whereas we, on the contrary, may fall into the blindness in which they are now, we must do for them what we'd want done for us if we were in their place; we must call upon them to have pity on themselves and take at least a few steps to try and see whether they won't find any insight. Let them bestow on this treatise some of the hours they spend so futilely elsewhere: whatever aversion they bring to it, they may perhaps discover something, and at least they won't lose much thereby. But as for those who bring to it perfect sincerity and a genuine desire to find the truth, I hope they will find satisfaction and will be convinced of the proofs of so divine a religion, which I have assembled here, and in which I have more or less followed that order. . . .

Before entering into the proofs of the Christian religion, I find it necessary to indicate the injustice of those men who live with no concern for seeking the truth of something so important to them, something that touches them so closely.

Of all their errors, this is surely the one that convicts them most firmly of folly and blindness, and wherein it is easiest to refute them, using the most rudimentary views of common sense, and natural feelings. For it's beyond doubt that the time of this life is only an instant, that the state of death is eternal, no matter what its nature may be, and that therefore all our actions and thoughts must take such different routes in accordance with the state of that eternity that it's impossible to take one step sensibly and judiciously if one doesn't regulate it in the light of that point, which should be our ultimate goal.

Nothing is more obvious than this and that therefore, according to the principles of reason, man's conduct is completely irrational if he doesn't take another route. Thus, let us judge this matter by contemplating those who live with no thought of this ultimate end of life, who let themselves be guided by their inclinations and pleasures unreflectingly and calmly and, as if they could obliterate eternity by keeping their minds off it, think of making themselves happy at this moment only.

Nevertheless this eternity exists, and death, which must open the door to it, and which threatens them at all times, must before very long confront them with the terrible necessity of being either destroyed or unhappy eternally, without their knowing which of these eternities has been prepared for them forever.

Voilà un doute d'une terrible conséquence. Ils sont dans le péril de l'éternité de misères; et sur cela, comme si la chose n'en valait pas la peine, ils négligent d'examiner si c'est de ces opinions que le peuple reçoit avec une facilité trop crédule, ou de celles qui, étant obscures d'elles-mêmes, ont un fondement très solide, quoique caché. Ainsi ils ne savent pas s'il y a vérité ou fausseté dans la chose, ni s'il y a force ou faiblesse dans les preuves. Ils les ont devant les yeux; ils refusent d'y regarder, et, dans cette ignorance, ils prennent le parti de faire tout ce qu'il faut pour tomber dans ce malheur au cas qu'il soit, d'attendre à en faire l'épreuve à la mort, d'être cependant fort satisfaits en cet état, d'en faire profession, et enfin d'en faire vanité. Peut-on penser sérieusement à l'importance de cette affaire sans avoir horreur d'une conduite si extravagante?

Ce repos dans cette ignorance est une chose monstrueuse, et dont il faut faire sentir l'extravagance et la stupidité à ceux qui y passent leur vie, en la leur représentant à eux-mêmes pour les confondre par la vue de leur folie. Car voici comme raisonnent les hommes quand ils choisissent de vivre dans cette ignorance de ce qu'ils sont et sans en rechercher d'éclaircissement. [LG 399, B 195, L 428]

Voilà ce que je vois et ce qui me trouble. Je regarde de toutes parts, et je ne vois partout qu'obscurité. La nature ne m'offre rien qui ne soit matière de doute et d'inquiétude. Si je n'y voyais rien qui ne marquât une Divinité, je me déterminerais à la négative; si je voyais partout les marques d'un Créateur, je reposerais en paix dans la foi. Mais, voyant trop pour nier et trop peu pour m'assurer, je suis en un état à plaindre, et où j'ai souhaité cent fois que, si un Dieu la soutient, elle le marquât sans équivoque; et que si les marques qu'elle en donne sont trompeuses, qu'elle les supprimât tout à fait; qu'elle dît tout ou rien, afin que je visse quel parti je dois suivre. Au lieu qu'en l'état où je suis, ignorant ce que je suis et ce que je dois faire, je ne connais ni ma condition ni mon devoir. Mon cœur tend tout entier à connaître où est le vrai bien pour le suivre; rien ne me serait trop cher pour l'éternité.

Je porte envie à ceux que je vois dans la foi vivre avec tant de négligence, et qui usent si mal d'un don duquel il me semble que je ferais un usage si différent. [LG 400, B 229, L 429]

Nul autre n'a connu que l'homme est la plus excellente créature. Les uns, qui ont bien connu la réalité de son excellence, ont pris pour

That is a doubt which is terribly consequential. They stand in peril of an eternity of misery; and yet, as if the matter weren't worth any trouble, they neglect to examine whether this is one of the opinions which the common people accept too gullibly and too easily, or one of those which, being obscure in themselves, have a very solid, though hidden basis. Thus, they don't know whether there is truth or falsity in the matter, nor whether there is strength or weakness in the proofs. They have them in front of their eyes; they refuse to look at them, and, in this ignorance, they take the course of doing everything necessary to fall into that disaster, in case it really exists, of waiting until they die to test it, of nevertheless being very contented in that state, of boasting of it, and, lastly, of being vain on account of it. Can anyone ponder seriously over the importance of this matter without feeling horror at such outlandish behavior?

This repose within ignorance is something monstrous, the oddity and stupidity of which must be shown to those who spend their lives in it, by depicting it to them and refuting them with the sight of their folly. For this is how men reason when they choose to live in that ignorance of what they are, without seeking enlightenment.

This is what I see and what worries me. I look all around, and everywhere I see only darkness. Nature offers me nothing that isn't cause for doubt and unrest. If I saw nothing in it that indicated a Deity, I'd decide on the negative; if I saw traces of a Creator everywhere, I'd repose peacefully in the faith. But, seeing too much to deny it and too little to be confident, I'm in a pitiable state, in which I've made the wish a hundred times that, if a God maintains nature, it should indicate that unequivocally, and that, if the signs of it that nature gives are deceptive, it should remove them altogether; that nature should say everything or nothing, so I could see what course I ought to follow. Instead, in the state I'm in, ignorant of what I am and what I should do, I know neither my condition nor my duty. My heart is entirely inclined toward knowing the true good in order to follow it; no expense would be too great for me to obtain eternity.

I envy those whom I see in our religion living so negligently and making such ill use of a gift that it seems to me I would use so differently.

No one else has known that man is the most excellent created being. Some, who have clearly recognized the reality of his excellence,

lâcheté et pour ingratitude les sentiments bas que les hommes ont naturellement d'eux-mêmes; et les autres, qui ont bien connu combien cette bassesse est effective, ont traité d'une superbe ridicule ces sentiments de grandeur qui sont aussi naturels à l'homme.

«Levez vos yeux vers Dieu, disent les uns; [«Haussez la tête, hommes libres», dit Épictète] voyez celui auquel vous ressemblez, et qui vous a fait pour l'adorer. Vous pouvez vous rendre semblable à lui; la sagesse vous y égalera, si vous voulez la suivre.» Et les autres lui disent: «Baissez les yeux vers la terre, chétif ver que vous êtes, et regardez les bêtes dont vous êtes le compagnon.» Que deviendra donc l'homme? Sera-t-il égal à Dieu ou aux bêtes? Quelle effroyable distance! Que serons-nous donc? Qui ne voit par tout cela que l'homme est égaré, qu'il est tombé de sa place, qu'il la cherche avec inquiétude, qu'il ne la peut plus retrouver? Et qui l'y adressera donc? Les plus grands hommes ne l'ont pu. [LG 401, B 431, L 430]

Qu'on s'imagine un nombre d'hommes dans les chaînes, et tous condamnés à la mort, dont les uns étant chaque jour égorgés à la vue des autres, ceux qui restent voient leur propre condition dans celle de leurs semblables, et, se regardant l'un l'autre avec douleur et sans espérance, attendent à leur tour. [LG 405, B 199, L 434]

La plus grande bassesse de l'homme est la recherche de la gloire, mais c'est cela même qui est la plus grande marque de son excellence; car, quelque possession qu'il ait sur la terre, quelque santé et commodité essentielle qu'il ait, il n'est pas satisfait s'il n'est dans l'estime des hommes. Il estime si grande la raison de l'homme que, quelque avantage qu'il ait sur la terre, s'il n'est placé avantageusement aussi dans la raison de l'homme, il n'est pas content. C'est la plus belle place du monde, rien ne le peut détourner de ce désir, et c'est la qualité la plus ineffaçable du cœur de l'homme.

Et ceux qui méprisent le plus les hommes, et les égalent aux bêtes, encore veulent-ils en être admirés et crus, et se contredisent à eux-mêmes par leur propre sentiment; leur nature, qui est plus forte que tout, les convainquant de la grandeur de l'homme plus fortement que la raison ne les convainc de leur bassesse. [LG 435, B 404, L 470]

Différence entre l'esprit de géométrie et l'esprit de finesse.

have taken as cowardice and ingratitude the low opinions men have of themselves by nature; others, who have been well aware just how real that baseness is, have heaped mighty ridicule on those feelings of grandeur which are also natural to man.

"Raise your eyes to God," some say; ["Lift your heads, free men," says Epictetus] "see him whom you resemble, and who created you to worship him. You can make yourselves like him; wisdom will make you his equal, if you're willing to follow it." And others tell man: "Cast your eyes down to the ground, puny worm that you are, and look at the animals whose companion you are." What, then, is to become of man? Will he be like God or like the animals? What an awesome distance! What, then, will become of us? Who does not see in all this that man has gone astray, that he has fallen from his place, that he is seeking it restlessly, that he cannot find it again? And who, then, will point him in the right direction? The greatest men have been unable to do so.

Imagine a number of men in chains, all condemned to death; some are executed every day within sight of the others, and those who remain see their own state in that of their fellow men; looking at one another sorrowfully and hopelessly, they await their turn.

The greatest baseness of man is the quest for fame, but that very thing is the greatest sign of his excellence; because, whatever he owns on earth, whatever good health and essential goods he possesses, he isn't satisfied if he isn't esteemed by men. He considers human reason so great that, whatever advantages he enjoys on earth, he isn't contented if he is not also advantageously placed in men's minds. It's the most beautiful place in the world, nothing can turn him aside from this desire, and it's the most indelible characteristic of the human heart.

And those with most contempt for men, those who liken them to the animals, even they wish to be admired and believed by them, contradicting themselves with their own feelings; their nature, which is stronger than anything else, convinces them of man's greatness more strongly than their reason convinces them of his baseness.

Difference between the logical (or, geometric; or, mathematical) mind and the intuitive (or, subtle) mind.

En l'un les principes sont palpables, mais éloignés de l'usage commun, de sorte qu'on a peine à tourner la tête de ce côté-là, manque d'habitude; mais pour peu qu'on l'y tourne, on voit les principes à plein; et il faudrait avoir tout à fait l'esprit faux pour mal raisonner sur des principes si gros qu'il est presque impossible qu'ils échappent.

Mais dans l'esprit de finesse, les principes sont dans l'usage commun et devant les yeux de tout le monde. On n'a que faire de tourner la tête, ni de se faire violence; il n'est question que d'avoir bonne vue, mais il faut l'avoir bonne; car les principes sont si déliés et en si grand nombre qu'il est presque impossible qu'il n'en échappe. Or l'omission d'un principe mène à l'erreur; ainsi il faut avoir la vue bien nette pour voir tous les principes, et ensuite l'esprit juste pour ne pas raisonner faussement sur des principes connus.

Tous les géomètres seraient donc fins s'ils avaient la vue bonne, car ils ne raisonnent pas faux sur les principes qu'ils connaissent. Et les esprits fins seraient géomètres s'ils pouvaient plier leur vue vers les principes inaccoutumés de géométrie.

Ce qui fait donc que de certains esprits fins ne sont pas géomètres, c'est qu'ils ne peuvent du tout se tourner vers les principes de géométrie, mais ce qui fait que des géomètres ne sont pas fins, c'est qu'ils ne voient pas ce qui est devant eux, et qu'étant accoutumés aux principes nets et grossiers de géométrie, et à ne raisonner qu'après avoir bien vu et manié leurs principes, ils se perdent dans les choses de finesse, où les principes ne se laissent pas ainsi manier. On les voit à peine, on les sent plutôt qu'on ne les voit, on a des peines infinies à les faire sentir à ceux qui ne les sentent pas d'eux-mêmes. Ce sont choses tellement délicates, et si nombreuses, qu'il faut un sens bien délicat et bien net pour les sentir et juger droit et juste, selon ce sentiment, sans pouvoir le plus souvent le démontrer par ordre comme en géométrie, parce qu'on n'en possède pas ainsi les principes, et que ce serait une chose infinie de l'entreprendre. Il faut tout d'un coup voir la chose, d'un seul regard, et non pas par progrès de raisonnement, au moins jusqu'à un certain degré. Et ainsi il est rare que les géomètres soient fins, et que les fins soient géomètres, à cause que les géomètres veulent traiter géométriquement ces choses fines et se rendent ridicules, voulant commencer par les définitions et ensuite par les principes, ce qui n'est pas la manière d'agir en cette sorte de raisonnement. Ce n'est pas que l'esprit ne le fasse, mais il le fait tacitement, naturellement et sans art. Car l'expression en passe tous les hommes, et le sentiment n'en appartient qu'à peu d'hommes. Et les

In one, the principles are palpable but remote from common usage, so that it's difficult to turn one's head in that direction for want of being accustomed to do so; but, if you do so ever so little, you see the principles fully; and you'd have to be completely wrongheaded to reason incorrectly on the basis of principles so conspicuous that it's nearly impossible for them to escape you.

But in the intuitive mind the principles are in common usage and before everyone's eyes. All you need to do is turn your head, there's no need to force yourself; all that matters is to have good eyesight, but it must be really good, because the principles are so tiny and so numerous that it's nearly impossible that some won't escape you. Now, the omission of a principle leads to error; thus, your sight must be very clear to see all the principles, and, in addition, your mind must be level so you don't reason incorrectly on the basis of the principles you know.

Thus, all geometers would be "subtle" if they had good eyesight, because they don't reason incorrectly on the basis of the principles they know. And the intuitive minds would be geometers if they could train their eyes on the unaccustomed principles of geometry.

Thus, the reason that certain intuitive minds aren't logical is that they're totally unable to turn toward the principles of logic; but the reason that logicians aren't intuitive is that they don't see what's in front of them and that, being accustomed to the clear-cut, large-scale principles of logic, and accustomed not to reason until they have clearly seen and handled their principles, they get lost in intuitive matters, where the principles don't allow of such handling. They are barely visible, they're felt rather than seen, it's endless trouble to make them felt by those who don't feel them spontaneously. They're such delicate and numerous things that you need very delicate and clear senses to feel them and to judge correctly and fairly, in accordance with that feeling, most of the time without being able to demonstrate them strictly, as in logic, because you don't possess the principles in the same way, and it would be an endless undertaking to do so. You must see the matter all at once, at a single glance, and not through a reasoning process, at least to a certain extent. And so it's unusual for logicians to be intuitive and intuitive people to be logicians, because logicians wish to treat these subtleties logically, and they make themselves ridiculous, trying to begin with definitions and move on to principles, which isn't the correct procedure in that kind of reasoning. It's not that the mind doesn't do it, but it does it tacitly, by nature, and without special training. Because the expression of it is beyond all men, and the feeling for it is found in very few. On the other hand, the

esprits fins au contraire, ayant ainsi accoutumé à juger d'une seule vue, sont si étonnés quand on leur présente des propositions où ils ne comprennent rien et où pour entrer il faut passer par des définitions, et des principes si stériles, qu'ils n'ont point accoutumé de voir ainsi en détail, qu'ils s'en rebutent et s'en dégoûtent.

Mais les esprits faux ne sont jamais ni fins, ni géomètres. Les géomètres qui ne sont que géomètres ont donc l'esprit droit, mais pourvu qu'on leur explique bien toutes choses par définitions et principes; autrement ils sont faux et insupportables, car ils ne sont droits que sur les principes bien éclaircis.

Et les fins qui ne sont que fins ne peuvent avoir la patience de descendre jusque dans les premiers principes des choses spéculatives et d'imagination qu'ils n'ont jamais vues dans le monde, et tout à fait hors d'usage. [LG 466, B 1, L 512]

Montaigne a tort. La coutume ne doit être suivie que parce qu'elle est coutume, et non parce qu'elle soit raisonnable ou juste. Mais le peuple la suit par cette seule raison qu'il la croit juste. Sinon il ne la suivrait plus quoiqu'elle fût coutume, car on ne veut être assujetti qu'à la raison ou à la justice. La coutume sans cela passerait pour tyrannie, mais l'empire de la raison et de la justice n'est non plus tyrannique que celui de la délectation. Ce sont les principes naturels à l'homme.

Il serait donc bon qu'on obéît aux lois et coutumes parce qu'elles sont lois; qu'on sût qu'il n'y en a aucune vraie et juste à introduire, que nous n'y connaissons rien et qu'ainsi il faut seulement suivre les reçues. Par ce moyen on ne les quitterait jamais. Mais le peuple n'est pas susceptible de cette doctrine, et ainsi, comme il croit que la vérité se peut trouver et qu'elle est dans les lois et coutumes, il les croit, et prend leur antiquité comme une preuve de leur vérité (et non de leur seule autorité, sans vérité). Ainsi il y obéit, mais il est sujet à se révolter dès qu'on lui montre qu'elles ne valent rien, ce qui se peut faire de toutes en les regardant d'un certain côté.

Le mal est aisé, il y en a une infinité, le bien presque unique. Mais un certain genre de mal est aussi difficile à trouver que ce qu'on appelle bien, et souvent on fait passer pour bien à cette marque ce mal particulier. Il faut même une grandeur extraordinaire d'âme pour y arriver, aussi bien qu'au bien.

intuitive thinkers, being thus accustomed to judge at a glance, are so amazed when presented with theorems of which they understand nothing, and to enter into which one must proceed from definitions and principles so sterile, which they aren't used to seeing in such detail, that they are put off and lose their taste for it.

But incorrect minds are never either intuitive or logical. Logicians who are only logicians, therefore, have correct minds, as long as everything is well explained to them by means of definitions and principles; otherwise, they are incorrect and unbearable, because they only reason correctly on the basis of very clear principles.

And intuitive thinkers who are only intuitive cannot have the patience to delve into the first principles of speculative, imaginative things that they've never seen in the world and that are completely outside of common ken.

Montaigne is wrong. Custom must be followed merely because it's custom, and not because it's rational or correct. But the common people follow it solely because they think it's correct. Otherwise, they would no longer follow it even though it was custom, because no one wants to submit to anything but reason or rightness. Without them, custom would appear to be tyranny, but the dominion of reason and rightness is no more tyrannical than that of delectation. These are the principles natural to man.

Thus, it would be best for people to obey laws and customs because they're laws, just as long as they knew that none of them is true and rightly to be enacted; that we know nothing of this and must thus merely follow the traditional ones. In this way the laws would never be abandoned. But the common people aren't receptive to that doctrine, and so, since they believe that truth can be found and that it resides in the laws and customs, they believe in them and take their antiquity as a proof of their truth (and not merely of their authority, setting aside their truth). Thus, they obey them, but they're liable to rebel as soon as someone points out that the customs have no value, something that can be done with all of them if they're looked at from a certain angle.

Evil is easy, there's an infinite variety of it, while the good is practically unique. But a certain type of evil is as hard to find as the thing called "the good," and frequently for that reason this particular evil is made to pass as a good. In fact, it takes an extraordinary greatness of soul to achieve it, just as it takes to achieve the good.

Les exemples qu'on prend pour prouver d'autres choses, si on voulait prouver les exemples, on prendrait les autres choses pour en être les exemples. Car comme on croit toujours que la difficulté est à ce qu'on veut prouver, on trouve les exemples plus clairs et aidant à le montrer.

Ainsi quand on veut montrer une chose générale, il faut en donner la règle particulière d'un cas, mais si on veut montrer un cas particulier, il faudra commencer par la règle générale. Car on trouve toujours obscure la chose qu'on veut prouver et claire celle qu'on emploie à la preuve, car quand on propose une chose à prouver, d'abord on se remplit de cette imagination qu'elle est donc obscure, et au contraire que celle qui la doit prouver est claire, et ainsi on l'entend aisément.

Je me suis mal trouvé de ces compliments: «Je vous ai bien donné de la peine», «je crains de vous ennuyer», «je crains que cela soit trop long». Ou on entraîne, ou on irrite.

Qu'il est difficile de proposer une chose au jugement d'un autre sans corrompre son jugement par la manière de la lui proposer! Si on dit: «je le trouve beau», «je le trouve obscur» ou autre chose semblable, on entraîne l'imagination à ce jugement ou on l'irrite au contraire. Il vaut mieux ne rien dire et alors il juge selon ce qu'il est, c'est-à-dire selon ce qu'il est alors, et selon ce que les autres circonstances dont on n'est point auteur y auront mis. Mais au moins on n'y aura rien mis, si ce n'est que ce silence n'y fasse aussi son effet, selon le tour et l'interprétation qu'il sera en humeur de lui donner, ou selon qu'il le conjecturera des mouvements et air du visage, ou du ton de voix, selon qu'il sera physionomiste, tant il est difficile de ne point démonter un jugement de son assiette naturelle, ou plutôt tant il en a peu de ferme et stable. [LG 469; B 325, 408, 40, 57, 105; L 525–529]

Les langues sont des chiffres où, non les lettres sont changées en lettres, mais les mots en mots. De sorte qu'une langue inconnue est déchiffrable.

La diversité est si ample que tous les tons de voix, tous les marchers, toussers, mouchers, éternuements. On distingue des fruits les raisins, et entre ceux-là les muscats, et puis Condrieu, et puis

If one wished to prove the examples chosen to prove other things, those other things could be taken as examples for *them*. Because, since people always believe that the difficulty lies in the proof, they find the examples more clear and an aid to demonstrate it.

Thus, when wishing to demonstrate a generality, you must give the particular rule for a case of it, but if you wish to demonstrate a particular case, you must begin with the general rule. This is because one always finds the thing to be proved obscure, and the thing used for the proof clear, since when you propose to prove something you are first full of the notion that it's obscure and that, on the contrary, the thing that will prove it is clear, and so you understand it easily.

I disliked those ceremonious expressions: "Forgive me for having troubled you," "I'm afraid I've bored you," "I'm afraid I've gone on too long." Either you attract people or you vex them.

How hard it is to propose something to someone else's judgment without weighting his opinion by the way you put it to him! If you say "I find it beautiful" or "I find it obscure" or something similar, you lead his imagination to agree with that opinion, or else you make him angry. It's better to say nothing; then he'll judge according to his nature; that is, according to his nature at the moment and in accordance with what other circumstances, not deriving from you, have put in his mind. But at least *you* won't have put anything there, unless that very silence also has an effect, according to the twist and the interpretation his whims will make him give it, or depending on whether he guesses your opinion from your movements and the look on your face, or the tone of your voice, if he's a physiognomist—it's that difficult not to tip the natural scales of an opinion, or rather, it's that unusual to find an opinion that's firm and stable!

Languages are codes in which you substitute, not letters for letters, but words for words. So that a language you don't know is decodable.

Diversity is as ample as every tone of voice, every gait, cough, nose blowing, sneeze. You can single out grapes from among all fruit, and, among grapes, muscats, then Condrieu, then Desargues,[69] and then

---

69. Gïrard (or Gérard) Desargues (1593–1662), an acquaintance of Pascal's, owned the estate Condrieu in the south of France; he was a major figure in geometry, with various theorems named after him.

Desargues, et puis cette ente. Est-ce tout? En a-t-elle jamais produit deux grappes pareilles? Et une grappe a-t-elle deux grains pareils? etc.

Je n'ai jamais jugé d'une même chose exactement de même; je ne puis juger d'un ouvrage en le faisant. Il faut que je fasse comme les peintres et que je m'en éloigne, mais non pas trop. De combien donc? Devinez. [LG 479, B 45 & 114, L 613 & 614]

Ils disent que les éclipses présagent malheur parce que les malheurs sont ordinaires, de sorte qu'il arrive si souvent du mal qu'ils devinent souvent, au lieu que s'ils disaient qu'elles présagent bonheur, ils mentiraient souvent. Ils ne donnent le bonheur qu'à des rencontres du ciel rares. Ainsi ils manquent peu souvent à deviner. [LG 482, B 173, L 561]

Il y a un certain modèle d'agrément et de beauté qui consiste en un certain rapport entre notre nature faible ou forte telle qu'elle est et la chose qui nous plaît.

Tout ce qui est formé sur ce modèle nous agrée, soit maison, chanson, discours, vers, prose, femme, oiseaux, rivières, arbres, chambres, habits, etc.

Tout ce qui n'est point fait sur ce modèle déplaît à ceux qui ont le goût bon.

Et comme il y a un rapport parfait entre une chanson et une maison qui sont faites sur ce bon modèle, parce qu'elles ressemblent à ce modèle unique, quoique chacune selon son genre, il y a de même un rapport parfait entre les choses faites sur le mauvais modèle. Ce n'est pas que le mauvais modèle soit unique, car il y en a une infinité, mais chaque mauvais sonnet par exemple, sur quelque faux modèle qu'il soit fait, ressemble parfaitement à une femme vêtue sur ce modèle.

Rien ne fait mieux entendre combien un faux sonnet est ridicule que d'en considérer la nature et le modèle et de s'imaginer ensuite une femme ou une maison faite sur ce modèle-là.

Beauté poétique.
Comme on dit «beauté poétique», on devrait aussi dire «beauté

this grafted variety. Is that all? Has it ever produced two bunches exactly alike? And does a bunch have two grapes exactly alike? And so on.

I have never judged one and the same thing in precisely the same way twice; I can't judge a book while I'm writing it. I must do as the painters do and move away from it, but not too far. How far, then? Guess.

People say that eclipses portend disaster because disasters are common; thus, bad things occur so frequently that they often guess correctly, whereas, if they said they portended good fortune, they'd often be wrong. They attribute good fortune only to rare meteorological phenomena. And so they very seldom fail to guess correctly.

There is a certain exemplar of charm and beauty which consists in a certain harmony between our nature, either weak or strong as it happens to be, and the thing we like.

Everything formed on this model pleases us, be it a house, song, speech, verse, prose, woman, birds, streams, trees, rooms, clothes, etc.

Whatever is not formed on this model displeases those with good taste.

And since there is a perfect harmony between a song and a house that are formed on this good model, because they are both like that unique model, though each in its own genre, similarly there is a perfect harmony between things formed on a bad model. Not that the bad model is unique, because there's an infinite number of them, but every bad sonnet, for example, no matter on which incorrect model it's formed, is exactly like a woman whose clothing is based on that model.

Nothing shows more clearly how laughable a bad sonnet is than to consider its nature and its model, and then to imagine a woman or a house formed on that model.

Poetic beauty.
Just as we say "poetic beauty," we should also say "geometric

géométrique» et «beauté médicinale», mais on ne le dit pas, et la raison en est qu'on sait bien quel est l'objet de la géométrie et qu'il consiste en preuve, et quel est l'objet de la médecine et qu'il consiste en la guérison; mais on ne sait pas en quoi consiste l'agrément qui est l'objet de la poésie. On ne sait ce que c'est que ce modèle naturel qu'il faut imiter, et à faute de cette connaisance on a inventé de certains termes bizarres: «siècle d'or», «merveille de nos jours», «fatals», etc. Et on appelle ce jargon «beauté poétique».

Mais qui s'imaginera une femme sur ce modèle-là, qui consiste à dire de petites choses avec de grands mots, verra une jolie damoiselle toute pleine de miroirs et de chaînes, dont il rira parce qu'on sait mieux en quoi consiste l'agrément d'une femme que l'agrément des vers; mais ceux qui ne s'y connaîtraient pas l'admireraient en cet équipage et il y a bien des villages où on la prendrait pour la reine, et c'est pourquoi nous appelons les sonnets faits sur ce modèle-là «les reines de village».

On ne passe point dans le monde pour se connaître en vers si l'on n'a mis l'enseigne de poète, de mathématicien, etc., mais les gens universels ne veulent point d'enseigne et ne mettent guère de différence entre le métier de poète et celui de brodeur.

Les gens universels ne sont appelés ni poètes, ni géomètres, etc. Mais ils sont tout cela et juges de tous ceux-là. On ne les devine point et ils parleront de ce qu'on parlait quand ils sont entrés. On ne s'aperçoit point en eux d'une qualité plutôt que d'une autre, hors de la nécessité de la mettre en usage, mais alors on s'en souvient. Car il est également de ce caractère qu'on ne dise point d'eux qu'ils parlent bien quand il n'est point question du langage et qu'on dise d'eux qu'ils parlent bien quand il en est question.

C'est donc une fausse louange qu'on donne à un homme quand on dit de lui lorsqu'il entre qu'il est fort habile en poésie, et c'est une mauvaise marque quand on n'a pas recours à un homme quand il s'agit de juger de quelques vers. [LG 500, B 32–34, L 585–587]

Ennui.
Rien n'est si insupportable à l'homme que d'être dans un plein repos, sans passion, sans affaire, sans divertissement, sans application. Il sent alors son néant, son abandon, son insuffisance, sa dépendance, son impuissance, son vide. Incontinent il sortira du fond de son âme l'ennui, la noirceur, la tristesse, le chagrin, le dépit, le désespoir. [LG 529, B 131, L 622]

beauty" and "medical beauty," but we don't, and the reason is that we know very well what the object of geometry is—proof—and what the object of medicine is—healing—but we don't know in what the charm that is the object of poetry consists. We don't know what natural model is to be imitated, and for want of that knowledge we have invented certain bizarre terms: "golden age," "wonder of our days," "the inevitable," etc. And we call this jargon "poetic beauty."

But whoever imagines a woman formed on that model, which consists of saying little things in big words, will see a pretty young lady completely bedecked with mirrors and chains, at whom he'll laugh because he has a better idea of what constitutes a woman's attraction than he does of a poem's attraction; but those without experience would admire her in that getup, and there are many villages in which she'd be taken for the queen; that's why we call sonnets formed on that model "village queens."

No one passes in society for a connoisseur of verse if he hasn't hung out a shingle as a poet, mathematician, etc., but universal people want nothing to do with shop signs and make scarcely any distinction between the trade of poet and that of embroiderer.

Universal people are called neither poets nor geometers, etc. But they are all those things and can judge all those others. You can't guess it from seeing them, and they'll speak on the same subject that was being discussed when they walked in. You can't discern one quality rather than another in them, when there's no need to put their knowledge to use, but then they do so memorably. Because it also pertains to their character that no one says they speak well when it isn't a question of manner of speech, and that everyone says they speak well when it *is*.

Thus, it's false praise when it's said of a man just walking in that he's very clever at poetry, and it's a bad sign when a main isn't consulted when the moment comes to evaluate some poem.

Boredom.
Nothing is so unbearable to man as being in complete repose, without strong emotions, without occupations, without distractions, without some steady task. Then he feels his nothingness, his state of being abandoned, his insufficiency, his dependency, his powerlessness, his emptiness. Immediately he will produce from the depths of his soul boredom, gloominess, sorrow, chagrin, vexation, despair.

La vanité est si ancrée dans le cœur de l'homme qu'un soldat, un goujat, un cuisinier, un crocheteur se vante et veut avoir ses admirateurs. Et les philosophes mêmes en veulent, et ceux qui écrivent contre veulent avoir la gloire d'avoir bien écrit, et ceux qui les lisent veulent avoir la gloire de les avoir lus, et moi qui écris ceci ai peut-être cette envie, et peut-être que ceux qui le liront . . . [LG 534, B 160, L 627]

La chose la plus importante à toute la vie est le choix du métier, le hasard en dispose.

La coutume fait les maçons, soldats, couvreurs. «C'est un excellent couvreur», dit-on, et en parlant des soldats: «Ils sont bien fous», dit-on, et les autres au contraire: «Il n'y a rien de grand que la guerre, le reste des hommes sont des coquins.» A force d'ouïr louer en l'enfance ces métiers et mépriser tous les autres, on choisit. Car naturellement on aime la vertu et on hait la folie; ces mots viennent en décider; on ne pèche qu'en l'application.

Tant est grande la force de la coutume qui, de ceux que la nature n'a fait qu'hommes, en fait toutes les conditions des hommes.

Car des pays sont tout de maçons, d'autres tout de soldats, etc. Sans doute que la nature n'est pas si uniforme; c'est la coutume qui fait donc cela, car elle contraint la nature, et quelquefois la nature la surmonte et retient l'homme dans son instinct malgré toute coutume bonne ou mauvaise. [LG 541, B 97, L 634]

En écrivant ma pensée, elle m'échappe quelquefois; mais cela me fait souvenir de ma faiblesse que j'oublie à toute heure, ce qui m'instruit autant que ma pensée oubliée, car je ne tiens qu'à connaître mon néant. [LG 555, B 372, L 656]

Plaindre les malheureux n'est pas contre la concupiscence; au contraire, on est bien aise d'avoir à rendre ce témoignage d'amitié et à s'attirer la réputation de tendresse sans rien donner. [LG 556, B 452, L 657]

Style.

Quand on voit le style naturel, on est tout étonné et ravi, car on

Vanity is so firmly rooted in man's heart that a soldier, a soldier's orderly, a cook, a street porter boasts and wants to have his admirers. And even philosophers do, and those who combat vanity in their writings want to have the reputation of good writers, and those who read them want to have the reputation of readers of good books, and I, the writer of these lines, may also have that wish, and maybe those who read this. . . .

The most important thing in our life is the choice of profession, and it's left to chance!

Custom and habit make masons, soldiers, roofers. "He's an excellent roofer," they say, and, when speaking of soldiers, "They're really crazy," whereas others say, "The only thing great is war, all other men are rascals." By dint of hearing these professions praised, and all others despised, in his childhood, a man chooses. Because naturally people love virtue and hate folly; those words determine them, and people err only in the way they apply them.

The force of custom is so great that, of those whom nature has made merely men, custom makes men of all walks of life.

Because in some localities everyone is a mason, in others everyone is a soldier, etc. No doubt, nature isn't that uniform; therefore it's custom that brings this about, for it constrains nature; but sometimes nature surmounts it and keeps a man true to his instincts despite all good or bad customs.

When I write down my thoughts, they sometimes elude me; but that reminds me of my weakness, which I constantly forget; this is just as instructive to me as the thought which I've forgotten, because I am concerned with nothing so much as to be aware of my nothingness.

If you pity the unfortunate, that's no indication that you aren't self-seeking; on the contrary, it gives you a good feeling to be able to offer that proof of friendship and to earn a reputation for warm feelings, without actually giving anything.

Style.
When you see a natural style, you're quite astonished and

s'attendait de voir un auteur et on trouve un homme; au lieu que ceux qui ont le goût bon et qui, en voyant un livre, croient trouver un homme, sont tout surpris de trouver un auteur. «*Plus poetice quam humane locutus es.*»

Ceux-là honorent bien la nature, qui lui apprennent qu'elle peut parler de tout et même de théologie. [LG 569, B 29, L 675]

Gloire.

Les bêtes ne s'admirent point. Un cheval n'admire point son compagnon. Ce n'est pas qu'il n'y ait entre eux de l'émulation à la course, mais c'est sans conséquence. Car étant à l'étable, le plus pesant et le plus mal taillé n'en cède pas son avoine à l'autre, comme les hommes veulent qu'on leur fasse. Leur vertu se satisfait d'elle-même. [LG 579, B 401, L 685]

Quand on dit que le chaud n'est que le mouvement de quelques globules et la lumière, le *conatus recedendi* que nous sentons, cela nous étonne. Quoi! que le plaisir ne soit autre chose que le ballet des esprits! Nous en avons conçu une si différente idée et ces sentiments-là nous semblent si éloignés de ces autres que nous disons être les mêmes que ceux que nous leur comparons. Le sentiment du feu, cette chaleur qui nous affecte d'une manière tout autre que l'attouchement, la réception du son et de la lumière, tout cela nous semble mystérieux. Et cependant cela est grossier comme un coup de pierre. Il est vrai que la petitesse des esprits qui entrent dans les pores touchent d'autres nerfs, mais ce sont toujours des nerfs touchés. [LG 580, B 368, L 686]

J'avais passé longtemps dans l'étude des sciences abstraites et le peu de communication qu'on en peut avoir m'en avait dégoûté. Quand j'ai commencé l'étude de l'homme, j'ai vu que ces sciences abstraites ne sont pas propres à l'homme, et que je m'égarais plus de ma condition en y pénétrant que les autres en l'ignorant. J'ai pardonné aux autres d'y peu savoir. Mais j'ai cru trouver au moins bien des compagnons en l'étude de l'homme, et que c'est le vrai étude qui lui est propre. J'ai été trompé: il y en a encore moins qui l'étudient que la géométrie. Ce n'est que manque de savoir étudier cela qu'on cherche

delighted, because you expected to see an author and you find a man; whereas those with good taste who, seeing a book, think they've found a man, are quite surprised to find an author. "You've spoken more like a poet than like a human being."[70]

Those men honor nature duly who teach it that it can discuss anything, even theology.

Reputation.

Animals don't admire one another. A horse doesn't admire its companion. Not that they don't feel rivalry during a race, but it has no consequences. For, when back in the stable, the heavier, more poorly shaped horse doesn't give up its oats to the other one for that reason, as men want others to do for them. Their virtue is satisfied in itself.

When people say that heat is merely the movement of a few globules, and light is the flight of particles from their center, which we sense, we're amazed. What!? Pleasure is nothing but a dance of spirits? We have conceived such a different idea of this, and those sensations seem so remote from the others, which we say are the same as the ones we compare them to. The sensation of fire, that warmth which affects us quite differently from an actual touch, the way we receive sound and light, all of that seems mysterious to us. And yet they're as palpable as a blow with a rock. It's true that the smallness of the spirits that enter our pores touch different nerves, but in every case nerves are being touched.

I had spent a long time studying the abstract sciences, and I had been put off from them because it is so hard to find others to discuss them with. When I began to study mankind, I saw that those abstract sciences aren't natural to man, and that I was straying farther from my natural state by delving into them than the others were by remaining unaware of them. I forgave the others for not knowing much about them. But I thought that, in the study of mankind, I'd at least find companions, and that that was the subject most truly suited to people. I was mistaken; even fewer people study that than study geometry. It's

---

70. Petronius.

le reste. Mais n'est-ce pas que ce n'est pas encore là la science que l'homme doit avoir, et qu'il lui est meilleur de s'ignorer pour être heureux? [LG 581, B 144, L 687]

Qu'est-ce que le moi?

Un homme qui se met à la fenêtre pour voir les passants, si je passe par là, puis-je dire qu'il s'est mis là pour me voir? Non, car il ne pense pas à moi en particulier; mais celui qui aime quelqu'un à cause de sa beauté, l'aime-t-il? Non, car la petite vérole, qui tuera la beauté sans tuer la personne, fera qu'il ne l'aimera plus.

Et si on m'aime pour mon jugement, pour ma mémoire, m'aime-t-on moi? Non, car je puis perdre ces qualités sans me perdre moi-même. Où est donc ce moi s'il n'est ni dans le corps ni dans l'âme? Et comment aimer le corps ou l'âme, sinon pour ces qualités, qui ne sont point ce qui fait le Moi puisqu'elles sont périssables? Car aimerait-on la substance de l'âme d'une personne abstraitement et quelques qualités qui y fussent? Cela ne se peut et serait injuste. On n'aime donc jamais personne mais seulement des qualités.

Qu'on ne se moque donc plus de ceux qui se font honorer pour des charges et des offices, car on n'aime personne que pour des qualités empruntées. [LG 582, B 323, L 688]

Qu'on ne dise pas que je n'ai rien dit de nouveau, la disposition des matières est nouvelle. Quand on joue à la paume, c'est une même balle dont joue l'un et l'autre, mais l'un la place mieux.

J'aimerais autant qu'on me dît que je me suis servi des mots anciens. Et comme si les mêmes pensées ne formaient pas un autre corps de discours par une disposition différente, aussi bien que les mêmes mots forment d'autres pensées par leur différente disposition. [LG 590, B 22, L 696]

Ceux qui sont dans le dérèglement disent à ceux qui sont dans l'ordre que ce sont eux qui s'éloignent de la nature, et ils la croient suivre, comme ceux qui sont dans un vaisseau croient que ceux qui sont au bord fuient. Le langage est pareil de tous côtés. Il faut avoir un point fixe pour en juger. Le port juge ceux qui sont dans un vaisseau. Mais où prendrons-nous un port dans la morale? [LG 591, B 383, L 697]

only for lack of ability to study it that they go seeking after all the other things. But may it not be that even the study of man is not yet the science which man needs to have, and that it's better for him to be ignorant of himself in order to be happy?

What is the self?

A man stands by his window to watch those passing by; if I pass that way, can I say he placed himself there in order to see me? No, because he isn't thinking of me in particular; but does a man who loves some woman for her beauty really love her? No, because smallpox, which will kill her beauty without killing her literally, will cause him to cease loving her.

And if I'm loved for my good judgment, for my memory, am I really loved? No, because I may lose those faculties without being totally lost. So where is this self of mine if it resides neither in the body nor in the soul? And how can one love either the body or the soul, if not for such qualities, which aren't what constitutes the self because they can perish? For, could one love the substance of a person's soul abstractly, whatever qualities were in it? It's impossible, and it would be wrong. Thus, we never love a person, but merely qualities.

Therefore, let no one laugh any more at those who are honored for their rank and position, because no one is loved except for borrowed characteristics.

Let it not be said that I've said nothing new; the arrangement of my material is new. When people play tennis, both players are using the same ball, but one of them directs it better.

I'd like just as much to be told that I have used old-fashioned words. As if the same thoughts didn't form a new body of discourse through a different arrangement, just as the same words form new thoughts through their different arrangement!

Those who lead a disorderly existence say to those who are orderly that *they're* the ones departing from natural ways, and they think they're following nature, just as those on shipboard think that those on shore are moving past. The terminology is the same in all cases. One must have a firm standpoint to judge of it. Those in port judge those on the ship. But where are we to find a port in the study of morality?

Titre:

D'où vient qu'on croit tant de menteurs qui disent qu'ils ont vu des miracles et qu'on ne croit aucun de ceux qui disent qu'ils ont des secrets pour rendre l'homme immortel ou pour rajeunir.

Ayant considéré d'où vient qu'on ajoute tant de foi à tant d'imposteurs qui disent qu'ils ont des remèdes jusques à mettre souvent sa vie entre leurs mains, il m'a paru que la véritable cause est qu'il y en a de vrais, car il ne serait pas possible qu'il y en eût tant de faux et qu'on y donnât tant de créance s'il n'y en avait de véritables. Si jamais il n'y eût eu remède à aucun mal et que tous les maux eussent été incurables, il est impossible que les hommes se fussent imaginé qu'ils en pourraient donner, et encore plus que tant d'autres eussent donné créance à ceux qui se fussent vantés d'en avoir. De même si un homme se vantait d'empêcher de mourir, personne ne le croirait parce qu'il n'y a aucun exemple de cela. Mais, comme il y a eu quantité de remèdes qui se sont trouvés véritables par la connaissance même des plus grands hommes, la créance des hommes s'est pliée par là, et cela s'étant connu possible, on a conclu de là que cela était, car le peuple raisonne ordinairement ainsi: une chose est possible, donc elle est. Parce que la chose ne pouvant être niée en général puisqu'il y a des effets particuliers qui sont véritables, le peuple, qui ne peut pas discerner quels d'entre ces effets particuliers sont les véritables, les croit tous. De même ce qui fait qu'on croit tant de faux effets de la lune, c'est qu'il y en a de vrais comme le flux de la mer. Il en est de même des prophéties, des miracles, des divinations par les songes, des sortilèges, etc., car si de tout cela il n'y avait jamais eu rien de véritable, on n'en aurait jamais rien cru; et ainsi, au lieu de conclure qu'il n'y a point de vrais miracles parce qu'il y en a tant de faux, il faut dire au contraire qu'il y a certainement de vrais miracles puisqu'il y en a tant de faux et qu'il n'y en a de faux que par cette raison qu'il y en a de vrais. Il faut raisonner de la même sorte pour la Religion, car il ne serait pas possible que les hommes se fussent imaginé tant de fausses religions s'il n'y en avait une véritable. L'objection à cela, c'est que les sauvages ont une religion, mais on répond à cela que c'est qu'ils en ont ouï parler comme il paraît par le déluge, la circoncision, la croix de saint André, etc. [LG 625, B 817, L 734]

Quel dérèglement de jugement par lequel il n'y a personne qui ne se mette au-dessus de tout le reste du monde, et qui n'aime mieux son

Title:

How is it that people believe all those liars who say they've seen miracles, but don't believe any of those who say they have secret ways to make men immortal or rejuvenate them?

Having reflected on the reason that such great credence is lent to so many impostors claiming to have remedies, often to the point of placing one's life in their hands, it occurred to me that the real cause is that there are genuine ones, because it would be impossible for so many false ones to exist and to be believed so thoroughly if there weren't genuine ones. If there had never been a remedy for any disease, and all ailments had been incurable, it's impossible that people would ever have imagined that the hawkers could furnish any, and even more impossible that so many others should have believed those who boasted of possessing any. Similarly, if a man boasted that he could keep people from dying, no one would believe him because there's no example for it. But, since there have been a number of remedies found to be genuine even in the view of the greatest men, that has affected people's will to believe; once it was known to be possible, people concluded that it was true, because common people usually reason as follows: something is possible, therefore it exists. Because the matter couldn't be refuted in general, since there are individual results that are genuine, the common people, who can't make out which of these individual results are the genuine ones, believe them all. Similarly, the factor that causes people to believe in so many incorrect influences of the moon is that there are real ones, such as ocean tides. The same holds for prophecies, miracles, fortune-telling from dreams, magic spells, etc.; because if there had never been anything true in any of those predictions, no one would ever have believed any of it; and thus, instead of concluding that there are no true miracles because there have been so many fake ones, it must be said, on the contrary, that there are certainly true miracles because there are so many fake ones and that there are fake ones only because there are real ones. Reasoning of the same kind must be applied to our religion, because it would be impossible for men to have imagined so many false religions if a true one didn't exist. The objection to this is that savages have a religion, but the reply to that is that they have heard our religion spoken of, as is proved by their knowledge of the flood, circumcision, St. Andrew's cross, etc.

What a disorder of judgment it is, when there's nobody who doesn't set himself above all the rest of the world, and who doesn't

propre bien et la durée de son bonheur et de sa vie que celle de tout le reste du monde!

Cromwell allait ravager toute la chrétienté; la famille royale était perdue, et la sienne à jamais puissante, sans un petit grain de sable qui se mit dans son uretère. Rome même allait trembler sous lui. Mais ce petit gravier s'étant mis là, il est mort, sa famille abaissée, tout en paix, et le roi rétabli.

Ceux qui sont accoutumés à juger par le sentiment ne comprennent rien aux choses de raisonnement. Car ils veulent d'abord pénétrer d'une vue et ne sont point accoutumés à chercher les principes, et les autres au contraire, qui sont accoutumés à raisonner par principes, ne comprennent rien aux choses de sentiment, y cherchant des principes et ne pouvant voir d'une vue.

Deux sortes de gens égalent les choses, comme les fêtes aux jours ouvriers, les chrétiens aux prêtres, tous les péchés entre eux, etc. Et de là les uns concluent que ce qui est donc mal aux prêtres l'est aussi aux chrétiens, et les autres que ce qui n'est pas mal aux chrétiens est permis aux prêtres. [LG 632; B 456, 176, 3, 866; L 799–802]

L'exemple de la chasteté d'Alexandre n'a pas tant fait de continents que celui de son ivrognerie a fait d'intempérants. Il n'est pas honteux de n'être pas aussi vertueux que lui, et il semble excusable de n'être pas plus vicieux que lui. On croit n'être pas tout à fait dans les vices du commun des hommes quand on se voit dans les vices de ces grands hommes. Et cependant on ne prend pas garde qu'ils sont en cela du commun des hommes. On tient à eux par le bout par où ils tiennent au peuple. Car quelque élevés qu'ils soient, si sont-ils unis aux moindres des hommes par quelque endroit. Ils ne sont pas suspendus en l'air tout abstraits de notre société. Non, non; s'ils sont plus grands que nous, c'est qu'ils ont la tête plus élevée, mais ils ont les pieds aussi bas que les nôtres. Ils sont tous à même niveau et s'appuient sur la même terre, et par cette extrémité ils sont aussi abaissés que nous, que les plus petits, que les enfants, que les bêtes. [LG 645, B 103, L 770]

Rien ne nous plaît que le combat, mais non pas la victoire. On aime

prefer his own welfare and the long continuance of his happiness and his life to that of the rest of the world!

Cromwell was out to ravage all of Christendom; the royal family would have been destroyed, and his own placed in power forever, were it not for a little grain of sand that lodged in his ureter. Rome itself was about to tremble beneath his sway. But, that tiny stone having placed itself there, he died, his family is humbled, all is at peace, and the king is restored.

Those accustomed to judge by their feelings understand nothing of the reasoning process. For they wish to grasp things at once, at a single glance, and aren't accustomed to looking for logical principles, whereas the others, who are accustomed to reasoning according to principles, understand nothing of matters that depend on feelings; they look for principles in them but can't grasp them at a glance.

Two sorts of people equate things, such as holidays with working days, Christians with priests, every sin with every other sin, etc. Hence, one group concludes that what is bad for priests to do is also bad for Christians to do, and the other group concludes that what isn't bad for Christians to do is permissible for priests.

The example that Alexander the Great set by his chastity hasn't created as many continent people as the example of his drunkenness has created intemperate people. It's no shame not to be as virtuous as he was, and it seems excusable not to be more vice-ridden than he was. People believe they're not altogether partaking in the vices of the general run of men when they find themselves partaking in the vices of those great men. And yet, they aren't aware that, in this regard, the great men are among the general run. They follow as much of their example as places them among common people. For, no matter how exalted they are, they are still linked to the lowliest of men in some respect. They aren't suspended in the air, wholly removed from our society. No, no; if they're greater than we are, it's because their heads are raised higher, but their feet are just as low as ours. All feet are at the same level, resting on the same earth, and at that end they're as abject as we are, as the smallest, as children, as animals.

We like only the combat, not the victory. We like to watch animals

à voir les combats des animaux, non le vainqueur acharné sur le vaincu. Que voulait-on voir sinon la fin de la victoire? Et dès qu'elle arrive, on en est saoul. Ainsi dans le jeu; ainsi dans la recherche de la vérité: on aime à voir dans les disputes le combat des opinions, mais de contempler la vérité trouvée, point du tout. Pour la faire remarquer avec plaisir, il faut la faire voir naître de la dispute. De même dans les passions il y a du plaisir à voir deux contraires se heurter, mais quand l'une est maîtresse, ce n'est plus que brutalité.

Nous ne cherchons jamais les choses, mais la recherche des choses. Ainsi dans les comédies, les scènes contentes, sans crainte, ne valent rien, ni les extrêmes misères sans espérance, ni les amours brutaux, ni les sévérités âpres. [LG 647, B 135, L 773]

L'éternuement absorbe toutes les fonctions de l'âme, aussi bien que la besogne, mais on n'en tire pas les mêmes conséquences contre la grandeur de l'homme parce que c'est contre son gré. Et quoiqu'on se le procure néanmoins, c'est contre son gré qu'on se le procure. Ce n'est pas en vue de la chose même, c'est pour une autre fin. Et ainsi ce n'est pas une marque de la faiblesse de l'homme, et de sa servitude sous cette action.

Il n'est pas honteux à l'homme de succomber sous la douleur, et il lui est honteux de succomber sous le plaisir. Ce qui ne vient pas de ce que la douleur nous vient d'ailleurs, et que nous recherchons le plaisir. Car on peut rechercher la douleur et y succomber à dessein sans ce genre de bassesse. D'où vient donc qu'il est glorieux à la raison de succomber sous l'effort de la douleur, et qu'il lui est honteux de succomber sous l'effort du plaisir? C'est que ce n'est pas la douleur qui nous tente et nous attire; c'est nous-mêmes qui volontairement la choisissons, et voulons la faire dominer sur nous, de sorte que nous sommes maîtres de la chose, et en cela c'est l'homme qui succombe à soi-même. Mais dans le plaisir c'est l'homme qui succombe au plaisir. Or il n'y a que la maîtrise et l'empire qui fassent la gloire, et que la servitude qui fasse honte. [LG 657, B 160, L 795]

«Fascinatio.» «Somnum suum.» «Figura hujus mundi.»

fighting, but we don't like to see the winner savaging the loser. What did we want to see, if not the victorious ending? Yet, as soon as it occurs, it sickens us. It's the same way in gambling; the same way in the quest for truth: in disputes we like to see the clash of opinions, but we absolutely dislike contemplating the truth once it's found. To be looked at pleasurably, it must seem to be arising from the dispute. Similarly, in strong emotions, there's pleasure in seeing two opposites meet head on, but when one of them conquers, the rest is mere brutality.

We never seek things, but merely seek the quest for things. Thus, at plays, spectators have no use for placid scenes that don't generate fear, nor extremes of hopeless misery, nor brutal amours, nor harsh acts of severity.

A sneeze occupies all the functions of the soul, just as the sex act does, but we don't draw from the sneeze the same conclusions against man's greatness, because it's against his will. And although some people purposely induce a sneeze, they do so against their will. It's not with a view to the action itself, it's with another intention. And so it isn't a sign of man's weakness and of his servitude to that action.

It isn't shameful for man to succumb to pain, and it *is* shameful for him to succumb to pleasure. This isn't because pain comes to us from elsewhere, while pleasure is something we seek. For, a man can seek pain and intentionally succumb to it without that sort of baseness. So, how is it that it's praiseworthy of man's reason to succumb beneath the striving for pain, while it's shameful for it to succumb beneath the striving for pleasure? It's because it isn't the pain that tempts and allures us: we ourselves choose it voluntarily, wishing to let it dominate us, so that we're masters of the situation, and thereby man is succumbing to himself. But in pleasure, man is succumbing to pleasure. Now, only mastery and dominance bestow glory, and only servitude causes shame.

"Fascination." "Their sleep." "The fashion of this world."[71]

---

71. From: Wisdom of Solomon 4:12, Psalms 76:5, and I Corinthians 7:31, respectively.

L'Eucharistie.
«*Comedes panem tuum.*» «*Panem nostrum.*»

«*Inimici dei terram lingent.*» Les pécheurs lèchent la terre, c'est-à-dire aiment les plaisirs terrestres.

L'Ancien Testament contenait les figures de la joie future, et le Nouveau contient les moyens d'y arriver.

Les figures étaient de joie, les moyens de pénitence, et néanmoins l'agneau pascal était mangé avec des laitues sauvages, «*cum amaritudinibus*».

«*Singularis sum ego donec transeam.*» Jésus-Christ avant sa mort était presque seul de martyr.

Le temps guérit les douleurs et les querelles parce qu'on change. On n'est plus la même personne: ni l'offensant ni l'offensé ne sont plus eux-mêmes. C'est comme un peuple qu'on a irrité, et qu'on reverrait après deux générations. Ce sont encore les Français, mais non les mêmes.

Si nous rêvions toutes les nuits la même chose, elle nous affecterait autant que les objets que nous voyons tous les jours. Et si un artisan était sûr de rêver toutes les nuits douze heures durant qu'il est roi, je crois qu'il serait presque aussi heureux qu'un roi qui rêverait toutes les nuits douze heures durant qu'il serait artisan.

Si nous rêvions toutes les nuits que nous sommes poursuivis par des ennemis et agités par ces fantômes pénibles, et qu'on passât tous les jours en diverses occupations comme quand on fait voyage, on souffrirait presque autant que si cela était véritable, et on appréhenderait de dormir comme on appréhende le réveil quand on craint d'entrer dans de tels malheurs en effet. Et en effet il ferait à peu près les mêmes maux que la réalité.

Mais parce que les songes sont tous différents, et que l'un même se diversifie, ce qu'on y voit affecte bien moins que ce qu'on voit en veillant, à cause de la continuité qui n'est pourtant pas si continue et égale qu'elle ne change aussi, mais moins brusquement, si ce n'est rarement

The Eucharist.
"Shalt thou eat bread." "Our daily bread."

"And his enemies shall lick the dust."[72] Sinners lick the dust; that is, they love earthly pleasure.

The Old Testament contained the prefigurations of the joy to come, and the New Testament contains the methods of attaining it.

The prefigurations were of joy, the methods are of penitence, and yet the Passover lamb was eaten with wild lettuce, "with bitter herbs."[73]

"Whilst that I withal escape."[74] Before his death Jesus Christ was nearly the only martyr.

Time heals sorrows and quarrels because people change. One isn't the same person any longer: neither the offender nor the offended is any longer his old self. It's as if you had angered a nation, and were seeing them again two generations later. They're still Frenchmen, but not the same.

If we had the same dream every night, it would affect us as much as the objects we see every day. And if an artisan were sure to dream twelve hours nightly that he was king, I think he'd be nearly as happy as a king who dreamt twelve hours nightly that he was an artisan.

If we dreamt every night that we were pursued by enemies and agitated by those worrisome phantoms, and that we spent every day in different occupations as one does when traveling, we'd suffer almost as much as if it were true, and we'd be afraid to fall asleep, just as we're afraid to wake up when we fear being plunged into similar misfortunes in reality. And, indeed, it would cause more or less the same woes as the real situation would.

But because dreams are all different, and even a single one is diversified, what we see in them affects us much less than what we see when awake, because of the continuity, which nevertheless is not so continuous and uniform that it doesn't change as well, though less brusquely—except very seldom, as while traveling, when we say to

72. From: Genesis 3:19, Luke 11:3, and Psalms 72:9, respectively.   73. Exodus 12:8.   74. Psalms 141:10.

comme quand on voyage et alors on dit: «Il me semble que je rêve.» Car la vie est un songe un peu moins inconstant.

Dira-t-on que, pour avoir dit que la justice est partie de la terre, les hommes aient connu le péché originel? «*Nemo ante obitum beatus.*» Est-ce à dire qu'ils aient connu qu'à la mort la béatitude éternelle et essentielle commençait?

En sachant la passion dominante de chacun, on est sûr de lui plaire, et néanmoins chacun a ses fantaisies contraires à son propre bien dans l'idée même qu'il a du bien, et c'est une bizarrerie qui met hors de gamme.

Nous ne nous contentons pas de la vie que nous avons en nous et en notre propre être. Nous voulons vivre dans l'idée des autres d'une vie imaginaire, et nous nous efforçons pour cela de paraître. Nous travaillons incessamment à embellir et conserver notre être imaginaire, et négligeons le véritable. Et si nous avons ou la tranquillité ou la générosité ou la fidélité, nous nous empressons de le faire savoir afin d'attacher ces vertus-là à notre autre être et les détacherions plutôt de nous pour les joindre à l'autre. Nous serions de bon cœur poltrons pour en acquérir la réputation d'être vaillants. Grande marque du néant de notre propre être, de n'être pas satisfait de l'un sans l'autre, et d'échanger souvent l'un pour l'autre. Car qui ne mourrait pour conserver son honneur, celui-là serait infâme. [LG 662; B 666, 122, 386, 447, 106, 147; L 801–806]

ourselves: "It's as if I were dreaming." Because life is a dream that is slightly less changeable.

Shall we say that, for having said that justice had departed from the earth, men knew original sin? "No one is blessed before his death."[75] Does that mean that they knew that eternal, essential bliss began at death?

If one knows each man's ruling passion, one is sure to please him, and yet everyone has imaginings contradictory to his own welfare within the very idea he has of well-being, and that's an odd situation which throws us off the track.

We aren't satisfied with the life we have within us and in our own being. We wish to live an imaginary life in other people's minds, and we strive to make a good showing for that purpose. We work constantly at beautifying and preserving our imaginary being, and we neglect the real one. And if we possess either calmness or generosity or fidelity, we are eager to make it known in order to attach those virtues to our other being, and we'd sooner detach them from ourselves in order to add them to that other self. We'd gladly be cowards to gain the reputation of being brave. A great sign of the nothingness of our own being, not to be satisfied with one without the other, and frequently to exchange one for the other! Because a man who wouldn't die to preserve his honor would be ignoble.

75. Ovid.

A CATALOG OF SELECTED
DOVER BOOKS
IN ALL FIELDS OF INTEREST

A CATALOG OF SELECTED DOVER
BOOKS IN ALL FIELDS OF INTEREST

CONCERNING THE SPIRITUAL IN ART, Wassily Kandinsky. Pioneering work by father of abstract art. Thoughts on color theory, nature of art. Analysis of earlier masters. 12 illustrations. 80pp. of text. 5⅜ x 8½. 23411-8

ANIMALS: 1,419 Copyright-Free Illustrations of Mammals, Birds, Fish, Insects, etc., Jim Harter (ed.). Clear wood engravings present, in extremely lifelike poses, over 1,000 species of animals. One of the most extensive pictorial sourcebooks of its kind. Captions. Index. 284pp. 9 x 12. 23766-4

CELTIC ART: The Methods of Construction, George Bain. Simple geometric techniques for making Celtic interlacements, spirals, Kells-type initials, animals, humans, etc. Over 500 illustrations. 160pp. 9 x 12. (Available in U.S. only.) 22923-8

AN ATLAS OF ANATOMY FOR ARTISTS, Fritz Schider. Most thorough reference work on art anatomy in the world. Hundreds of illustrations, including selections from works by Vesalius, Leonardo, Goya, Ingres, Michelangelo, others. 593 illustrations. 192pp. 7⅛ x 10¼. 20241-0

CELTIC HAND STROKE-BY-STROKE (Irish Half-Uncial from "The Book of Kells"): An Arthur Baker Calligraphy Manual, Arthur Baker. Complete guide to creating each letter of the alphabet in distinctive Celtic manner. Covers hand position, strokes, pens, inks, paper, more. Illustrated. 48pp. 8¼ x 11. 24336-2

EASY ORIGAMI, John Montroll. Charming collection of 32 projects (hat, cup, pelican, piano, swan, many more) specially designed for the novice origami hobbyist. Clearly illustrated easy-to-follow instructions insure that even beginning papercrafters will achieve successful results. 48pp. 8¼ x 11. 27298-2

THE COMPLETE BOOK OF BIRDHOUSE CONSTRUCTION FOR WOOD-WORKERS, Scott D. Campbell. Detailed instructions, illustrations, tables. Also data on bird habitat and instinct patterns. Bibliography. 3 tables. 63 illustrations in 15 figures. 48pp. 5¼ x 8½. 24407-5

BLOOMINGDALE'S ILLUSTRATED 1886 CATALOG: Fashions, Dry Goods and Housewares, Bloomingdale Brothers. Famed merchants' extremely rare catalog depicting about 1,700 products: clothing, housewares, firearms, dry goods, jewelry, more. Invaluable for dating, identifying vintage items. Also, copyright-free graphics for artists, designers. Co-published with Henry Ford Museum & Greenfield Village. 160pp. 8¼ x 11. 25780-0

HISTORIC COSTUME IN PICTURES, Braun & Schneider. Over 1,450 costumed figures in clearly detailed engravings—from dawn of civilization to end of 19th century. Captions. Many folk costumes. 256pp. 8⅜ x 11¾. 23150-X

STICKLEY CRAFTSMAN FURNITURE CATALOGS, Gustav Stickley and L. & J. G. Stickley. Beautiful, functional furniture in two authentic catalogs from 1910. 594 illustrations, including 277 photos, show settles, rockers, armchairs, reclining chairs, bookcases, desks, tables. 183pp. 6½ x 9¼. 23838-5

AMERICAN LOCOMOTIVES IN HISTORIC PHOTOGRAPHS: 1858 to 1949, Ron Ziel (ed.). A rare collection of 126 meticulously detailed official photographs, called "builder portraits," of American locomotives that majestically chronicle the rise of steam locomotive power in America. Introduction. Detailed captions. xi+ 129pp. 9 x 12. 27393-8

AMERICA'S LIGHTHOUSES: An Illustrated History, Francis Ross Holland, Jr. Delightfully written, profusely illustrated fact-filled survey of over 200 American light-houses since 1716. History, anecdotes, technological advances, more. 240pp. 8 x 10¾. 25576-X

TOWARDS A NEW ARCHITECTURE, Le Corbusier. Pioneering manifesto by founder of "International School." Technical and aesthetic theories, views of industry, economics, relation of form to function, "mass-production split" and much more. Profusely illustrated. 320pp. 6⅛ x 9¼. (Available in U.S. only.) 25023-7

HOW THE OTHER HALF LIVES, Jacob Riis. Famous journalistic record, exposing poverty and degradation of New York slums around 1900, by major social reformer. 100 striking and influential photographs. 233pp. 10 x 7⅞. 22012-5

FRUIT KEY AND TWIG KEY TO TREES AND SHRUBS, William M. Harlow. One of the handiest and most widely used identification aids. Fruit key covers 120 deciduous and evergreen species; twig key 160 deciduous species. Easily used. Over 300 photographs. 126pp. 5⅜ x 8½. 20511-8

COMMON BIRD SONGS, Dr. Donald J. Borror. Songs of 60 most common U.S. birds: robins, sparrows, cardinals, bluejays, finches, more—arranged in order of increasing complexity. Up to 9 variations of songs of each species.
Cassette and manual 99911-4

ORCHIDS AS HOUSE PLANTS, Rebecca Tyson Northen. Grow cattleyas and many other kinds of orchids—in a window, in a case, or under artificial light. 63 illustrations. 148pp. 5⅜ x 8½. 23261-1

MONSTER MAZES, Dave Phillips. Masterful mazes at four levels of difficulty. Avoid deadly perils and evil creatures to find magical treasures. Solutions for all 32 exciting illustrated puzzles. 48pp. 8¼ x 11. 26005-4

MOZART'S DON GIOVANNI (DOVER OPERA LIBRETTO SERIES), Wolfgang Amadeus Mozart. Introduced and translated by Ellen H. Bleiler. Standard Italian libretto, with complete English translation. Convenient and thoroughly portable—an ideal companion for reading along with a recording or the performance itself. Introduction. List of characters. Plot summary. 121pp. 5¼ x 8½. 24944-1

TECHNICAL MANUAL AND DICTIONARY OF CLASSICAL BALLET, Gail Grant. Defines, explains, comments on steps, movements, poses and concepts. 15-page pictorial section. Basic book for student, viewer. 127pp. 5⅜ x 8½. 21843-0

THE CLARINET AND CLARINET PLAYING, David Pino. Lively, comprehensive work features suggestions about technique, musicianship, and musical interpretation, as well as guidelines for teaching, making your own reeds, and preparing for public performance. Includes an intriguing look at clarinet history. "A godsend," *The Clarinet,* Journal of the International Clarinet Society. Appendixes. 7 illus. 320pp. $5\frac{3}{8}$ x $8\frac{1}{2}$. 40270-3

HOLLYWOOD GLAMOR PORTRAITS, John Kobal (ed.). 145 photos from 1926-49. Harlow, Gable, Bogart, Bacall; 94 stars in all. Full background on photographers, technical aspects. 160pp. $8\frac{3}{8}$ x $11\frac{1}{4}$. 23352-9

THE ANNOTATED CASEY AT THE BAT: A Collection of Ballads about the Mighty Casey/Third, Revised Edition, Martin Gardner (ed.). Amusing sequels and parodies of one of America's best-loved poems: Casey's Revenge, Why Casey Whiffed, Casey's Sister at the Bat, others. 256pp. $5\frac{3}{8}$ x $8\frac{1}{2}$. 28598-7

THE RAVEN AND OTHER FAVORITE POEMS, Edgar Allan Poe. Over 40 of the author's most memorable poems: "The Bells," "Ulalume," "Israfel," "To Helen," "The Conqueror Worm," "Eldorado," "Annabel Lee," many more. Alphabetic lists of titles and first lines. 64pp. $5\frac{3}{16}$ x $8\frac{1}{4}$. 26685-0

PERSONAL MEMOIRS OF U. S. GRANT, Ulysses Simpson Grant. Intelligent, deeply moving firsthand account of Civil War campaigns, considered by many the finest military memoirs ever written. Includes letters, historic photographs, maps and more. 528pp. $6\frac{1}{8}$ x $9\frac{1}{4}$. 28587-1

ANCIENT EGYPTIAN MATERIALS AND INDUSTRIES, A. Lucas and J. Harris. Fascinating, comprehensive, thoroughly documented text describes this ancient civilization's vast resources and the processes that incorporated them in daily life, including the use of animal products, building materials, cosmetics, perfumes and incense, fibers, glazed ware, glass and its manufacture, materials used in the mummification process, and much more. 544pp. $6^1/_8$ x $9^1/_4$. (Available in U.S. only.) 40446-3

RUSSIAN STORIES/RUSSKIE RASSKAZY: A Dual-Language Book, edited by Gleb Struve. Twelve tales by such masters as Chekhov, Tolstoy, Dostoevsky, Pushkin, others. Excellent word-for-word English translations on facing pages, plus teaching and study aids, Russian/English vocabulary, biographical/critical introductions, more. 416pp. $5\frac{3}{8}$ x $8\frac{1}{2}$. 26244-8

PHILADELPHIA THEN AND NOW: 60 Sites Photographed in the Past and Present, Kenneth Finkel and Susan Oyama. Rare photographs of City Hall, Logan Square, Independence Hall, Betsy Ross House, other landmarks juxtaposed with contemporary views. Captures changing face of historic city. Introduction. Captions. 128pp. $8\frac{1}{4}$ x 11. 25790-8

AIA ARCHITECTURAL GUIDE TO NASSAU AND SUFFOLK COUNTIES, LONG ISLAND, The American Institute of Architects, Long Island Chapter, and the Society for the Preservation of Long Island Antiquities. Comprehensive, well-researched and generously illustrated volume brings to life over three centuries of Long Island's great architectural heritage. More than 240 photographs with authoritative, extensively detailed captions. 176pp. $8\frac{1}{4}$ x 11. 26946-9

NORTH AMERICAN INDIAN LIFE: Customs and Traditions of 23 Tribes, Elsie Clews Parsons (ed.). 27 fictionalized essays by noted anthropologists examine religion, customs, government, additional facets of life among the Winnebago, Crow, Zuni, Eskimo, other tribes. 480pp. $6\frac{1}{8}$ x $9\frac{1}{4}$. 27377-6

FRANK LLOYD WRIGHT'S DANA HOUSE, Donald Hoffmann. Pictorial essay of residential masterpiece with over 160 interior and exterior photos, plans, elevations, sketches and studies. 128pp. 9¼ x 10¾. 29120-0

THE MALE AND FEMALE FIGURE IN MOTION: 60 Classic Photographic Sequences, Eadweard Muybridge. 60 true-action photographs of men and women walking, running, climbing, bending, turning, etc., reproduced from rare 19th-century masterpiece. vi + 121pp. 9 x 12. 24745-7

1001 QUESTIONS ANSWERED ABOUT THE SEASHORE, N. J. Berrill and Jacquelyn Berrill. Queries answered about dolphins, sea snails, sponges, starfish, fishes, shore birds, many others. Covers appearance, breeding, growth, feeding, much more. 305pp. 5¼ x 8¼. 23366-9

ATTRACTING BIRDS TO YOUR YARD, William J. Weber. Easy-to-follow guide offers advice on how to attract the greatest diversity of birds: birdhouses, feeders, water and waterers, much more. 96pp. 5³⁄₁₆ x 8¼. 28927-3

MEDICINAL AND OTHER USES OF NORTH AMERICAN PLANTS: A Historical Survey with Special Reference to the Eastern Indian Tribes, Charlotte Erichsen-Brown. Chronological historical citations document 500 years of usage of plants, trees, shrubs native to eastern Canada, northeastern U.S. Also complete identifying information. 343 illustrations. 544pp. 6½ x 9¼. 25951-X

STORYBOOK MAZES, Dave Phillips. 23 stories and mazes on two-page spreads: Wizard of Oz, Treasure Island, Robin Hood, etc. Solutions. 64pp. 8¼ x 11. 23628-5

AMERICAN NEGRO SONGS: 230 Folk Songs and Spirituals, Religious and Secular, John W. Work. This authoritative study traces the African influences of songs sung and played by black Americans at work, in church, and as entertainment. The author discusses the lyric significance of such songs as "Swing Low, Sweet Chariot," "John Henry," and others and offers the words and music for 230 songs. Bibliography. Index of Song Titles. 272pp. 6½ x 9¼. 40271-1

MOVIE-STAR PORTRAITS OF THE FORTIES, John Kobal (ed.). 163 glamor, studio photos of 106 stars of the 1940s: Rita Hayworth, Ava Gardner, Marlon Brando, Clark Gable, many more. 176pp. 8⅜ x 11¼. 23546-7

BENCHLEY LOST AND FOUND, Robert Benchley. Finest humor from early 30s, about pet peeves, child psychologists, post office and others. Mostly unavailable elsewhere. 73 illustrations by Peter Arno and others. 183pp. 5⅜ x 8½. 22410-4

YEKL and THE IMPORTED BRIDEGROOM AND OTHER STORIES OF YIDDISH NEW YORK, Abraham Cahan. Film Hester Street based on *Yekl* (1896). Novel, other stories among first about Jewish immigrants on N.Y.'s East Side. 240pp. 5⅜ x 8½. 22427-9

SELECTED POEMS, Walt Whitman. Generous sampling from *Leaves of Grass*. Twenty-four poems include "I Hear America Singing," "Song of the Open Road," "I Sing the Body Electric," "When Lilacs Last in the Dooryard Bloom'd," "O Captain! My Captain!"–all reprinted from an authoritative edition. Lists of titles and first lines. 128pp. 5³⁄₁₆ x 8¼. 26878-0

THE BEST TALES OF HOFFMANN, E. T. A. Hoffmann. 10 of Hoffmann's most important stories: "Nutcracker and the King of Mice," "The Golden Flowerpot," etc. 458pp. 5⅜ x 8½.   21793-0

FROM FETISH TO GOD IN ANCIENT EGYPT, E. A. Wallis Budge. Rich detailed survey of Egyptian conception of "God" and gods, magic, cult of animals, Osiris, more. Also, superb English translations of hymns and legends. 240 illustrations. 545pp. 5⅜ x 8½.   25803-3

FRENCH STORIES/CONTES FRANÇAIS: A Dual-Language Book, Wallace Fowlie. Ten stories by French masters, Voltaire to Camus: "Micromegas" by Voltaire; "The Atheist's Mass" by Balzac; "Minuet" by de Maupassant; "The Guest" by Camus, six more. Excellent English translations on facing pages. Also French-English vocabulary list, exercises, more. 352pp. 5⅜ x 8½.   26443-2

CHICAGO AT THE TURN OF THE CENTURY IN PHOTOGRAPHS: 122 Historic Views from the Collections of the Chicago Historical Society, Larry A. Viskochil. Rare large-format prints offer detailed views of City Hall, State Street, the Loop, Hull House, Union Station, many other landmarks, circa 1904-1913. Introduction. Captions. Maps. 144pp. 9⅜ x 12¼.   24656-6

OLD BROOKLYN IN EARLY PHOTOGRAPHS, 1865-1929, William Lee Younger. Luna Park, Gravesend race track, construction of Grand Army Plaza, moving of Hotel Brighton, etc. 157 previously unpublished photographs. 165pp. 8⅞ x 11¾.
                                                                                          23587-4

THE MYTHS OF THE NORTH AMERICAN INDIANS, Lewis Spence. Rich anthology of the myths and legends of the Algonquins, Iroquois, Pawnees and Sioux, prefaced by an extensive historical and ethnological commentary. 36 illustrations. 480pp. 5⅜ x 8½.   25967-6

AN ENCYCLOPEDIA OF BATTLES: Accounts of Over 1,560 Battles from 1479 B.C. to the Present, David Eggenberger. Essential details of every major battle in recorded history from the first battle of Megiddo in 1479 B.C. to Grenada in 1984. List of Battle Maps. New Appendix covering the years 1967-1984. Index. 99 illustrations. 544pp. 6½ x 9¼.   24913-1

SAILING ALONE AROUND THE WORLD, Captain Joshua Slocum. First man to sail around the world, alone, in small boat. One of great feats of seamanship told in delightful manner. 67 illustrations. 294pp. 5⅜ x 8½.   20326-3

ANARCHISM AND OTHER ESSAYS, Emma Goldman. Powerful, penetrating, prophetic essays on direct action, role of minorities, prison reform, puritan hypocrisy, violence, etc. 271pp. 5⅜ x 8½.   22484-8

MYTHS OF THE HINDUS AND BUDDHISTS, Ananda K. Coomaraswamy and Sister Nivedita. Great stories of the epics; deeds of Krishna, Shiva, taken from puranas, Vedas, folk tales; etc. 32 illustrations. 400pp. 5⅜ x 8½.   21759-0

THE TRAUMA OF BIRTH, Otto Rank. Rank's controversial thesis that anxiety neurosis is caused by profound psychological trauma which occurs at birth. 256pp. 5⅜ x 8½.   27974-X

A THEOLOGICO-POLITICAL TREATISE, Benedict Spinoza. Also contains unfinished Political Treatise. Great classic on religious liberty, theory of government on common consent. R. Elwes translation. Total of 421pp. 5⅜ x 8½.   20249-6

MY BONDAGE AND MY FREEDOM, Frederick Douglass. Born a slave, Douglass became outspoken force in antislavery movement. The best of Douglass' autobiographies. Graphic description of slave life. 464pp. 5⅜ x 8½. 22457-0

FOLLOWING THE EQUATOR: A Journey Around the World, Mark Twain. Fascinating humorous account of 1897 voyage to Hawaii, Australia, India, New Zealand, etc. Ironic, bemused reports on peoples, customs, climate, flora and fauna, politics, much more. 197 illustrations. 720pp. 5⅜ x 8½. 26113-1

THE PEOPLE CALLED SHAKERS, Edward D. Andrews. Definitive study of Shakers: origins, beliefs, practices, dances, social organization, furniture and crafts, etc. 33 illustrations. 351pp. 5⅜ x 8½. 21081-2

THE MYTHS OF GREECE AND ROME, H. A. Guerber. A classic of mythology, generously illustrated, long prized for its simple, graphic, accurate retelling of the principal myths of Greece and Rome, and for its commentary on their origins and significance. With 64 illustrations by Michelangelo, Raphael, Titian, Rubens, Canova, Bernini and others. 480pp. 5⅜ x 8½. 27584-1

PSYCHOLOGY OF MUSIC, Carl E. Seashore. Classic work discusses music as a medium from psychological viewpoint. Clear treatment of physical acoustics, auditory apparatus, sound perception, development of musical skills, nature of musical feeling, host of other topics. 88 figures. 408pp. 5⅜ x 8½. 21851-1

THE PHILOSOPHY OF HISTORY, Georg W. Hegel. Great classic of Western thought develops concept that history is not chance but rational process, the evolution of freedom. 457pp. 5⅜ x 8½. 20112-0

THE BOOK OF TEA, Kakuzo Okakura. Minor classic of the Orient: entertaining, charming explanation, interpretation of traditional Japanese culture in terms of tea ceremony. 94pp. 5⅜ x 8½. 20070-1

LIFE IN ANCIENT EGYPT, Adolf Erman. Fullest, most thorough, detailed older account with much not in more recent books, domestic life, religion, magic, medicine, commerce, much more. Many illustrations reproduce tomb paintings, carvings, hieroglyphs, etc. 597pp. 5⅜ x 8½. 22632-8

SUNDIALS, Their Theory and Construction, Albert Waugh. Far and away the best, most thorough coverage of ideas, mathematics concerned, types, construction, adjusting anywhere. Simple, nontechnical treatment allows even children to build several of these dials. Over 100 illustrations. 230pp. 5⅜ x 8½. 22947-5

THEORETICAL HYDRODYNAMICS, L. M. Milne-Thomson. Classic exposition of the mathematical theory of fluid motion, applicable to both hydrodynamics and aerodynamics. Over 600 exercises. 768pp. 6⅛ x 9¼. 68970-0

SONGS OF EXPERIENCE: Facsimile Reproduction with 26 Plates in Full Color, William Blake. 26 full-color plates from a rare 1826 edition. Includes "The Tyger," "London," "Holy Thursday," and other poems. Printed text of poems. 48pp. 5¼ x 7. 24636-1

OLD-TIME VIGNETTES IN FULL COLOR, Carol Belanger Grafton (ed.). Over 390 charming, often sentimental illustrations, selected from archives of Victorian graphics—pretty women posing, children playing, food, flowers, kittens and puppies, smiling cherubs, birds and butterflies, much more. All copyright-free. 48pp. 9¼ x 12¼. 27269-9

PERSPECTIVE FOR ARTISTS, Rex Vicat Cole. Depth, perspective of sky and sea, shadows, much more, not usually covered. 391 diagrams, 81 reproductions of drawings and paintings. 279pp. 5⅜ x 8½. 22487-2

DRAWING THE LIVING FIGURE, Joseph Sheppard. Innovative approach to artistic anatomy focuses on specifics of surface anatomy, rather than muscles and bones. Over 170 drawings of live models in front, back and side views, and in widely varying poses. Accompanying diagrams. 177 illustrations. Introduction. Index. 144pp. 8⅜ x11¼. 26723-7

GOTHIC AND OLD ENGLISH ALPHABETS: 100 Complete Fonts, Dan X. Solo. Add power, elegance to posters, signs, other graphics with 100 stunning copyright-free alphabets: Blackstone, Dolbey, Germania, 97 more—including many lower-case, numerals, punctuation marks. 104pp. 8⅛ x 11. 24695-7

HOW TO DO BEADWORK, Mary White. Fundamental book on craft from simple projects to five-bead chains and woven works. 106 illustrations. 142pp. 5⅜ x 8. 20697-1

THE BOOK OF WOOD CARVING, Charles Marshall Sayers. Finest book for beginners discusses fundamentals and offers 34 designs. "Absolutely first rate . . . well thought out and well executed."–E. J. Tangerman. 118pp. 7¾ x 10⅝. 23654-4

ILLUSTRATED CATALOG OF CIVIL WAR MILITARY GOODS: Union Army Weapons, Insignia, Uniform Accessories, and Other Equipment, Schuyler, Hartley, and Graham. Rare, profusely illustrated 1846 catalog includes Union Army uniform and dress regulations, arms and ammunition, coats, insignia, flags, swords, rifles, etc. 226 illustrations. 160pp. 9 x 12. 24939-5

WOMEN'S FASHIONS OF THE EARLY 1900s: An Unabridged Republication of "New York Fashions, 1909," National Cloak & Suit Co. Rare catalog of mail-order fashions documents women's and children's clothing styles shortly after the turn of the century. Captions offer full descriptions, prices. Invaluable resource for fashion, costume historians. Approximately 725 illustrations. 128pp. 8⅜ x 11¼. 27276-1

THE 1912 AND 1915 GUSTAV STICKLEY FURNITURE CATALOGS, Gustav Stickley. With over 200 detailed illustrations and descriptions, these two catalogs are essential reading and reference materials and identification guides for Stickley furniture. Captions cite materials, dimensions and prices. 112pp. 6½ x 9¼. 26676-1

EARLY AMERICAN LOCOMOTIVES, John H. White, Jr. Finest locomotive engravings from early 19th century: historical (1804–74), main-line (after 1870), special, foreign, etc. 147 plates. 142pp. 11⅜ x 8¼. 22772-3

THE TALL SHIPS OF TODAY IN PHOTOGRAPHS, Frank O. Braynard. Lavishly illustrated tribute to nearly 100 majestic contemporary sailing vessels: Amerigo Vespucci, Clearwater, Constitution, Eagle, Mayflower, Sea Cloud, Victory, many more. Authoritative captions provide statistics, background on each ship. 190 black-and-white photographs and illustrations. Introduction. 128pp. 8⅞ x 11¾. 27163-3

LITTLE BOOK OF EARLY AMERICAN CRAFTS AND TRADES, Peter Stockham (ed.). 1807 children's book explains crafts and trades: baker, hatter, cooper, potter, and many others. 23 copperplate illustrations. 140pp. 4⁵/₈ x 6.   23336-7

VICTORIAN FASHIONS AND COSTUMES FROM HARPER'S BAZAR, 1867–1898, Stella Blum (ed.). Day costumes, evening wear, sports clothes, shoes, hats, other accessories in over 1,000 detailed engravings. 320pp. 9⅜ x 12¼.   22990-4

GUSTAV STICKLEY, THE CRAFTSMAN, Mary Ann Smith. Superb study surveys broad scope of Stickley's achievement, especially in architecture. Design philosophy, rise and fall of the Craftsman empire, descriptions and floor plans for many Craftsman houses, more. 86 black-and-white halftones. 31 line illustrations. Introduction 208pp. 6½ x 9¼.   27210-9

THE LONG ISLAND RAIL ROAD IN EARLY PHOTOGRAPHS, Ron Ziel. Over 220 rare photos, informative text document origin (1844) and development of rail service on Long Island. Vintage views of early trains, locomotives, stations, passengers, crews, much more. Captions. 8⅞ x 11¾.   26301-0

VOYAGE OF THE LIBERDADE, Joshua Slocum. Great 19th-century mariner's thrilling, first-hand account of the wreck of his ship off South America, the 35-foot boat he built from the wreckage, and its remarkable voyage home. 128pp. 5⅜ x 8½.
40022-0

TEN BOOKS ON ARCHITECTURE, Vitruvius. The most important book ever written on architecture. Early Roman aesthetics, technology, classical orders, site selection, all other aspects. Morgan translation. 331pp. 5⅜ x 8½.   20645-9

THE HUMAN FIGURE IN MOTION, Eadweard Muybridge. More than 4,500 stopped-action photos, in action series, showing undraped men, women, children jumping, lying down, throwing, sitting, wrestling, carrying, etc. 390pp. 7⅞ x 10⅝.
20204-6 Clothbd.

TREES OF THE EASTERN AND CENTRAL UNITED STATES AND CANADA, William M. Harlow. Best one-volume guide to 140 trees. Full descriptions, woodlore, range, etc. Over 600 illustrations. Handy size. 288pp. 4½ x 6⅜.   20395-6

SONGS OF WESTERN BIRDS, Dr. Donald J. Borror. Complete song and call repertoire of 60 western species, including flycatchers, juncoes, cactus wrens, many more–includes fully illustrated booklet.   Cassette and manual 99913-0

GROWING AND USING HERBS AND SPICES, Milo Miloradovich. Versatile handbook provides all the information needed for cultivation and use of all the herbs and spices available in North America. 4 illustrations. Index. Glossary. 236pp. 5⅜ x 8½.
25058-X

BIG BOOK OF MAZES AND LABYRINTHS, Walter Shepherd. 50 mazes and labyrinths in all–classical, solid, ripple, and more–in one great volume. Perfect inexpensive puzzler for clever youngsters. Full solutions. 112pp. 8⅛ x 11.   22951-3

PIANO TUNING, J. Cree Fischer. Clearest, best book for beginner, amateur. Simple repairs, raising dropped notes, tuning by easy method of flattened fifths. No previous skills needed. 4 illustrations. 201pp. 5⅜ x 8½. 23267-0

HINTS TO SINGERS, Lillian Nordica. Selecting the right teacher, developing confidence, overcoming stage fright, and many other important skills receive thoughtful discussion in this indispensible guide, written by a world-famous diva of four decades' experience. 96pp. 5⅜ x 8½. 40094-8

THE COMPLETE NONSENSE OF EDWARD LEAR, Edward Lear. All nonsense limericks, zany alphabets, Owl and Pussycat, songs, nonsense botany, etc., illustrated by Lear. Total of 320pp. 5⅜ x 8½. (Available in U.S. only.) 20167-8

VICTORIAN PARLOUR POETRY: An Annotated Anthology, Michael R. Turner. 117 gems by Longfellow, Tennyson, Browning, many lesser-known poets. "The Village Blacksmith," "Curfew Must Not Ring Tonight," "Only a Baby Small," dozens more, often difficult to find elsewhere. Index of poets, titles, first lines. xxiii + 325pp. 5⅝ x 8¼. 27044-0

DUBLINERS, James Joyce. Fifteen stories offer vivid, tightly focused observations of the lives of Dublin's poorer classes. At least one, "The Dead," is considered a masterpiece. Reprinted complete and unabridged from standard edition. 160pp. 5$\frac{3}{16}$ x 8¼. 26870-5

GREAT WEIRD TALES: 14 Stories by Lovecraft, Blackwood, Machen and Others, S. T. Joshi (ed.). 14 spellbinding tales, including "The Sin Eater," by Fiona McLeod, "The Eye Above the Mantel," by Frank Belknap Long, as well as renowned works by R. H. Barlow, Lord Dunsany, Arthur Machen, W. C. Morrow and eight other masters of the genre. 256pp. 5⅜ x 8½. (Available in U.S. only.) 40436-6

THE BOOK OF THE SACRED MAGIC OF ABRAMELIN THE MAGE, translated by S. MacGregor Mathers. Medieval manuscript of ceremonial magic. Basic document in Aleister Crowley, Golden Dawn groups. 268pp. 5⅜ x 8½. 23211-5

NEW RUSSIAN-ENGLISH AND ENGLISH-RUSSIAN DICTIONARY, M. A. O'Brien. This is a remarkably handy Russian dictionary, containing a surprising amount of information, including over 70,000 entries. 366pp. 4½ x 6⅛. 20208-9

HISTORIC HOMES OF THE AMERICAN PRESIDENTS, Second, Revised Edition, Irvin Haas. A traveler's guide to American Presidential homes, most open to the public, depicting and describing homes occupied by every American President from George Washington to George Bush. With visiting hours, admission charges, travel routes. 175 photographs. Index. 160pp. 8¼ x 11. 26751-2

NEW YORK IN THE FORTIES, Andreas Feininger. 162 brilliant photographs by the well-known photographer, formerly with *Life* magazine. Commuters, shoppers, Times Square at night, much else from city at its peak. Captions by John von Hartz. 181pp. 9¼ x 10¾. 23585-8

INDIAN SIGN LANGUAGE, William Tomkins. Over 525 signs developed by Sioux and other tribes. Written instructions and diagrams. Also 290 pictographs. 111pp. 6⅛ x 9¼. 22029-X

ANATOMY: A Complete Guide for Artists, Joseph Sheppard. A master of figure drawing shows artists how to render human anatomy convincingly. Over 460 illustrations. 224pp. 8⅜ x 11¼. 27279-6

MEDIEVAL CALLIGRAPHY: Its History and Technique, Marc Drogin. Spirited history, comprehensive instruction manual covers 13 styles (ca. 4th century through 15th). Excellent photographs; directions for duplicating medieval techniques with modern tools. 224pp. 8⅜ x 11¼. 26142-5

DRIED FLOWERS: How to Prepare Them, Sarah Whitlock and Martha Rankin. Complete instructions on how to use silica gel, meal and borax, perlite aggregate, sand and borax, glycerine and water to create attractive permanent flower arrangements. 12 illustrations. 32pp. 5⅜ x 8½. 21802-3

EASY-TO-MAKE BIRD FEEDERS FOR WOODWORKERS, Scott D. Campbell. Detailed, simple-to-use guide for designing, constructing, caring for and using feeders. Text, illustrations for 12 classic and contemporary designs. 96pp. 5⅜ x 8½.
25847-5

SCOTTISH WONDER TALES FROM MYTH AND LEGEND, Donald A. Mackenzie. 16 lively tales tell of giants rumbling down mountainsides, of a magic wand that turns stone pillars into warriors, of gods and goddesses, evil hags, powerful forces and more. 240pp. 5⅜ x 8½. 29677-6

THE HISTORY OF UNDERCLOTHES, C. Willett Cunnington and Phyllis Cunnington. Fascinating, well-documented survey covering six centuries of English undergarments, enhanced with over 100 illustrations: 12th-century laced-up bodice, footed long drawers (1795), 19th-century bustles, 19th-century corsets for men, Victorian "bust improvers," much more. 272pp. 5⅜ x 8¼. 27124-2

ARTS AND CRAFTS FURNITURE: The Complete Brooks Catalog of 1912, Brooks Manufacturing Co. Photos and detailed descriptions of more than 150 now very collectible furniture designs from the Arts and Crafts movement depict davenports, settees, buffets, desks, tables, chairs, bedsteads, dressers and more, all built of solid, quarter-sawed oak. Invaluable for students and enthusiasts of antiques, Americana and the decorative arts. 80pp. 6½ x 9¼. 27471-3

WILBUR AND ORVILLE: A Biography of the Wright Brothers, Fred Howard. Definitive, crisply written study tells the full story of the brothers' lives and work. A vividly written biography, unparalleled in scope and color, that also captures the spirit of an extraordinary era. 560pp. 6⅛ x 9¼. 40297-5

THE ARTS OF THE SAILOR: Knotting, Splicing and Ropework, Hervey Garrett Smith. Indispensable shipboard reference covers tools, basic knots and useful hitches; handsewing and canvas work, more. Over 100 illustrations. Delightful reading for sea lovers. 256pp. 5⅜ x 8½. 26440-8

FRANK LLOYD WRIGHT'S FALLINGWATER: The House and Its History, Second, Revised Edition, Donald Hoffmann. A total revision–both in text and illustrations–of the standard document on Fallingwater, the boldest, most personal architectural statement of Wright's mature years, updated with valuable new material from the recently opened Frank Lloyd Wright Archives. "Fascinating"–*The New York Times*. 116 illustrations. 128pp. 9¼ x 10¾. 27430-6

PHOTOGRAPHIC SKETCHBOOK OF THE CIVIL WAR, Alexander Gardner. 100 photos taken on field during the Civil War. Famous shots of Manassas Harper's Ferry, Lincoln, Richmond, slave pens, etc. 244pp. 10⅝ x 8¼.   22731-6

FIVE ACRES AND INDEPENDENCE, Maurice G. Kains. Great back-to-the-land classic explains basics of self-sufficient farming. The one book to get. 95 illustrations. 397pp. 5⅜ x 8½.   20974-1

SONGS OF EASTERN BIRDS, Dr. Donald J. Borror. Songs and calls of 60 species most common to eastern U.S.: warblers, woodpeckers, flycatchers, thrushes, larks, many more in high-quality recording.   Cassette and manual 99912-2

A MODERN HERBAL, Margaret Grieve. Much the fullest, most exact, most useful compilation of herbal material. Gigantic alphabetical encyclopedia, from aconite to zedoary, gives botanical information, medical properties, folklore, economic uses, much else. Indispensable to serious reader. 161 illustrations. 888pp. 6½ x 9¼. 2-vol. set. (Available in U.S. only.)   Vol. I: 22798-7
Vol. II: 22799-5

HIDDEN TREASURE MAZE BOOK, Dave Phillips. Solve 34 challenging mazes accompanied by heroic tales of adventure. Evil dragons, people-eating plants, blood-thirsty giants, many more dangerous adversaries lurk at every twist and turn. 34 mazes, stories, solutions. 48pp. 8¼ x 11.   24566-7

LETTERS OF W. A. MOZART, Wolfgang A. Mozart. Remarkable letters show bawdy wit, humor, imagination, musical insights, contemporary musical world; includes some letters from Leopold Mozart. 276pp. 5⅜ x 8½.   22859-2

BASIC PRINCIPLES OF CLASSICAL BALLET, Agrippina Vaganova. Great Russian theoretician, teacher explains methods for teaching classical ballet. 118 illustrations. 175pp. 5⅜ x 8½.   22036-2

THE JUMPING FROG, Mark Twain. Revenge edition. The original story of The Celebrated Jumping Frog of Calaveras County, a hapless French translation, and Twain's hilarious "retranslation" from the French. 12 illustrations. 66pp. 5⅜ x 8½.
22686-7

BEST REMEMBERED POEMS, Martin Gardner (ed.). The 126 poems in this superb collection of 19th- and 20th-century British and American verse range from Shelley's "To a Skylark" to the impassioned "Renascence" of Edna St. Vincent Millay and to Edward Lear's whimsical "The Owl and the Pussycat." 224pp. 5⅜ x 8½.
27165-X

COMPLETE SONNETS, William Shakespeare. Over 150 exquisite poems deal with love, friendship, the tyranny of time, beauty's evanescence, death and other themes in language of remarkable power, precision and beauty. Glossary of archaic terms. 80pp. 5³⁄₁₆ x 8¼.   26686-9

THE BATTLES THAT CHANGED HISTORY, Fletcher Pratt. Eminent historian profiles 16 crucial conflicts, ancient to modern, that changed the course of civilization. 352pp. 5⅜ x 8½.   41129-X

THE WIT AND HUMOR OF OSCAR WILDE, Alvin Redman (ed.). More than 1,000 ripostes, paradoxes, wisecracks: Work is the curse of the drinking classes; I can resist everything except temptation; etc. 258pp. 5⅜ x 8½. 20602-5

SHAKESPEARE LEXICON AND QUOTATION DICTIONARY, Alexander Schmidt. Full definitions, locations, shades of meaning in every word in plays and poems. More than 50,000 exact quotations. 1,485pp. 6½ x 9¼. 2-vol. set.

Vol. 1: 22726-X
Vol. 2: 22727-8

SELECTED POEMS, Emily Dickinson. Over 100 best-known, best-loved poems by one of America's foremost poets, reprinted from authoritative early editions. No comparable edition at this price. Index of first lines. 64pp. 5³⁄₁₆ x 8¼. 26466-1

THE INSIDIOUS DR. FU-MANCHU, Sax Rohmer. The first of the popular mystery series introduces a pair of English detectives to their archnemesis, the diabolical Dr. Fu-Manchu. Flavorful atmosphere, fast-paced action, and colorful characters enliven this classic of the genre. 208pp. 5³⁄₁₆ x 8¼. 29898-1

THE MALLEUS MALEFICARUM OF KRAMER AND SPRENGER, translated by Montague Summers. Full text of most important witchhunter's "bible," used by both Catholics and Protestants. 278pp. 6⅝ x 10. 22802-9

SPANISH STORIES/CUENTOS ESPAÑOLES: A Dual-Language Book, Angel Flores (ed.). Unique format offers 13 great stories in Spanish by Cervantes, Borges, others. Faithful English translations on facing pages. 352pp. 5⅜ x 8½. 25399-6

GARDEN CITY, LONG ISLAND, IN EARLY PHOTOGRAPHS, 1869–1919, Mildred H. Smith. Handsome treasury of 118 vintage pictures, accompanied by carefully researched captions, document the Garden City Hotel fire (1899), the Vanderbilt Cup Race (1908), the first airmail flight departing from the Nassau Boulevard Aerodrome (1911), and much more. 96pp. 8⅞ x 11¾. 40669-5

OLD QUEENS, N.Y., IN EARLY PHOTOGRAPHS, Vincent F. Seyfried and William Asadorian. Over 160 rare photographs of Maspeth, Jamaica, Jackson Heights, and other areas. Vintage views of DeWitt Clinton mansion, 1939 World's Fair and more. Captions. 192pp. 8⅞ x 11. 26358-4

CAPTURED BY THE INDIANS: 15 Firsthand Accounts, 1750-1870, Frederick Drimmer. Astounding true historical accounts of grisly torture, bloody conflicts, relentless pursuits, miraculous escapes and more, by people who lived to tell the tale. 384pp. 5⅜ x 8½. 24901-8

THE WORLD'S GREAT SPEECHES (Fourth Enlarged Edition), Lewis Copeland, Lawrence W. Lamm, and Stephen J. McKenna. Nearly 300 speeches provide public speakers with a wealth of updated quotes and inspiration–from Pericles' funeral oration and William Jennings Bryan's "Cross of Gold Speech" to Malcolm X's powerful words on the Black Revolution and Earl of Spenser's tribute to his sister, Diana, Princess of Wales. 944pp. 5⅜ x 8⅜. 40903-1

THE BOOK OF THE SWORD, Sir Richard F. Burton. Great Victorian scholar/adventurer's eloquent, erudite history of the "queen of weapons"–from prehistory to early Roman Empire. Evolution and development of early swords, variations (sabre, broadsword, cutlass, scimitar, etc.), much more. 336pp. 6⅛ x 9¼. 25434-8

AUTOBIOGRAPHY: The Story of My Experiments with Truth, Mohandas K. Gandhi. Boyhood, legal studies, purification, the growth of the Satyagraha (nonviolent protest) movement. Critical, inspiring work of the man responsible for the freedom of India. 480pp. 5⅜ x 8½. (Available in U.S. only.) 24593-4

CELTIC MYTHS AND LEGENDS, T. W. Rolleston. Masterful retelling of Irish and Welsh stories and tales. Cuchulain, King Arthur, Deirdre, the Grail, many more. First paperback edition. 58 full-page illustrations. 512pp. 5⅜ x 8½. 26507-2

THE PRINCIPLES OF PSYCHOLOGY, William James. Famous long course complete, unabridged. Stream of thought, time perception, memory, experimental methods; great work decades ahead of its time. 94 figures. 1,391pp. 5⅜ x 8½. 2-vol. set.
Vol. I: 20381-6 Vol. II: 20382-4

THE WORLD AS WILL AND REPRESENTATION, Arthur Schopenhauer. Definitive English translation of Schopenhauer's life work, correcting more than 1,000 errors, omissions in earlier translations. Translated by E. F. J. Payne. Total of 1,269pp. 5⅜ x 8½. 2-vol. set. Vol. 1: 21761-2 Vol. 2: 21762-0

MAGIC AND MYSTERY IN TIBET, Madame Alexandra David-Neel. Experiences among lamas, magicians, sages, sorcerers, Bonpa wizards. A true psychic discovery. 32 illustrations. 321pp. 5⅜ x 8½. (Available in U.S. only.) 22682-4

THE EGYPTIAN BOOK OF THE DEAD, E. A. Wallis Budge. Complete reproduction of Ani's papyrus, finest ever found. Full hieroglyphic text, interlinear transliteration, word-for-word translation, smooth translation. 533pp. 6½ x 9¼. 21866-X

MATHEMATICS FOR THE NONMATHEMATICIAN, Morris Kline. Detailed, college-level treatment of mathematics in cultural and historical context, with numerous exercises. Recommended Reading Lists. Tables. Numerous figures. 641pp. 5⅜ x 8½.
24823-2

PROBABILISTIC METHODS IN THE THEORY OF STRUCTURES, Isaac Elishakoff. Well-written introduction covers the elements of the theory of probability from two or more random variables, the reliability of such multivariable structures, the theory of random function, Monte Carlo methods of treating problems incapable of exact solution, and more. Examples. 502pp. 5⅜ x 8½. 40691-1

THE RIME OF THE ANCIENT MARINER, Gustave Doré, S. T. Coleridge. Doré's finest work; 34 plates capture moods, subtleties of poem. Flawless full-size reproductions printed on facing pages with authoritative text of poem. "Beautiful. Simply beautiful."–*Publisher's Weekly*. 77pp. 9¼ x 12. 22305-1

NORTH AMERICAN INDIAN DESIGNS FOR ARTISTS AND CRAFTSPEOPLE, Eva Wilson. Over 360 authentic copyright-free designs adapted from Navajo blankets, Hopi pottery, Sioux buffalo hides, more. Geometrics, symbolic figures, plant and animal motifs, etc. 128pp. 8⅜ x 11. (Not for sale in the United Kingdom.) 25341-4

SCULPTURE: Principles and Practice, Louis Slobodkin. Step-by-step approach to clay, plaster, metals, stone; classical and modern. 253 drawings, photos. 255pp. 8⅛ x 11.
22960-2

THE INFLUENCE OF SEA POWER UPON HISTORY, 1660–1783, A. T. Mahan. Influential classic of naval history and tactics still used as text in war colleges. First paperback edition. 4 maps. 24 battle plans. 640pp. 5⅜ x 8½. 25509-3

CATALOG OF DOVER BOOKS

THE STORY OF THE TITANIC AS TOLD BY ITS SURVIVORS, Jack Winocour
(ed.). What it was really like. Panic, despair, shocking inefficiency, and a little hero-
ism. More thrilling than any fictional account. 26 illustrations. 320pp. 5⅜ x 8½.
20610-6

FAIRY AND FOLK TALES OF THE IRISH PEASANTRY, William Butler Yeats
(ed.). Treasury of 64 tales from the twilight world of Celtic myth and legend: "The
Soul Cages," "The Kildare Pooka," "King O'Toole and his Goose," many more.
Introduction and Notes by W. B. Yeats. 352pp. 5⅜ x 8½.
26941-8

BUDDHIST MAHAYANA TEXTS, E. B. Cowell and others (eds.). Superb, accurate translations of basic documents in Mahayana Buddhism, highly important in history of religions. The Buddha-karita of Asvaghosha, Larger Sukhavativyuha, more.
448pp. 5⅜ x 8½.
25552-2

ONE TWO THREE . . . INFINITY: Facts and Speculations of Science, George
Gamow. Great physicist's fascinating, readable overview of contemporary science:
number theory, relativity, fourth dimension, entropy, genes, atomic structure, much
more. 128 illustrations. Index. 352pp. 5⅜ x 8½.
25664-2

EXPERIMENTATION AND MEASUREMENT, W. J. Youden. Introductory man-
ual explains laws of measurement in simple terms and offers tips for achieving accuracy and minimizing errors. Mathematics of measurement, use of instruments, exper-
imenting with machines. 1994 edition. Foreword. Preface. Introduction. Epilogue.
Selected Readings. Glossary. Index. Tables and figures. 128pp. 5⅜ x 8½. 40451-X

DALÍ ON MODERN ART: The Cuckolds of Antiquated Modern Art, Salvador Dalí.
Influential painter skewers modern art and its practitioners. Outrageous evaluations of
Picasso, Cézanne, Turner, more. 15 renderings of paintings discussed. 44 calligraphic
decorations by Dalí. 96pp. 5⅜ x 8½. (Available in U.S. only.)
29220-7

ANTIQUE PLAYING CARDS: A Pictorial History, Henry René D'Allemagne.
Over 900 elaborate, decorative images from rare playing cards (14th–20th centuries):
Bacchus, death, dancing dogs, hunting scenes, royal coats of arms, players cheating,
much more. 96pp. 9¼ x 12¼.
29265-7

MAKING FURNITURE MASTERPIECES: 30 Projects with Measured Drawings,
Franklin H. Gottshall. Step-by-step instructions, illustrations for constructing handsome, useful pieces, among them a Sheraton desk, Chippendale chair, Spanish desk,
Queen Anne table and a William and Mary dressing mirror. 224pp. 8⅛ x 11¼.
29338-6

THE FOSSIL BOOK: A Record of Prehistoric Life, Patricia V. Rich et al. Profusely
illustrated definitive guide covers everything from single-celled organisms and
dinosaurs to birds and mammals and the interplay between climate and man. Over
1,500 illustrations. 760pp. 7½ x 10⅛.
29371-8